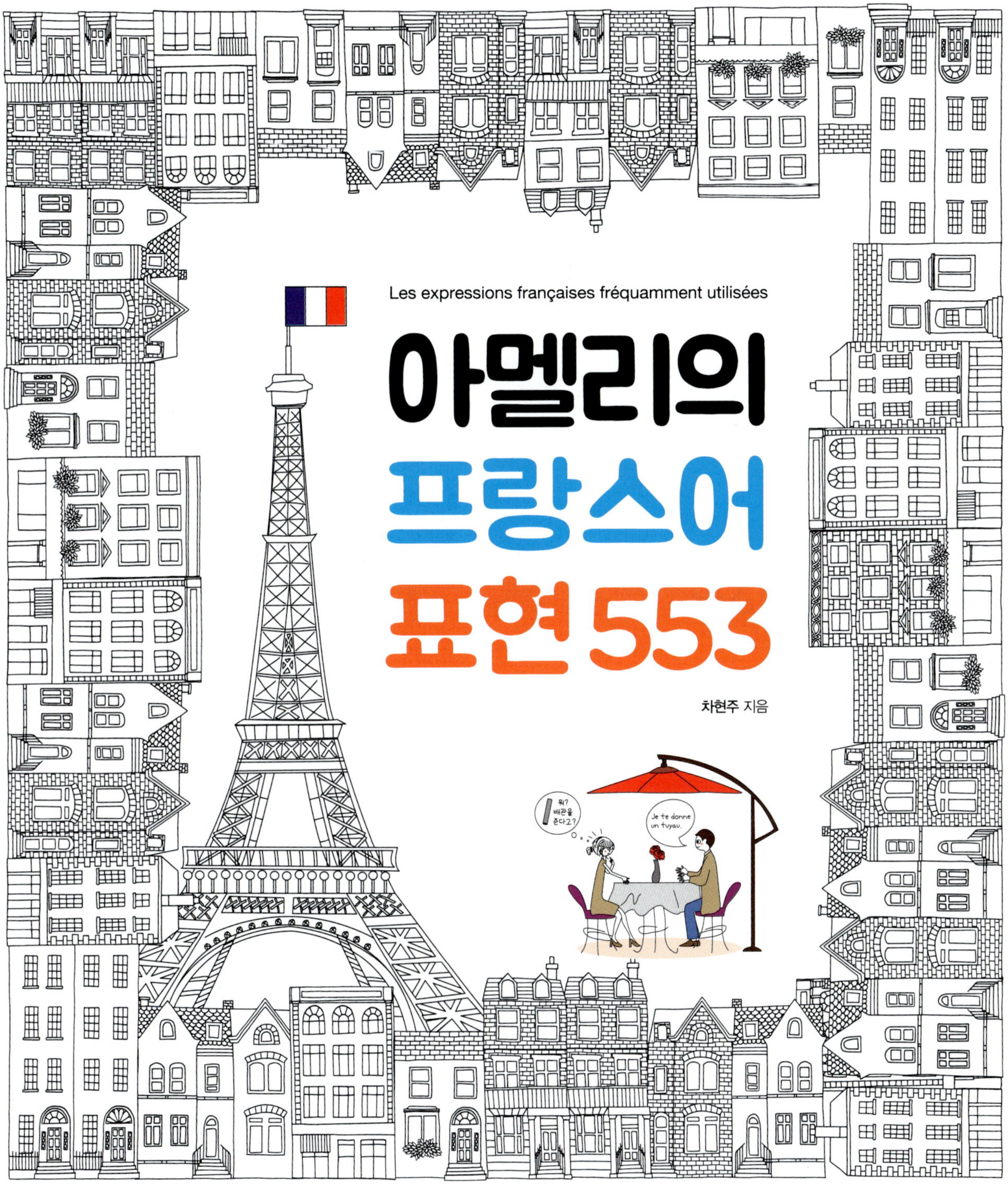

Les expressions françaises fréquamment utilisées

아멜리의 프랑스어 표현 553

차현주 지음

저자 | 차현주
(AUBE200916@gmail.com)

중앙대학교 불어학과 졸업
프랑스 및 프랑스어권 국가 연수(2006-2012)
프랑스어 번역 경험 다수
파리 3대학(Université Sorbonne Nouvelle)
프랑스어 교육 석사(현재)

Les expressions françaises fréquamment utilisées
아멜리의 프랑스어 표현 553

초판인쇄 2021년 8월 17일
초판발행 2021년 8월 23일

지은이 차현주
펴낸이 차현주
펴낸곳 AUBE(오브)
주소 경기도 화성시 장안면 무봉길 166-13, 2층
출판 등록 제 2020-000052호
대표전화 031)8059-1072 | **팩스** 031)8059-1075
홈페이지 www.aube20.modoo.at

책임편집 차현주 | **편집** 차현주, Nicolas Campe, Gregory Barbe, 전유진, 윤현정, 신유경
일러스트 차현주 | **디자인** 메이크디자인
ISBN 979-11-973286-0-2 13760
정가 25,000원

⟨ Expressions empruntées à © linternaute.fr ⟩
● 이 책에 실린 글이나 그림은 문서에 의한 출판사의 동의없이 무단 전재·복제를 금합니다.

머리말

프랑스인과 대화를 하다 보면 어느 순간 "엥? 무슨 말이지?"하며 난감한 상황을 겪는 순간이 오게 됩니다. 한국어와 마찬가지로 관용표현은 어느 언어에나 존재할 것이지만, 이러한 관용표현을 안다면 의사소통이 더 수월해지고 자신감을 가지게 될 것입니다.

이 책은 프랑스어를 어느 정도 학습한 중급이상의 학습자를 대상으로 한 프랑스어 표현 책으로 흔히 사용되는 관용표현을 553개 선정하여 표현마다 직역과 의역을 함께 제시하였습니다. 그리고 관용표현을 단순히 암기하는 것이 아니라 어떠한 표현을 하기 위해 왜 이러한 단어가 쓰이게 되었는지 이해함으로써 쉽게 표현에 다가가고 학습에 즐거움을 더하기 위해 어원과 직역에 따른 삽화를 제공하였으며, 표현마다 예문을 제시함으로써 표현이 문맥 속에서 어떻게 사용되는지 이해할 수 있도록 하였습니다.

표현은 알파벳 순서로 수록되었으며, 프랑스어의 발음표기는 외래어 표기법에 따르지 않고 프랑스어 발음법에 따라 표기하였습니다.

프랑스어를 배우고자 하는 학습자들이 이 교재를 통해 프랑스의 문화를 이해하고 쉽고 재미있게 표현을 배울 수 있는 유용한 학습서가 되기를 바라며, 아름다운 프랑스어의 매력에 빠져 보시기를 바랍니다.

마지막으로, 이 교재를 만들기까지 많은 도움을 주신 모든 분께 진심으로 큰 감사의 뜻을 표합니다.

2021년 8월
차현주

Bon courage à vous, tous!

Contenus

001	À la pelle	16
002	À vitesse grand V	16
003	Accorder ses violons	17
004	Aller à quelqu'un comme un gant	17
005	Amuser la galerie	18
006	Appeler un chat un chat	18
007	Apporter quelque chose à quelqu'un sur un plateau	19
008	Appuyer sur le champignon	19
009	Après la pluie, le beau temps.	20
010	Arrête ton cirque!	20
011	Arrêter les frais	21
012	Arriver à bon port	21
013	Arriver après la bataille	22
014	Arriver comme un cheveu sur la soupe	22
015	Attendre 107 ans	23
016	Attendre au tournant	23
017	Attention, je t'ai à l'oeil.	24
018	Au compte-gouttes	24
019	Avoir bon dos	25
020	Avoir de la bouteille	25
021	Avoir des antennes	26
022	Avoir des fourmis dans les jambes	26
023	Avoir des papillons dans le ventre	27
024	Avoir des yeux de merlan frit	27
025	Avoir deux mains gauches	28
026	Avoir du bol	28
027	Avoir du pain sur la planche	29
028	Avoir l'ouïe fine	29
029	Avoir la chair de poule	30
030	Avoir la cote	30
031	Avoir la dalle	31
032	Avoir la flemme	31
033	Avoir la frite	32
034	Avoir la grosse tête	32
035	Avoir la gueule de bois	33
036	Avoir la main verte	33
037	Avoir la patate	34
038	Avoir la pêche	34
039	Avoir la poisse	35
040	Avoir la tête dans le cul	35
041	Avoir la tête dans les nuages	36
042	Avoir la tête sur les épaules	36
043	Avoir le beurre et l'argent du beurre	37
044	Avoir le bras long	37
045	Avoir le cafard	38
046	Avoir le coeur sur la main	38
047	Avoir le cul bordé de nouilles	39
048	Avoir le melon	39
049	Avoir le moral à zéro	40
050	Avoir le pied au plancher	40
051	Avoir les boules	41
052	Avoir les quatre fers en l'air	41
053	Avoir les yeux plus gros que le ventre	42
054	Avoir plusieurs casquettes	42
055	Avoir quelque chose sur le feu	43
056	Avoir quelqu'un à la bonne	43
057	Avoir quelqu'un dans le nez	44
058	Avoir ses têtes	44
059	Avoir un (petit) goût de revenez-y	45
060	Avoir un chat dans la gorge	45
061	Avoir un cheveu sur la langue	46
062	Avoir un coeur d'or	46
063	Avoir un coeur d'artichaut	47
064	Avoir un coup de barre	47
065	Avoir un coup de foudre	48
066	Avoir un métro de retard	48
067	Avoir un mot sur le bout de la langue	49
068	Avoir un nom à coucher dehors	50
069	Avoir un poil dans la main	51

070	Avoir une idée derrière la tête	51
071	Avoir une mémoire d'éléphant	52
072	Baisser les bras	52
073	Battre le fer quand il est encore chaud	53
074	Battre son plein	53
075	Boire comme un trou	54
076	Boire la tasse	54
077	Boire les paroles de quelqu'un	55
078	Bourrer le crâne à quelqu'un	55
079	Briser la glace	56
080	Broyer du noir	56
081	Brûler les étapes	57
082	C'est à pleurer de rire.	57
083	C'est casse-pieds.	58
084	C'est comme pisser dans un violon.	58
085	C'est de la daube.	59
086	C'est du bidon.	59
087	C'est du gâteau.	60
088	C'est du jus de chaussette.	60
089	C'est du pareil au même.	61
090	C'est du pipeau.	61
091	C'est l'arbre qui cache la forêt.	62
092	C'est la fin des haricots.	62
093	C'est le b.a.-ba.	63
094	C'est le métier qui rentre.	63
095	C'est le système D.	64
096	C'est mon petit doigt qui me l'a dit…	64
097	C'est mort.	65
098	C'est pas de la tarte.	65
099	C'est pas la mer à boire.	66
100	C'est pas tes oignons.	66
101	C'est son portrait craché!	67
102	C'est un (sacré) numéro.	67
103	C'est un casse-tête.	68
104	Ça craint!	68
105	Ça crève les yeux.	69
106	Ça douille.	69
107	Ça fait des lustres.	70
108	Ça me fait ni chaud, ni froid.	70
109	Ça me fait une belle jambe.	71
110	Ça ne casse pas des briques.	71
111	Ça pue la merde.	72
112	Ça s'arrose!	72
113	Cacher son jeu	73
114	Caresser dans le sens du poil	73
115	Casser du sucre sur le dos de quelqu'un	74
116	Casser les oreilles	74
117	Casser les pieds de quelqu'un	75
118	Casser sa croûte	75
119	Casser sa pipe	76
120	Ce n'est pas de la petite bière.	76
121	Ce n'est pas ma tasse de thé.	77
122	Ce n'est pas un cadeau.	77
123	Changer d'avis comme de chemise	78
124	Changer de crémerie	78
125	Changer de disque	79
126	Changer son fusil d'épaule	79
127	Chanter comme une casserole	80
128	Charger la barque	80
129	Chercher la petite bête	81
130	Chercher midi à quatorze heures	81
131	Cirer les pompes	82
132	Clouer le bec à quelqu'un	82
133	Compter pour du beurre	83
134	Connaître comme sa poche	83
135	Connaître la musique	84
136	Connaître les ficelles	84
137	Connaître par coeur	85
138	Couper l'herbe sous le pied	85
139	Couper la parole à quelqu'un	86
140	Couper la poire en deux	86
141	Couper les ponts	87
142	Courir sur le haricot	87
143	Coûter un bras	88
144	Crever la dalle	88
145	Crier sur les toits	89
146	Croire au père Noël	89
147	Croiser les doigts	90

148	Cultiver son jardin	90
149	De fil en aiguille	91
150	De l'eau est passée sous les ponts.	91
151	Débarrasser le plancher	92
152	Découvrir le pot aux roses	93
153	Décrocher la timbale	94
154	Demander la lune	94
155	Dépasser les bornes	95
156	Des larmes de crocodile	95
157	Dévorer des yeux	96
158	Dire qu'on a oublié!	96
159	Donner carte blanche	97
160	Donner de la confiture aux cochons	97
161	Donner du fil à retordre	98
162	Donner le feu vert	98
163	Donner sa langue au chat	99
164	Donner un coup de main à quelqu'un	99
165	Donner un coup de poignard dans le dos	100
166	Donner un tuyau à quelqu'un	100
167	Dorer la pilule	101
168	Dormir à la belle étoile	101
169	Dormir sur ses deux oreilles	102
170	Du balai!	102
171	Éclairer la lanterne (de quelqu'un)	103
172	Écouter aux portes	103
173	Écrire comme un cochon	104
174	Effet boule de neige	104
175	En avoir ras le bol	105
176	En connaître un rayon	105
177	En faire (tout) un fromage	106
178	En faire des tonnes	106
179	En mettre sa main à couper	107
180	En mettre sa main au feu	107
181	En perdre son latin	108
182	En prendre pour son grade	108
183	En venir à bout	109
184	En voiture, Simone	109
185	Enfoncer le clou	110
186	Enlever à quelqu'un une épine du pied	110
187	Enlever un poids à quelqu'un	111
188	Entrer comme dans un moulin	111
189	Entrer dans le vif du sujet	112
190	Envoyer au bain	112
191	Envoyer quelqu'un sur les roses	113
192	Épée de Damoclès	113
193	Être à cheval sur quelque chose	114
194	Être à côté de la plaque	114
195	Être à côté de ses pompes	115
196	Être à croquer	115
197	Être à la bourre	116
198	Être à la page	116
199	Être à ramasser à la petite cuillière	117
200	Être à sec	117
201	Être au bout du rouleau	118
202	Être au parfum	118
203	Être au point mort	119
204	Être au taquet	119
205	Être aux anges	120
206	Être beau comme un camion	120
207	Être bête comme ses pieds	121
208	Être branché	121
209	Être comme chien et chat	122
210	Être comme les deux doigts de la main	122
211	Être comme un poisson dans l'eau	123
212	Être copains comme cochons	123
213	Être dans de beaux draps	124
214	Être dans la lune	124
215	Être dans la merde	125
216	Être dans le noir	125
217	Être dans le pétrin	126
218	Être dans le vent	126
219	Être dans les limbes	127
220	Être dans les vapes	127
221	Être dans ses petits souliers	128
222	Être de glace	128
223	Être de mèche avec quelqu'un	129
224	Être dos au mur	129
225	Être en froid avec quelqu'un	130

226	Être fleur bleue	130
227	Être la bête noire de quelqu'un	131
228	Être la cinquième roue du carrosse	131
229	Être le dindon de la farce	132
230	Être lessivé	132
231	Être majeur et vacciné	133
232	Être mal barré	133
233	Être mal en point	134
234	Être mauvaise langue	134
235	Être mis sur la touche	135
236	Être monnaie courante	135
237	Être né avec une cuillère d'argent dans la bouche	136
238	Être patraque	136
239	Être pieds et poings liés	137
240	Être plein de thunes	137
241	Être sage comme une image	138
242	Être soupe au lait	138
243	Être sous la coupe de quelqu'un	139
244	Être tiré à quatre épingles	139
245	Être toujours sur la brèche	140
246	Être tout ouïe	140
247	Être une (bonne) poire	141
248	Être une bonne pâte	141
249	Être une courge	142
250	Être une poule mouillée	142
251	Être une tête de cochon	143
252	Être verni	143
253	Être vieux jeu	144
254	Faire (toute) la lumière sur quelque chose	144
255	Faire chaud au coeur	145
256	Faire chou blanc	145
257	Faire d'une pierre deux coups	146
258	Faire du foin	146
259	Faire du pied	147
260	Faire fausse route	147
261	Faire la cour	148
262	Faire la fine bouche	148
263	Faire la pluie et le beau temps	149
264	Faire le gros dos	149
265	Faire le guignol	150
266	Faire le mur	150
267	Faire le pitre	151
268	Faire le point	151
269	Faire marcher une personne	152
270	Faire mouche	152
271	Faire mousser quelqu'un	153
272	Faire partie des meubles	153
273	Faire quelque chose à la va-vite	154
274	Faire quelque chose au pied levé	154
275	Faire quelque chose d'arrache-pied	155
276	Faire quelque chose sous le manteau	155
277	Faire sa mauvaise tête	156
278	Faire son beurre	156
279	Faire son chemin	157
280	Faire tilt	157
281	Faire un dessin	158
282	Faire un malheur	158
283	Faire un somme	159
284	Faire une fleur à quelqu'un	159
285	Faut pas pousser mémé dans les orties!	160
286	Fendre le coeur	160
287	Fermer les yeux sur quelque chose	161
288	Filer à l'anglaise	161
289	Filer un mauvais coton	162
290	Finir en queue de poisson	162
291	Foutre en l'air	163
292	Friser le ridicule	163
293	Fumer comme un pompier	164
294	Gagner sa croûte	164
295	Garder son sang-froid	165
296	Haut la main	165
297	Il faut tourner sept fois sa langue dans sa bouche avant de parler.	166
298	Il n'y a pas de fumée sans feu.	166
299	Il n'y a pas le feu.	167
300	Il n'y a pas un chien.	167
301	Il ne faut jamais dire jamais.	168

302	Il pleut des cordes.	168
303	In extremis	169
304	J'en ai vu d'autres.	169
305	Je m'en fous.	170
306	Je n'en reviens pas.	170
307	Jeter de l'huile sur le feu	171
308	Jeter de la poudre aux yeux	171
309	Jeter des fleurs à quelqu'un	172
310	Jeter l'argent par les fenêtres	172
311	Jeter l'ancre	173
312	Jeter l'éponge	173
313	Jeter un froid	174
314	Jeter un oeil	174
315	Jouer avec le feu	175
316	Jouer dans la cours des grands	175
317	Jouer des coudes	176
318	Jouer le jeu	176
319	Jouer sa dernière carte	177
320	L'argent n'a pas d'odeur.	177
321	Laisser le champs libre	178
322	Le bouche-à-oreille	178
323	Le dessous des cartes	179
324	Lécher les bottes à quelqu'un	179
325	Les murs ont des oreilles.	180
326	Lever le pied	180
327	Lire entre les lignes	181
328	Mal tourner	181
329	Manger sur le pouce	182
330	Marcher sur des oeufs	182
331	Marquer le coup	183
332	Mener la danse	183
333	Mener la/sa barque	184
334	Mettre à pied	184
335	Mettre à sac	185
336	Mettre de côté	185
337	Mettre de l'eau dans son vin	186
338	Mettre des bâtons dans les roues	186
339	Mettre l'eau à la bouche	187
340	Mettre la clef sous la porte	187
341	Mettre la corde au cou	188
342	Mettre la gomme	188
343	Mettre la puce à l'oreille	189
344	Mettre le couteau sous la gorge	189
345	Mettre le doigt dessus	190
346	Mettre le grappin dessus	190
347	Mettre le nez dehors	191
348	Mettre le paquet	191
349	Mettre les bouchées doubles	192
350	Mettre les pieds dans le plat	192
351	Mettre les points sur les i	193
352	Mettre les voiles	193
353	Mettre quelque chose dans la tête de quelqu'un	194
354	Mettre quelque chose sur le dos de quelqu'un	194
355	Mettre quelque chose sur le tapis	195
356	Mettre quelqu'un dans le bain	195
357	Mettre quelqu'un dans sa poche	196
358	Mettre quelqu'un en boîte	196
359	Mettre son grain de sel	197
360	Mettre son nez (quelque part)	197
361	Mettre sur les rails	198
362	Monter sur ses grands chevaux	198
363	Montrer de quel bois on se chauffe	199
364	Montrer patte blanche	199
365	Mordre à l'hameçon	200
366	Motus et bouche cousue!	200
367	N'avoir ni queue ni tête	201
368	Ne faire qu'une bouchée	201
369	Ne pas arriver à la cheville de quelqu'un	202
370	Ne pas avoir froid aux yeux	202
371	Ne pas avoir la langue dans sa poche	203
372	Ne pas être chaud pour faire quelque chose	203
373	Ne pas être dans son assiette	204
374	Ne pas faire long feu	204
375	Ne pas fermer l'oeil	205
376	Ne pas mâcher ses mots	205

377	Ne pas manquer d'air	206
378	Ne pas payer de mine	206
379	Ne pas porter quelqu'un dans son coeur	207
380	Ne pas pouvoir être au four et au moulin	207
381	Ne pas pouvoir voir quelqu'un (en peinture)	208
382	Ne pas valoir un clou	208
383	Ne plus savoir sur quel pied danser	209
384	N'être jamais sorti de son trou	209
385	Nez à nez	210
386	Noyer le poisson	210
387	Noyer son chagrin dans l'alcool	211
388	On n'est pas sorti de l'auberge.	211
389	On ne fait pas d'omelette sans casser des oeufs.	212
390	On peut compter sur les doigts de la main.	212
391	On se tire?	213
392	Ouvrir les yeux à quelqu'un sur quelque chose	213
393	Ouvrir son coeur	214
394	Parler comme un livre	214
395	Parler dans le vide	215
396	Parler du nez	215
397	Passer l'arme à gauche	216
398	Passer l'éponge	216
399	Passer la main	217
400	Passer un sale/mauvais quart d'heure	217
401	Passer un savon à quelqu'un	218
402	Pendre au nez de quelqu'un	218
403	Perdre la boule	219
404	Perdre la face	219
405	Perdre le nord	220
406	Perdre les pédales	220
407	Peser ses mots	221
408	Péter le feu	221
409	Péter un câble	222
410	Pipi de chat	222
411	Piquer du nez	223
412	Pistonner quelqu'un	223
413	Poireauter	224
414	Pomper l'air	224
415	Porter la culotte	225
416	Poser un lapin à quelqu'un	225
417	Poser une colle	226
418	Pousser comme un champignon	226
419	Pousser le bouchon (un peu loin)	227
420	Prendre à coeur	227
421	Prendre au mot	228
422	Prendre en main quelque chose	228
423	Prendre la porte	229
424	Prendre la tangente	229
425	Prendre le taureau par les cornes	230
426	Prendre le train en marche	230
427	Prendre quelqu'un sous son aile	231
428	Prendre ses cliques et ses claques	231
429	Prendre son courage à deux mains	232
430	Prendre son pied	232
431	Prendre un coup de vieux	233
432	Prendre un râteau	233
433	Presser quelqu'un comme un citron	234
434	Qui aime bien châtie bien.	234
435	Raconter des salades	235
436	Ramener sa fraise	235
437	Rapide comme l'éclair	236
438	Recharger ses batteries	236
439	Recoller les morceaux	237
440	Remettre les compteurs à zéro	237
441	Remonter la pente	238
442	Rendre la pareille	238
443	Rendre son tablier	239
444	Rentrer dans sa coquille	239
445	Repartir comme en quarante	240
446	Reprendre des couleurs	240
447	Reprendre du poil de la bête	241
448	Rester de marbre	241
449	Rester les bras croisés	242
450	Rester scotché quelque part	242
451	Rester sur sa faim	243
452	Retomber en enfance	243

453	Retomber sur ses pieds	244	*492*	Se mettre le doigt dans l'oeil	264
454	Retrousser ses manches	244	*493*	Se mettre quelqu'un à dos	264
455	Réveiller les vieux démons	245	*494*	Se mettre sur son 31	265
456	Revenir sur ses pas	245	*495*	Se planter	265
457	Revenons à nos moutons!	246	*496*	Se regarder en chien de faïence	266
458	Rire comme une baleine	246	*497*	Se serrer la ceinture	266
459	Rouler quelqu'un dans la farine	247	*498*	Se tourner les pouces	267
460	Rouler sa bosse	247	*499*	Sécher les cours	267
461	Rouler sur l'or	248	*500*	Sens dessus dessous	268
462	S'arracher les cheveux	248	*501*	Serrer la vis	268
463	S'en laver les mains	249	*502*	Sonner les cloches à quelqu'un	269
464	S'emmeler les pinceaux	250	*503*	Sortir de ses gonds	269
465	S'endormir sur ses lauriers	250	*504*	Sortir des sentiers battus	270
466	S'ennuyer comme un rat mort	251	*505*	Taper dans le mille	270
467	Saigner à blanc	251	*506*	Taper sur les nerfs	271
468	Sauter aux yeux	252	*507*	Tâter le terrain	271
469	Sauter le pas	252	*508*	Tenir la chandelle	272
470	Sauter sur l'occasion	253	*509*	Tenir la route	272
471	Sauver la face	253	*510*	Tenir le bon bout	273
472	Sauver les meubles	254	*511*	Tenir le coup	273
473	Sauver sa peau	254	*512*	Tenir le crachoir	274
474	Savoir ce que quelqu'un a dans le ventre	255	*513*	Tenir le haut du pavé	274
475	Se casser le nez	255	*514*	Tenir parole	275
476	Se cogner la tête contre les murs	256	*515*	Tenir quelqu'un à l'oeil	275
477	Se coucher avec les poules	256	*516*	Tirer au clair	276
478	Se faire alpaguer	257	*517*	Tirer des plans sur la comète	276
479	Se faire avoir	257	*518*	Tirer le diable par la queue	277
480	Se faire de la bile	258	*519*	Tirer les marrons du feu	277
481	Se faire la belle	258	*520*	Tirer les vers du nez	278
482	Se faire rouler dans la farine	259	*521*	Tirer par les cheveux	278
483	Se fendre la poire	259	*522*	Tirer quelqu'un d'affaire	279
484	Se jeter à l'eau	260	*523*	Tirer son épingle du jeu	279
485	Se jeter dans la gueule du loup	260	*524*	Toi et moi, ça fait deux.	280
486	Se la couler douce	261	*525*	Tomber à l'eau	280
487	Se lever du mauvais pied	261	*526*	Tomber à pic	281
488	Se mettre au vert	262	*527*	Tomber dans le panneau	281
489	Se mettre en boule	262	*528*	Tomber dans les pommes	282
490	Se mettre en quatre	263	*529*	Tomber de haut	282
491	Se mettre en rogne	263	*530*	Tomber sur quelqu'un	283

531	Tomber sur un os	283
532	Toucher du bois	284
533	Toucher en plein coeur	284
534	Tourner autour du pot	285
535	Tourner la page	285
536	Traîner quelqu'un dans la boue	286
537	Trier sur le volet	286
538	Tronche de cake	287
539	Trouver son maître	287
540	Tu m'enlèves le(s) mot(s) de la bouche.	288
541	Tuer le temps	288
542	Un chouïa	289
543	Un coup d'épée dans l'eau	289
544	Un grand garçon/une grande fille	290
545	Un temps de chien	290
546	Un(e) rabat-joie	291
547	Une histoire à dormir debout	291
548	Va te faire cuire un oeuf!	292
549	Veiller au grain	292
550	Vendre la peau de l'ours avant de l'avoir tué	293
551	Vider son sac	293
552	Voir midi à sa porte	294
553	Voler de ses propres ailes	294
■	Sommaire	295

Les expressions françaises fréquamment utilisées

아멜리의 프랑스어 표현 553

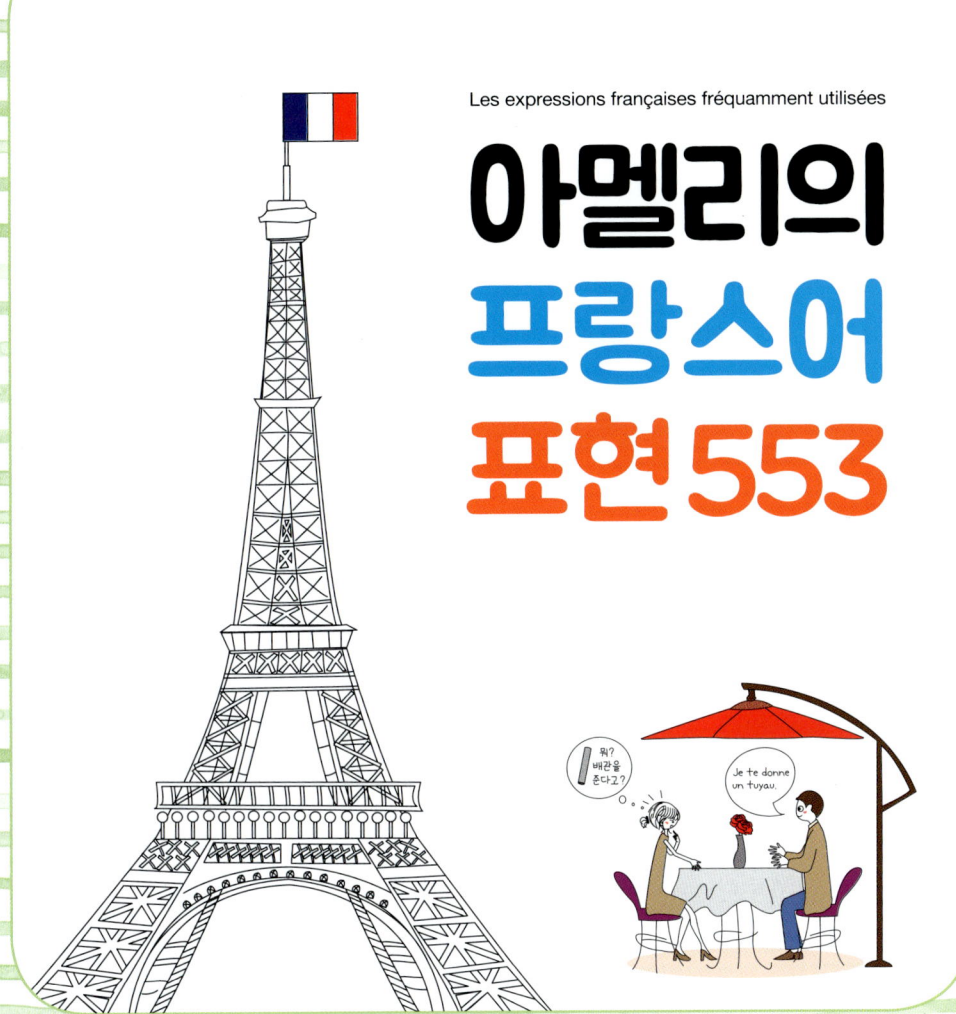

 ## À la pelle
아 라 뺄

 삽으로

 풍부하게, 많이
(= En abondance, beaucoup, plein)

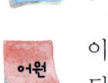 이 표현은 "수량"을 나타내기 위해 일상언어에서 사용되는 이미지화된 표현으로, 많은 양을 수집하는데 사용되는 가정용 도구인 "삽"에서 그 기원을 찾을 수 있으며, 이러한 삽은 산업화 시대의 수많은 산물에서 발견된다.

Je mets du sucre dans mon café à la pelle. 나는 커피에 설탕을 많이 넣어.
즈 매 뒤 쒸크흐 덩 몽 꺄페 아 라 뺄

 ## À vitesse grand V
아   비때쓰   그헝   베

 대문자 V의 속도로

 전속력으로
(= À toute vitesse, à vitesse maximale)

 일상 언어에서 자주 접하는 표현으로 "매우 빠른 속도"라는 개념을 표현하는 데 사용되며, 이는 대문자 A로 사랑(amour)을 표현하는 것처럼 대문자 V로 속도(vitesse)를 강조해서 단어에 더 큰 의미를 부여한다.

Je peux surfer sur l'internet grâce à ma fibre à vitesse grand V.
즈 쁘 쒸흐페 쒸흐 랭때흐넷 그하쓰 아 마 피브흐 아 비때쓰 그헝 베

나는 광섬유 초고속 인터넷 시설 덕분에 빠른 속도로 인터넷 검색을 할 수 있어.

 **Accorder ses violons**
아꼬흐데　쎄　비올롱

 바이올린을 조율하다.

 합의하다.
(= Se mettre d'accord)

 19세기에 "플루트 조율사(accordeur de flûtes)"는 속어로 '평화의 재판관'을 의미했다. "accorder ses vielles(너의 교현금을 조율하다)" 또는 "accorder les flûtes(플루트를 조율하다)"와 같은 표현도 있었는데 "바이올린을 조율하다"와 같은 의미를 지니고 있었다.

On est arrivés à accorder nos violons après une longue discussion.
오　내 따히베 아　아꼬흐데　노　비올롱　아프해　윈　롱그　디스뀌씨옹

긴 토론 끝에 우리는 합의했어.

 **Aller à quelqu'un comme un gant**
알레　아　깰깽　　꼬 맹 겅

 누군가에게 장갑처럼 어울리다.　 완벽하게 잘 어울리다.
(= Aller parfaitement, s'adapter aux circonstances)

① **C'est ton nouveau vêtement! Il te va comme un gant.**
　쎄　똥　누보　배뜨멍　일 뜨 바 꼬 맹 겅

　새 옷이네! 너한테 완전히 잘 어울려.

② **Son rôle de nouveau papa lui va comme un gant.**
　쏭　홀드　누보　빠빠 뤼 바 꼬 맹 겅

　그가 새 아빠로서 너무 잘하고 있어.

Amuser la galerie
아뮈제   라   걀르히

 갤러리를 즐기다.

 관중 또는 대중을 웃기다.
(= Faire rire une assistance, le public)

 죄드폼(Jeu de paume)은 현대 라켓 경기의 원조이다. 경기를 보러 온 관중들을 위해 경기장을 따라 지붕이 있는 회랑인 갤러리가 있었는데, 즉 "galerie(갤러리)"라는 이 용어는 '관객'을 의미하고, 넓게는 '여론'을 의미한다.

Il est là pour amuser la galerie.
일 래 라 뿌흐   아뮈제   라   걀르히

그는 관중들을 웃기기 위해 여기에 있다.

Appeler un chat un chat
아쁠레   앵   샤   앵   샤

 고양이를 고양이라고 부르다.

 직접적으로 이야기하다.
(= Ne pas avoir peur d'appeler les choses par leur nom, de dire les choses telles qu'elles sont, en toute franchise)

 18세기에 애완동물을 가리키는 용어의 모호성에 빗대어 속어로 여성 신체의 일부분을 "고양이(chat)"라고 불렀는데, 니콜라 브왈로(Nicolas Boileau)가 사회의 위선을 비난하는 풍자글에서 처음으로 이 표현을 사용했다.

Il faut appeler un chat un chat pour ne pas donner la confusion.
일 포   아쁠레   앵   샤   앵   샤   뿌흐 느 빠 도네   라   꽁퓌지옹

혼란을 주지 않기 위해서 직접적으로 이야기해야 해.

Apporter quelque chose à quelqu'un sur un plateau
아뽀흐떼   깰끄   쇼즈   아   깰깡   쉬흐 앵   쁠라또

 누군가에게 무언가를 쟁반에 담아 가져오다.

 요청하지 않은 서비스를 누군가에게 제공하다, (일반적으로) 이득이 되는 서비스를 제공하다.
(= Servir une personne sans qu'elle ait à le demander, ou plus généralement offrir un service accompagné d'avantages.)

Ne t'inquiète pas! Je vais t'apporter toutes les informations sur un plateau.
느 땡끼애뜨 빠 즈 배 따뽀흐떼 뚜뜨 레 쟁포흐마씨옹 쉬흐 앵 쁠라또

걱정하지 매! 내가 너에게 모든 정보를 알려줄게.

Appuyer sur le champignon
아쀠이예   쉬흐 르   셩삐뇽

 버섯을 누르다.

 (자동차의) 속도를 내다, 가속페달을 밟다.
(= Accélérer (pour un véhicule))

 자동차 역사의 초기에 가속기는 버섯을 떠올리게 하는 구형의 공이 달린 금속 막대로 구성되었다. 그래서 "appuyer sur le champignon(버섯을 누르다)"라는 표현이 빠르게 대중화되었다. 오늘날 가속기의 모양은 예전과 다르지만, 지금까지도 여전히 이 표현이 사용되고 있다.

J'appuie sur le champignon pour ne pas arriver en retard.
자쀠 쉬흐 르   셩삐뇽   뿌흐 느   빠 아히베 엉 흐따흐

나는 늦지 않게 도착하려고 속도를 내고 있어.

 ## Après la pluie, le beau temps.
아프해 라 쁠뤼 르 보 떵

 비 온 뒤 맑은 날씨

 슬픈 일 다음에는 기쁜 일이 일어난다.
(= Une épreuve difficile ne se prolonge pas sans fin. Au malheur succède une paix relative, voire un véritable bonheur)

Ça va aller. Après la pluie, le beau temps.
싸 바 알레 아프해 라 쁠뤼 르 보 떵
괜찮아질 거야. 슬픈 일 다음에는 기쁜 일이 일어나게 되어 있어.

 ## Arrête ton cirque!
아해뜨 똥 씨흐끄

 쇼 그만해!

 적당히 해! 허튼소리 그만해!
(= Arrête d'en faire trop!, Cesse de raconter n'importe quoi!)

Arrête ton cirque! Allez, va faire tes devoirs.
아해뜨 똥 씨흐끄 알레 바 패흐 떼 드브와흐
적당히 하고 가서 네 숙제나 해!

 ## Arrêter les frais
아헤떼　레　프해

 지출을 그만두다.

 손해가 되는 일을 그만두다, 불필요한 지출을 그만두다.
(= Arrêter quelque chose qui porte préjudice, arrêter des dépenses inutiles)

 19세기 초부터 사용된 이 표현에는 "포기한다"라는 개념이 내포되어 있으며, 이는 '어떠한 행동을 중단하거나 대부분은 해가 되는 상황을 더는 참지 않는다'는 것을 의미한다. 또한 이 표현은 19세기에 경제 개념으로도 사용되었으나 시간이 흐르면서 그 의미는 퇴색되었다.

Il faut arrêter les frais. Si non, tu vas avoir des ennuis.
일　포　아헤떼　레　프해　씨　농　뛰　바　아브와흐　데　졍뉘

불필요한 지출을 줄여야 해. 그렇지 않으면 너에게 문제가 생길 거야.

 ## Arriver à bon port
아히베　아　봉　뽀흐

 올바른 항구에 도착하다.

 목표를 달성하다, 목적지에 도착하다.
(= Atteindre l'objectif que l'on s'était assigné ou arriver à l'endroit voulu)

 14세기부터 사용된 프랑스어 표현으로, 해군 분야에서 사용된 "arriver à droit port(올바른 항구에 도착하다)"라는 표현에서 파생되었으며, '문제없이 항구에 도착한다'라는 사실을 의미한다.

Je suis arrivée à bon port à Paris
즈　쒸　자히베　아　봉　뽀흐　아　빠히

나 파리에 잘 도착했어.

Arriver après la bataille
아히베   아프해 라   바따이으

 전투가 끝난 후에 도착하다.

 모든 일이 끝난 후에 도착하다. 너무 늦게 도착하다.
(= Arriver lorsque les événements sont terminés, arriver trop tard)

Tu étais où? Tu arrives après la bataille?
뛰 에때 우   뛰 아히브 아프해 라 바따이으

어디에 있었어? 일이 다 끝나니까 이제야 와?

Arriver comme un cheveu sur la soupe
아히베   꼬   맹   슈브 쒸흐 라 쑤쁘

 수프 위의 머리카락처럼 오다.

 안 좋은 타이밍에 오다. 적절하지 않은 시기에 오다.
(= Arriver de façon incongrue, mal adaptée à la situation)

이 표현은 비교적 현대적인 것으로 보인다. 여기에서 "수프"가 '음식'을 의미한다면, "그 위에 떨어진 머리카락(cheveu qui arrive dessus)"은 더러운 것이 아니라 '부적절한 것'을 의미한다. 따라서 사람이나 댓글에 대해서 "수프 위의 머리카락처럼" 온다고 말하는 것은 '적절한 순간에 일어나지 않는다'는 것을 의미한다.

Comme il est arrivé comme un cheveu sur la soupe, personne
꼼   일 래 따히베   꼬   맹 슈브 쒸흐 라 쑤쁘   빼흐쏜
n'était accueillant.   그가 안 좋은 타이밍에 와서 아무도 그를 반기지 않았어.
네때   아꿰이영

Attendre 107 ans
아떵드흐 썽쌔 떵

107년을 기다리다.

아주 오랫동안 기다리다.
(= Attendre très longtemps)

파리 노트르담 대성당은 107년에 걸쳐 건축되었던 것으로 보인다. 바로 여기에서 "attendre 107 ans(107년을 기다린다)"라는 표현이 유래되었으며, 이는 '매우 오랜 기다림의 시간'을 의미한다.

Elle ne va pas attendre 107 ans. 그녀는 오래 기다리지 않을 거야.
앨 느 바 빠 아떵드흐 썽쌔 떵

🔴 주로 부정문으로 사용된다.

Attendre au tournant
아떵드흐 오 뚜흐넝

모퉁이에서 기다리다.

반격의 기회를 노리다, 복수할 기회를 엿보다.
(= Se venger de quelqu'un à un moment propice, attendre qu'il fasse un faux pas)

"Tournant"이라는 용어가 초기에는 '몸의 곡선'이나 '도로의 곡선'을 의미했다면, 오늘날에는 이 뿐만 아니라 건물의 '모퉁이'도 의미하며, 이 모퉁이의 뒤는 누군가가 지나갈 때 놀라게 하기 위해 숨기 좋은 곳이다.

Son ennemi l'attend au tournant. 그의 원수가 그에게 복수할 기회를 노리고 있어.
쏘 냉느미 라떵 오 뚜흐넝

Attention, je t'ai à l'oeil.
아떵씨옹   즈 때 아 뢰이으

 조심해, 내 눈앞에 너 있다.

 조심해, 내가 지켜보고 있어.
(= Surveiller quelqu'un)

 이 표현은 15세기의 '주시하다(surveiller)'의 의미를 지녔던 "tenir l'œil(주시하다)"라는 표현에서 유래되었으며, "avoir quelqu'un à l'œil(누군가를 눈에 가지다)"는 일반적으로 '누군가가 상처를 입히는 것을 막기 위해 주시한다'라는 것을 의미한다.

Qu'est-ce que tu as dit? Attention, je t'ai à l'oeil.
깨 쓰끄 뛰 아 디   아떵씨옹   즈 때 아 뢰이으

너 뭐라고 했어? 조심해. 내가 지켜보고 있어.

Au compte-gouttes
오   꽁뜨   구뜨

 물방울 세 듯이, 한 방울씩

 소량씩, 아주 조금씩
(= Avec parcimonie)

Il donne des informations au compte-gouttes.
일 돈 데   쟁포흐마씨옹   오   꽁뜨   구뜨

그는 정보를 아주 조금씩 알려줘.

Avoir bon dos
아브와흐   봉   도

직역 좋은 등을 가지다.

의미 어떤 일에 대해 부당하게 책임을 지다, 이상적인 책임자이다.
(= Être le responsable idéal)

어원 옛날에 이 표현은 '사람이 무거운 짐을 짊어질 만큼 강하다'는 것을 의미했으며, 이 "dos(등)"이라는 단어가 바로 그런 의미를 지니고 있었다. 그 후에 이 표현은 '어떤 사람이 저지른 잘못에 대한 책임을 지는 이상적인 사람인 것처럼 보인다'라는 의미로 사용되어 결백하더라도 죄가 있는 것처럼 보일 때 "avoir bon dos(좋은 등을 가지다)"라고 말한다.

J'ai toujours bon dos.   나는 항상 부당하게 책임을 진다(내가 늘 만만한 핑곗거리야).
재   뚜주흐   봉   도

Avoir de la bouteille
아브와흐   드   라   부때이으

직역 병을 가지다.

의미 나이를 먹다, 경험을 쌓다.
(= Avoir ou prendre de l'âge ou de l'expérience)

어원 와인 세계에서는 와인을 통에 담아 최소 1년 동안 숙성시키는데, 그 이유는 어떤 와인은 햇 와인으로 마시지만, 어떤 와인은 숙성이 되어야만 그 맛이 더 좋아지기 때문이다.

Il faut avoir de la bouteille pour ce travail.   이 일에는 경험이 필요해.
일 포 아브와흐 드 라 부때이으 뿌흐 쓰 트하바이으

= **Prendre de la bouteille**

 ## Avoir des antennes
아브와흐　데　정땐

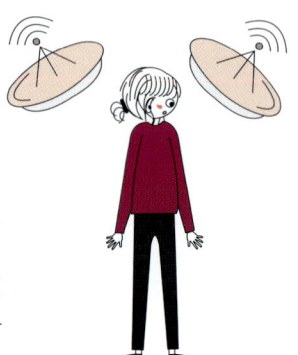

 안테나를 가지다.

 직감을 가지다.
(= Être au courant de tout, avoir de l'instinct)

 이 표현은 곤충의 의사소통 체계에서 유래되었으며, 인간의 육감, 본능의 감각은 흔히 포유류와 곤충의 감각기관으로 상징된다. 따라서 "안테나를 가진" 사람은 직감과 본능에 따라 '어떠한 일을 짐작한다'는 것을 의미한다.

J'ai du mal à lui cacher quelque chose. Elle a des antennes.
재　뒤　말　아　뤼　까쉐　껠끄　쇼즈　앨　라　데　정땐

그녀에게 무언가를 숨기는 건 어려워. 그녀는 촉이 좋아.

 ## Avoir des fourmis dans les jambes
아브와흐　데　푸흐미　덩　레　정브

 다리에 개미가 있다.

 다리가 저리다. 실행에 옮기고 싶어 하다, 움직이고 싶어 하다.
(= Avoir envie de passer à l'action, avoir des picotements dans les membres)

 이 표현은 나쁜 자세를 너무 오래 유지해서 혈액 순환에 장애가 생겼을 때 느껴지는 따끔거림(일반적으로 다리)을 설명하기 위해서 19세기부터 사용되어 왔으며, 넓은 의미로 떠나거나 움직이고 싶어 하는 사람에 대해서도 사용된다.

Je suis restée debout longtemps et j'ai commencé à avoir des
즈　쒸　해스떼　드부　롱떵　에　재　꼬멍쎄　아　아브와흐　데

fourmis dans les jambes.　오랫동안 서 있었더니 다리가 저리기 시작했어.
푸흐미　덩　레　정브

Avoir des papillons dans le ventre
아브와흐   데   빠삐이용   덩   르   벙트흐

 배 속에 나비가 있다.

 사랑의 감정을 가지다.
(= Avoir des sentiments amoureux)

Quand on est tombé amoureux, on a des papillons dans le ventre.
껑   또   내   똥베   아무흐   오 나 데   빠삐이용   덩   르   벙트흐

사랑에 빠지면 사랑의 감정이 생긴다.

Avoir des yeux de merlan frit
아브와흐   데   지으   드   매흘렁   프히

 튀긴 명태의 눈을 가지다.

 바보같은 눈빛으로 바라보다, 매우 놀라다.
(= Avoir un regard niais)

 19세기에 등장한 이 표현은 18세기의 "faire des yeux de carpe frite(튀긴 잉어 눈을 하다)"가 변화된 것으로, 사랑스럽고 애정 어린 눈길을 주고받는 젊은이들에 관해 이야기하는 데 사용되었다. 표현이 조금 변화되기는 했지만, 여전히 '바보같은 눈빛으로 바라보다'라는 의미를 지닌다.

Pourquoi est-ce que tu as des yeux de merlan frit?
뿌흐꾸와   애   쓰   끄   뛰 아 데   지으   드   매흘렁   프히

왜 바보같은 눈으로 보고 있어?

● 경멸적인 어조를 담고 있다.

025 Avoir deux mains gauches
아브와흐   드   맹   고슈

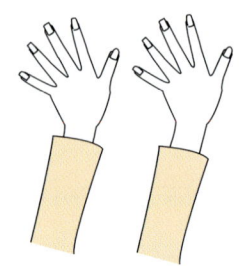

직역 두 개의 왼손을 가지다.

의미 서툴다.
(= Être très maladroit(e), être gauche)

어원 이 표현의 기원은 알려지지 않았지만, 대다수의 사람은 오른손이 더 편하다는 사실에 근거하여 "두 개의 왼손을 가지다"라는 것은 '서툴다, 어설프다'라는 것을 의미한다.

Elle est maladroite. Elle a deux mains gauches.   그녀는 서툴러.
앨   래   말라드화뜨   앨   라   드   맹   고슈

---

026 Avoir du bol
아브와흐   뒤   볼

직역 그릇을 가지다.

의미 운이 좋다.
(= Avoir de la chance)

어원 어원적으로 "bol(그릇)"과 "pot(단지)"라는 단어는 속어로 '항문(anus)'을 의미하며, 비유적으로는 '행운'을 의미한다. 바로 여기에서 "avoir du bol(운이 좋다)"라는 표현이 생겨났으며, 그 변형인 "avoir du pot(운이 좋다)"라는 표현도 생겨났다.

J'ai eu du bol pour cette fois-ci.   나 이번에 운이 좋았어.
재   위   뒤   볼   뿌흐   쌭   프와 씨

Avoir du pain sur la planche
아브와흐 뒤 빵 쉬흐 라 쁠렁슈

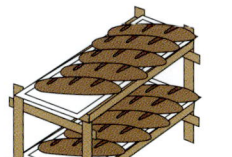

 판자 위에 빵을 가지다.

 할 일이 많이 있다.
(= Avoir beaucoup de choses à faire)

 "Avoir du pain sur la planche(판자 위에 빵을 가지다)"라는 표현이 오늘날에 '앞으로 해야 할 일이 많이 있다' 라는 것을 의미한다면, 19세기에 이 표현의 의미는 상당히 달랐다. 이는 '미래에 대처하기 위한 충분한 식량을 가졌다'는 것을 의미했다. 실제로 이 시대에 농민들은 다량의 빵을 준비해 천장에 고정된 나무판 위에 보관했는데, 그 후에 이 표현은 '일하지 않아도 살 수 있을 만큼 필요를 가지다(avoir de quoi vivre sans devoir travailler)'라는 의미로 쓰이게 되었고, '해야 할 일이 많다(avoir du travail en réserve)'라는 현재의 의미는 20세기 초에 이르러서야 나타난 것으로 보인다.

Oh la la! J'ai du pain sur la planche. 이런! 할 일이 많이 남아있네.
오 라 라 재 뒤 빵 쉬흐 라 쁠렁슈

Avoir l'ouïe fine
아브와흐 루이 핀

 예민한 청각을 가지다.

 귀가 좋다.
(= Bien entendre, avoir une très bonne ouïe)

Chuchote! Il a l'ouïe fine. 조용히 얘기해! 그 사람 귀가 좋아.
쉬쇼뜨 일 라 루이 핀

Avoir la chair de poule
아브와흐 라 쉐흐 드 뿔

 닭살을 가지다.

소름 돋다, 닭살 돋다.
(= Avoir peur ou avoir froid)

17세기에 먼저 의학용어로 사용되었던 이 표현은 일상 언어에서 '두렵다' 또는 '춥다'의 의미로 사용되기 시작했다. 실제로 우리가 이러한 감정을 느낄 때 털이 곤두서고 털 뽑힌 가금류의 피부와 같은 양상을 보인다.

Il a la chair de poule parce qu'il fait froid.
일 라 라 쉐흐 드 뿔 빠흐쓰 낄 패 프화

그는 추워서 닭살이 돋았어.

Avoir la cote
아브와흐 라 꼬뜨

 점수를 가지다.

 평판이 좋다, 인기가 있다.
(= Être populaire, être apprécié(e) par beaucoup de monde)

 20세기에 만들어진 이 표현은 평가의 측면에서 "cote(점수)"라는 용어를 기반으로 하며, 이 용어는 '높다'라는 함축적인 의미를 지니고 있다.

Je fais des efforts pour avoir la cote.
즈 패 데 재포흐 뿌흐 아브와흐 라 꼬뜨

나는 평판을 얻기 위해 노력해.

 ## Avoir la dalle
아브와흐　라　달

 목구멍을 가지다.

 배고프다.
(= Avoir très faim)

 14세기에 "dalle"이라는 단어는 음식물이 통과하는 '입'을 의미했다. 여기에서 "avoir la dalle(목구멍을 가지다)"라는 표현이 비롯되었으며, 이는 '매우 배가 고프다'는 것을 의미한다.

Je n'ai rien mangé toute la journée. J'ai la dalle.
즈　내　히앵　멍제　뚜뜨　라　주흐네　재　라　달

나는 온종일 아무것도 못 먹었어. 배고파 죽겠어.

 ## Avoir la flemme
아브와흐　라　플램

 게으름을 가지다.

 귀찮다.
(= Avoir envie de ne rien faire)

 이 표현의 기원은 의사들이 특정 체액은 기분과 행동에 영향을 미친다고 믿었던 중세 시대로 거슬러 올라간다. 그리고 이 액체 중에는 "가래(phlegme)"가 있었는데, 가래가 적은 사람은 매우 역동적이지 않은 것으로 여겨졌다.

Je suis restée à la maison le week-end dernier car j'avais la flemme.
즈　쒸　해쓰때　아　라　매종　르　위　깬　데흐니예　꺄흐　자배　라　플램

나는 귀찮아서 지난 주말에 집에 있었어.

 ### Avoir la frite
아브와흐　라　프히뜨

 감자튀김을 가지다.

 컨디션이 아주 좋다.
(= Être en pleine forme, se sentir bien)

 이 표현은 1970년대로 거슬러 올라간다. 이전에 "avoir la patate(감자를 가지다)"라는 표현이 사용되었는데, 속어로 '좋은 얼굴을 하다(avoir une bonne tête)'라는 것을 의미하고, 표현으로는 '컨디션이 좋다(être en forme)'는 것을 의미한다.

J'ai la frite car j'ai passé de bons moments.
재　라　프히뜨　꺄흐　재　빠쎄　드　봉　모멍

좋은 시간을 보내서 기분이 아주 좋아.

 ### Avoir la grosse tête
아브와흐　라　그호쓰　때뜨

 큰 얼굴을 가지다.

 우쭐하다, 잘난 체하다, 거드름 피우다.
(= Être ou devenir prétentieux(euse), avoir des prétentions ridicules)

 전통적인 카니발에서 오늘날에 이르기까지 행렬의 "선두(tête)"에는 가장 중요한 사람이 거대한 가면을 쓴 채 앞서가는데, 이 표현은 바로 이 행렬의 거인에서 그 기원을 찾아볼 수 있다.

Il ne veut pas avoir la grosse tête.
일　느　브　빠　아브와흐　라　그호쓰　때뜨

그는 잘난 체하는 걸 원하지 않아.

Avoir la gueule de bois
아브와흐 라 궬 드 브와

 나무 낯짝을 가지다.

 전날에 술을 너무 많이 마셔서 몸이 좋지 않다.
(= Avoir les symptômes ressentis le lendemain d'une soirée bien arrosée, être malade parce qu'on a trop bu)

 처음에 이 표현에는 '술을 너무 많이 마시면 입이 마른다'라는 하나의 의미만 지니고 있었다. 달리 말하면, '낯짝이 나무처럼 건조해진다'라는 것을 뜻하는데, 지금은 그 의미가 확장되어 '술을 많이 마신 후에 나타나는 모든 증상'을 의미한다.

Il a la gueule de bois car il a trop bu, hier.
일 라 라 궬 드 브와 꺄흐 일 라 트호 뷔 이예흐

그가 어제 과음해서 몸이 안 좋아.

Avoir la main verte
아브와흐 라 맹 배흐뜨

 녹색 손을 가지다.

 식물을 키울 줄 안다.
(= Savoir entretenir les plantes, être doué(e) pour le jardinage)

 이 표현은 흔히 사용되는 표현으로, 여기에서 "avoir la main(손을 가지다)"라는 표현은 '특정 분야에 재능이 있는 사람'을 의미한다. 그리고 대부분의 식물이 녹색이라는 사실도 전혀 놀라운 일은 아닐 것이다. "avoir la main verte(녹색 손을 가지다)"라는 표현은 아주 최근에 생겨난 것으로, 20세기 중반부터 사용되기 시작했다.

J'aime les plantes et j'ai la main verte.
잼 레 쁠렁뜨 에 재 라 맹 배흐뜨

나는 식물을 좋아하고 잘 키워.

037 Avoir la patate
아브와흐   라   빠따뜨

 감자를 가지다.

 컨디션이 좋다.
(= Être en forme)

 감자의 둥근 모양 때문에 "patate(감자: pomme de terre의 속어)"는 "사람의 머리"에 비유되었다. 그래서 "avoir la patate(감자를 가지다)"는 '정신이 매우 온전하다(avoir toute sa tête)', 넓은 의미로는 결국 '역동성' 또는 '활력'이 있다는 것을 의미한다.

J'ai la patate.   나는 컨디션이 좋아.
재   라   빠따뜨

038 Avoir la pêche
아브와흐   라   뻬슈

 복숭아를 가지다.

 컨디션이 좋다.
(= Être plein d'énergie et d'entrain, être en forme)

 이 표현의 기원은 다소 명확하지 않다. 어떤 사람들은 이 표현이 복숭아(pêche)가 불멸과 건강의 상징인 중국 문화에서 유래되었을 것이라고 믿으며, 한편 다른 사람들은 권투 분야와 '많은 힘을 가지다(avoir beaucoup de force)'라는 의미를 지닌 "avoir de la pêche(활력을 가지다)"에서 유래되었을 것이라고 믿는다.

J'ai bien dormi. Aujourd'hui, j'ai la pêche.   잠을 잘 자서 오늘 컨디션이 좋아.
재   비앙   도흐미   오주흐뒤   재   라   뻬슈

 ## Avoir la poisse
아브와흐 라 쁘와쓰

 불운을 지니다.

 매우 불운하다, 재수가 없다, 문제를 일으키다.
(= Être malchanceux(euse), attirer les ennuis)

 송진(poix)은 중세부터 소나무와 전나무 수지로 만든 점성 접착제이다. 따라서 "poisse(불운)"이라는 파생어는 '우리가 제거할 수 없으며, 끈적거리는 어떤 것'을 말하는데, 속어로 이는 때때로 '우리를 따라다니는 불운'을 의미한다.

J'ai la poisse. Ça tombe toujours mal.
재 라 쁘와쓰 싸 똥브 뚜주흐 말

난 운이 없어. 일이 항상 안 좋게 끝나.

 ## Avoir la tête dans le cul
아브와흐 라 때뜨 덩 르 뀔

 머리가 엉덩이에 있다.

 너무 피곤해서 일어나기 힘들다.
(= Avoir du mal à se réveiller, se sentir une fatigue extrême)

 20세기에 생겨난 비교적 최근의 표현으로, 우리가 마치 신체의 이 부분에 갇혀있는 것처럼 흐릿한 시야와 약한 지각력의 증상들을 동반한 '극심한 피로 상태'를 의미한다.

Je suis sortie tard hier soir. Alors, j'ai la tête dans le cul ce matin.
즈 쒸 쏘흐띠 따흐 이예흐 쓰와흐 알로흐 재 라 때뜨 덩 르 뀔 쓰 마땡

어제저녁에 늦게 외출했더니 오늘 아침에 일어나기가 힘들어.

● 매우 친한 사이(친구, 동료, 형제, 자매 등)에서 사용되는 표현이다.

Avoir la tête dans les nuages
아브와흐 라 때뜨 덩 레 뉘아쥬

 머리가 구름 속에 있다.

 딴생각하다. 주의가 산만하다.
(= Être rêveur(euse), être distrait(e))

 이 표현은 '현실과 다소 동떨어져 현실감각이 떨어지는 사람'을 나타내기 위해 사용되는 표현으로, 이와 대조적으로 "avoir les pieds sur terre(발이 땅에 있다)"라는 표현을 사용하여 '현실감각을 지닌 책임감 있는 사람'을 나타낸다.

Il ne faut pas avoir la tête dans les nuages au travail.
일 느 포 빠 아브와흐 라 때뜨 덩 레 뉘아쥬 오 트하바이으
일할 때 딴생각하면 안 돼.

Avoir la tête sur les épaules
아브와흐 라 때뜨 쒸흐 레 제뽈

 양어깨 위에 머리가 있다.

 명석하다. 분별력이 있다.
(= Être lucide, être bien équilibré(e))

 이 표현은 "perdre la tête(이성을 잃다)"와 대조적인 표현으로, 머리가 몸에 고정되어 있다는 것은 "균형"을 상징한다. 따라서 "양어깨 위에 머리가 있는" 사람은 '명석하고 이성적인 사람'을 뜻한다.

J'ai la tête sur les épaules car je suis quelqu'un de raisonnable.
재 라 때뜨 쒸흐 레 제뽈 꺄흐 즈 쒸 껠껑 드 해조나블르
나는 이성적인 사람이어서 분별력이 있어.

= **Garder la tête sur les épaules**

Avoir le beurre et l'argent du beurre
아브와흐　르　뵈흐　에　라흐정　뒤　뵈흐

 버터와 버터의 돈을 가지다.

 아무것도 주지 않고 모든 것을 갖기를 원하다.
(= Avoir envie de tout sans rien donner)

 예전 속담의 고유한 특성인 농민의 상식에서 영감을 얻은 것이지만, 이 표현은 최근에 널리 퍼졌다. 그러나 같은 구조와 비슷한 의미의 "On ne peut pas avoir le lard et le cochon(돼지비계와 돼지를 가질 수 없다)"라는 예전 속담이 있다.

Il veut avoir le beurre et l'argent du beurre.
일　브　아브와흐　르　뵈흐　에　라흐정　뒤　뵈흐

그는 아무것도 주지 않고 모든 것을 갖기를 원해.

Avoir le bras long
아브와흐　르　브하　롱

 긴 팔을 가지다.

 영향력이 있다.
(= Avoir de l'influence)

 많은 프랑스어 표현에는 "bras"라는 단어가 사용되는데, 이 단어가 "복수"로 사용되면, 이는 일반적으로 '비활동성' 또는 '무기력'을 상징한다. 하지만 이와 반대로 "단수"로 사용되면 '힘'과 '권력'을 상징하는데, 그 예로 힘의 시금석이 되는 "철의 팔(bras de fer)"을 인용할 수 있다. 따라서 "avoir le bras long(긴 팔을 가지다)"라는 표현은 좋은 주소록을 가지고 있기 때문에 그만큼 '영향력을 가지고 있다'는 것을 의미한다.

J'ai beaucoup de connaissances et j'ai le bras long.
재　보꾸　드　꼬내썽쓰　에　재　르　브하　롱

나는 인맥이 넓고 영향력이 있어.

 **Avoir le cafard**
아브와흐　르　꺄파흐

 바퀴벌레를 가지다.

 기분이 처지다, 우울하다.
(= Ne pas avoir le moral, avoir des idées noires, être déprimé(e))

 1857년 샤를 보들레르(Charles Baudelaire)의 "악의 꽃(Les Fleurs du mal)"에서 소개된 것으로 추정되는 이 표현은 "우울(spleen)"의 영어식 버전과 마찬가지로 집안의 바퀴벌레처럼 머릿속에 자리 잡을 수 있는 '어두운 생각'을 의미한다.

J'ai le cafard car il est parti.　　그가 떠나서 우울해.
재 르 꺄파흐 꺄흐 일 래 빠흐띠

 **Avoir le coeur sur la main**
아브와흐　르　꿰흐　쒸흐　라　맹

 손에 심장을 가지다.　　 인심이 좋다, 너그럽다, 따뜻한 마음을 가지다.
(= Être généreux(euse))

 18세기의 이 표현은 감정의 근거지가 되는 심장과 관련이 있으며, "손에 심장을 가진다는 것"은 '감동과 감정을 내어줄 손을 가지고 있으며, 또한 언제든지 제공할 준비가 되어 있다는 것'을 의미한다.

Elle a le coeur sur la main. Elle va sûrement t'aider.
앨 라 르 꿰흐 쒸흐 라 맹　앨 바 쒸흐멍 때데

그녀는 마음이 따뜻해. 그녀가 분명히 널 도와줄 거야.

● **J'ai le coeur sur la main.(X)**
(이 표현은 내가 나에게 사용할 수 없기 때문에 주어에는 'Je(나)'가 사용될 수 없다.)
　= Avoir un coeur d'or

 ### Avoir le cul bordé de nouilles
아브와흐　르　뀔　보흐데　드　누이으

 엉덩이에 국수가 넘치다.

 운이 매우 좋다.
(= Avoir beaucoup de chance)

 이 표현의 어원에 관해서는 확인하기 어렵지만 분명한 것은 "avoir du cul(엉덩이를 가지다)"라는 축소된 표현에서 유래되었다는 것은 분명하다. 이 표현은 '운이 좋다'라는 의미를 가지는데, 표현의 마지막 문구인 《borde de nouilles》의 발생에 대해서는 합리적인 설명이 존재하지 않기 때문에 그 진정한 의미는 의문으로 남아있다.

J'ai gagné à la lotterie. J'ai eu le cul bordé de nouilles.
재　갸녜　아　라　로뜨히　재　위　르　뀔　보흐데　드　누이으

내가 복권에 당첨되다니 운이 매우 좋았어.

 ### Avoir le melon
아브와흐　르　믈롱

 멜론을 가지다.

 자만하다, 우월감을 느끼다.
(= Se donner de l'importance, se sentir supérieur(e) aux autres)

 이 표현은 "멜론"과 직접적으로 관련이 있으며, 이 과일은 그 압도적인 크기로 "사람의 머리"와 비교된다.

Il a le melon parce qu'il se sent supérieur aux autres.
일　라　르　믈롱　빠흐쓰　낄　쓰　썽　쒸베히워흐　오　조트흐

그는 자신이 우월하다는 생각에 자만에 빠져 있어.

 ## Avoir le moral à zéro
아브와흐 르 모핰 아 제호

 사기가 '제로'이다.

 처져 있다. 슬프다. 의기소침해 있다.
(= Ne pas avoir le moral, être triste, être déprimé(e))

 표현의 기원과 의미를 부여하는 것은 단어 "0(zéro)"이다. "0"은 마이너스 수를 제외한 가장 낮은 수학적 가치를 지니기 때문에 "기력이 가장 낮은 상태에 있다는 것"은 '완전히 사기를 잃는 것'을 의미한다.

J'ai le moral à zéro parce que j'ai quitté ma région.
재 르 모핰 아 제호 빠흐쓰 끄 재 끼떼 마 헤지옹

나는 고향을 떠나서 기분이 우울해.

 ## Avoir le pied au plancher
아브와흐 르 삐예 오 쁠렁쉐

 발이 바닥에 있다.

 (자동차의) 속도를 내다, 가속페달을 밟다.
(= Conduite à grande vitesse, en appuyant à fond sur la pédale de l'accélérateur)

 이 표현에서는 온 힘을 다해 가속 페달을 발로 눌러서 발이 바닥에 닿아 있는 상태의 이미지를 연상할 수 있다.

Je ne peux pas avoir le pied au plancher à cause des embouteillages.
즈 느 쁘 빠 아브와흐 르 삐예 오 쁠렁쉐 아 꼬즈 데 정부떼이야쥬

길이 막혀서 나는 속도를 낼 수가 없어.

= Mettre le pied au plancher

 ## Avoir les boules
아브와흐　레　　　불

 공을 가지다.

 매우 신경질이 나다, 진절머리 나다.
(= Être très énervé(e), être écoeuré(e))

 최근의 표현으로, 그 기원은 알려지지 않았다. 이 표현에서 "boules(공)"이라는 용어가 '고환'을 뜻하는지 아니면 '편도선'을 뜻하는지는 알기 어렵지만, '분노와 두려움이 격화된 감정'으로 해석된다.

J'ai raté l'examen. J'ai les boules.　나 시험 망쳤어. 짜증 나.
재　하떼　래그자맹　재　레　불

 ## Avoir les quatre fers en l'air
아브와흐　레　　꺄트흐　　패흐　엉　래흐

 4개의 편자가 허공에 있다.

혼란스러워 보이다.
(= Sembler confus(e), troublé(e))

J'ai fait une chute de cheval. J'ai les quatre fers en l'air.
재　패　윈　쉬뜨　드　슈발　재　레　꺄트흐　패흐　엉　래흐

내가 말에서 떨어지다니 당혹스러워.

Avoir les yeux plus gros que le ventre
아브와흐 레 지으 쁠뤼 그호 끄 르 벙트흐

 배보다 더 큰 눈을 가지다.

 자신을 과대평가하다.
(= Se surestimer)

 이 표현에서 "눈"은 "위(estomac)"와 비교되며 "avoir les yeux plus gros que le ventre(배보다 더 큰 눈을 가지다)"라는 표현은 '우리의 위가 허용하는 것보다 훨씬 더 많이 먹을 수 있다고 생각한다'는 것을 의미한다. 17세기에 "avoir les yeux plus grands que la panse(위보다 더 큰 눈을 가지다)"라는 동일한 의미를 가진 다소 다른 표현도 있었으며, 이 또한 '자신을 과대평가한다'라는 비유적 의미를 지닌다.

Il a les yeux plus gros que le ventre. Il n'a pas terminé son assiette.
일 라 레 지으 쁠뤼 그호 끄 르 벙트흐 일 나 빠 때흐미네 쏘 나씨애뜨

그는 다 먹을 수 있다고 생각했는데, 다 먹지도 못하고 남겨 버렸어.

Avoir plusieurs casquettes
아브와흐 쁠뤼지웨흐 꺄쓰깬

 여러 개의 모자를 가지다.

 여러 가지 일을 하다.
(= Avoir plusieurs fonctions)

 이 표현은 유니폼에 따라 달라지는 모자에 빗대어 표현한 것으로, 하나의 모자는 하나의 직무를 의미하기 때문에 "avoir plusieurs casquettes(여러 개의 모자를 가지다)"라는 것은 '한 사람이 여러 가지의 역할을 한다'는 것을 의미한다.

Beaucoup de gens ont plusieurs casquettes de nos jours.
보꾸 드 졍 옹 쁠뤼지웨흐 꺄쓰깬 드 노 주흐

오늘날 많은 사람이 여러 가지 일을 해.

Avoir quelque chose sur le feu
아브와흐 깰끄 쇼즈 쒸흐 르 프

 불 위에 무언가를 가지다.

 무언가를 하고 있다.
(= Être occupé(e) à quelque chose)

Attends une seconde! J'ai quelque chose sur le feu.
아떵 윈 쓰공드 재 깰끄 쇼즈 쒸흐 르 프

잠깐만 기다려! 나 지금 뭐 하고 있어.

Avoir quelqu'un à la bonne
아브와흐 깰깽 아 라 본

 본(bonne: 게임 화폐)에 누군가를 가지다.

 누군가에게 호감을 느끼다, 누군가를 좋게 생각하다, 너그럽다.
(= Avoir de la sympathie pour quelqu'un, apprécier quelqu'un)

 '봉사하다'라는 의미를 지닌 이 표현은 "se mettre à la bonne de quelqu'un(누군가에게 봉사하다)"와 같은 다양한 형태가 알려져 있다. 그 기원이 확실하지는 않지만, 아마도 부유한 사람들이나 동정심이 많은 《선한 사람들(bonnes personnes)》의 시중을 들던 "하녀들(bonnes)"에게서 비롯되었을 것이다. 그리고 또 다른 가설은 실내 게임이 성행했던 16세기로 거슬러 올라간다. 루이 14세는 게임 중에서 특히 "본(bonne)"이라는 화폐를 사용하는 게임을 좋아했는데, 이 "avoir quelqu'un à la bonne(본(bonne: 게임 화폐)에 누군가를 가지다)"라는 표현은 그 게임의 승자에 빗대어 누군가가 그를 좋게 평가하는 것이기 때문에 '누군가가 그에게 선물을 제공한다'는 것을 의미한다.

Je crois qu'elle t'a à la bonne.
즈 크화 깰 따 아 라 본

그녀가 너에게 호감이 있는 것 같아.

 **Avoir quelqu'un dans le nez**
아브와흐   껠깽   덩   르   네

 콧속에 누군가 있다.

 누군가를 견딜 수 없다, 누군가를 좋아하지 않다.
(= Ne pas aimer quelqu'un)

 이 표현에서는 견딜 수 없는 사람을 표현하기 위해 '코'의 의미론적 의미가 사용된다. 실제로 "Je ne peux pas le sentir(나는 그의 냄새를 견딜 수 없다)" 또는 "Je ne peux pas le piffer(나는 그의 냄새도 참을 수 없다)"와 같은 표현을 인용할 수 있는데, 후자의 경우 "piffer(견디다)"라는 동사는 코를 지칭하는 명사 "pif"에서 유래한다. 많은 프랑스어 표현에서 인체의 구멍은 "경멸"을 상징한다. 특히 항문과 관련된 표현들이 많이 있는데, 이는 흔히 경멸과 멸시의 의미를 가지기 때문에 "avoir quelqu'un dans le nez (콧속에 누군가 있다)"라는 표현은 '그 사람을 좋아하지 않는다'는 것을 의미한다.

On me dit qu'un collègue m'a dans le nez. Mais, je ne sais pas
옹 므 디 깽   꼴래그 마 덩 르 네 매   즈 느 쌔 빠
pourquoi.   누가 그러는데, 한 직장동료가 나를 견딜 수가 없대. 그런데 난 그 이유를 모르겠어.
뿌흐꾸와

● 가족, 친구 및 동료 사이에서 사용된다.

 **Avoir ses têtes**
아브와흐   쎄   때뜨

 여러 개의 얼굴을 가지다.

 누군가를 편애하다, 누군가에게 좋고 싫음을 나타내다.
(= Apprécier certaines personnes à d'autres)

Il pense que j'ai mes têtes.   그는 내가 편애한다고 생각해.
일 뻥쓰 끄 재 메 때뜨

Avoir un (petit) goût de revenez-y
아브와흐　앵　쁘띠　구　드　흐브네　지

 다시 돌아오고 싶은 (작은) 맛을 가지다.

 다시 먹고 싶다, 좋아했던 일을 다시 하고 싶다.
(= Avoir envie de se resservir, de revenir aux choses qu'il a aimées)

 이 표현의 기원은 알려지지 않았지만, 그 매력과 식욕을 돋우는 성질로 인해서 다시 거기로 되돌아가고자 하는 욕구를 유발하기 때문에 우리를 다시 돌아가게 하는 어떤 것에 대한 이미지를 연상할 수 있다.

Le gâteau était tellement bon que j'ai un goût de revenez-y.
르　갸또　에때　뗄멍　봉　끄　재　앵　구　드　흐브네　지

이 케이크가 너무 맛있어서 또 먹고 싶어요.

= Avoir un goût de reviens-y (* 친한 사이에서 'tu'를 사용해서 말할 때는 'reviens-y'라고 한다.)

Avoir un chat dans la gorge
아브와흐　앵　샤　덩　라　고흐쥬

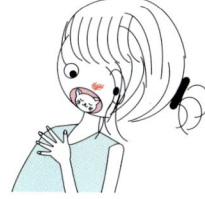

 목에 고양이가 있다.

 목이 쉬다.
(= Être enroué(e))

11세기 말에 "maton(엉긴 우유)"라는 단어는 '응고된 우유'를 의미했으며, 그 후에 이 단어는 "모든 유형의 덩어리" 또는 "엉겨 붙은 덩어리"에 사용되었고, "고양이(chat)"를 말할 때도 사용되었다. 따라서 원래의 표현은 "avoir un maton dans la gorge(목에 엉긴 우유가 있다)"이었을 것으로 추정되며, 이 "maton(엉긴 우유)"가 지닌 두 가지 의미에 대한 언어유희로, "maton(엉긴 우유)"라는 용어가 "chat(고양이)"로 점차 바뀌게 되었지만, 여전히 '목이 쉬다'라는 의미를 가진다.

L'air est trop sec ici, j'ai un chat dans la gorge à cause de ça.
래흐　애　트호　쌕　이씨　재　앵　샤　덩　라　고흐쥬　아　꼬즈　드　싸

여기 공기가 너무 건조해서 내 목이 쉬었어.

061 Avoir un cheveu sur la langue
아브와흐 앵 슈브 쒸흐 라 렁그

 혀에 머리카락이 있다.

 혀 짧은 소리를 내다, 발음이 새다.
(= Zozoter)

 이 표현이 나타난 정확한 시기는 알려지지 않았다. "avoir un cheveu sur la langue(혀에 머리카락이 있다)"라는 표현은 '발음장애'를 의미하는데, 혀에 머리카락이 있는 사람이 'ce(쓰)'를 'che(슈)'로 발음한 것으로 보이며, 우리는 여기에서 줄곧 혀에 달라붙어 있는 머리카락으로 인해 정확한 발음을 내는 데 불편함을 느끼게 된다는 것을 잘 볼 수 있다.

Elle a un cheveu sur la langue. J'ai du mal à la comprendre.
앨 라 앵 슈브 쒸흐 라 렁그 재 뒤 말 아 라 꽁프헝드흐

그녀가 혀짧은 소리를 내서 잘 못 알아듣겠어.

062 Avoir un coeur d'or
아브와흐 앵 꿰흐 도흐

 금으로 된 심장을 가지다.

 매우 친절하다, 너그럽다.
(= Être généreux(euse))

 이 표현에서 "마음"은 순수한 귀금속인 "금"에 비유되며, "avoir un coeur d'or(금으로 된 심장을 가지다)"라는 것은 '너그럽고 관대하다'는 것을 의미한다.

Elle a un coeur d'or. Je ne l'ai jamais vue refuser de rendre des
앨 라 앵 꿰흐 도흐 즈 느 래 자매 뷔 흐퓌제 드 헝드흐 데

faveurs aux autres.   그녀는 매우 친절해. 나는 그녀가 남의 부탁을 거절하는 것을 본 적이 없어.
파붸흐 오 조트흐

Avoir un coeur d'artichaut
아브와흐　앵　꿰흐　다흐띠쇼

 아티초크의 심장을 가지다.

 자주, 그리고 쉽게 사랑에 빠지다.
(= Tomber fréquemment et aisément amoureux(euse))

 이 표현은 "식물(아티초크)의 속"과 "인간의 마음"을 비교한 것으로, 아티초크는 그 먹는 방식으로 유명하다. 우리가 아티초크를 먹을 때 잎을 떼어 내면서 먹는데, 바로 거기에서 우리는 '쉽게, 그리고 자주 사랑에 빠지는 남자'와 연결점을 찾을 수 있다.

Elle a un coeur d'artichaut. Elle a déjà un nouveau petit-ami.
앨　라　앵　꿰흐　다흐띠쇼　앨　라　데자　앵　누보　쁘띠 타미

그녀는 너무 쉽게 사랑에 빠져. 벌써 새 남자친구가 생겼는걸.

🔴 J'ai un coeur d'artichaut.(x)
(일반적으로 다른 사람을 표현하기 위한 것으로 주어에는 'Je'가 올 수 없다.)

Avoir un coup de barre
아브와흐　앵　꾸　드　바흐

 막대기로 한 대 얻어맞다.　　 급 피곤함을 느끼다.
(= Avoir un brusque accès de fatigue, grosse fatigue soudaine)

 이 표현은 경고 없이 찾아드는 '예기치 못한 급작스러운 피로'를 의미한다. 실제로 몽둥이로 맞으면 쓰러지게 되는데, 이는 두통과는 아무런 관련이 없지만 때로는 이로 인해서 머리에 통증이 유발되기도 한다.

J'ai trop travaillé ces derniers jours. J'ai un coup de barre maintenant.
재　트호　트하바이예　쎄　대흐니애흐　주흐　재　앵　꾸　드　바흐　맹뜨넝

요즘 일을 너무 많이 했더니 급 피곤해졌어.

Avoir un coup de foudre
아브와흐 앵 꾸 드 푸드흐

 벼락을 맞다.

 첫눈에 반하다.
(= Être pris(e) d'une passion très subite)

 17세기에 "coup de foudre(벼락)"은 일반적으로 '예상치 못한 불쾌한 사건'이었으며, 이로 인해 아연실색하게 된다. 17세기 말에 "coup(타격)"이라는 용어는 이미 '갑작스럽고 놀라운 사건(événement brutal et impressionnant)'이라는 의미가 있었다. 그래서 이 용어를 감정과 정서 영역에 접목하게 된다. "foudre(번개)"라는 용어는 "신속함(rapide comme l'éclair: 번개처럼 빠르다)"을 상징했으며, 또한 "불"을 상징하기도 했는데, 이 "불"은 비유적인 의미로 '열정'의 의미를 지닌다. 하지만 실제로 사람이나 사물에 대하여 느끼는 갑작스럽고 격렬한 감정으로서 "coup de foudre(첫눈에 반하는 사랑)"라는 표현은 18세기 말에 이르러서야 나타나게 되었다.

Il doit avoir eu un coup de foudre. Il a rougi.
일 드와 아브와흐 위 앵 꾸 드 푸드흐 일 라 후지

그가 첫눈에 반했나 봐. 얼굴이 빨개졌어.

Avoir un métro de retard
아브와흐 앵 메트호 드 흐따흐

 지하철이 연착되다.

 이해하기 어렵다, 최신 소식에 뒤처지다.
(= Avoir du mal à comprendre, ne pas avoir suivi quelque chose de connu)

Il n'arrive pas à nous suivre. Il a un métro de retard.
일 나히브 빠 아 누 쒸브흐 일 라 앵 메트호 드 흐따흐

그가 우리 대화를 따라오지 못해. 이해하지 못하고 있어.

Avoir un mot sur le bout de la langue
아브와흐　앵　모　쉬흐　르　부　드　라　렁그

 혀끝에 단어가 있다.

 단어가 생각날 듯 말 듯 하다. 단어가 생각나지 않다.
(= Ne plus réussir à se souvenir d'un mot)

Comment ça s'appelle? J'ai le mot sur le bout de la langue.
꼬멍　싸　싸뺄　재　르　모　쉬흐　르　부　드　라　렁그

이거 이름이 뭐지? 단어가 생각이 안 나.

🔴 표현에는 'un mot'라고 표기되지만, 실제로 말할 때는 'le mot'라고 표현한다.

Avoir un nom à coucher dehors
아브와흐   앵   농 아   꾸쉐   드오흐

 밖에서 재울 이름을 가지다.

 발음하거나 기억하기 힘든 이름을 가지다.
(= Avoir un nom difficile à prononcer ou à retenir)

 이 표현의 어원은 다소 놀랍다. 실제로 누군가 길을 잃고 낯선 사람에게 숙소를 요청해야 했던 시대로 거슬러 올라간다. 누군가가 "기독교(chrétienne)"식의 이름을 가졌다면, 하룻밤을 지낼 숙소를 더 쉽게 찾을 수 있었을 것이다. 이는 여관에서도 마찬가지였다. 부르주아의 이름을 가진 사람들은 방을 더 쉽게 구할 수 있었고, 그렇지 않은 사람들은 밖에서 자야만 했다. 이러한 이유로 "avoir un nom à coucher dehors(밖에서 재울 이름을 가지다)"라는 말을 하게 되었다. 다행히도 오늘날에는 그 의미가 다르게 사용되고 있는데, 이 표현이 여전히 다소 부정적인 의미를 지니고 있지만, 이는 '단순히 발음하거나 기억하기 어려운 이름을 가진다'는 의미를 지닌다. 또 다른 어원에 대한 가설은 나폴레옹 군대에 관한 것으로, 이 군대는 해외 군사작전 시 징집된 많은 군인으로 구성되어 있었는데, 이들이 마을에서 주둔할 때, 주민들은 숙박 티켓을 소지한 장교들에게 숙소를 제공해야 했다. 하지만 이 장교 중에는 외국 이름을 가진 사람도 있었기 때문에 적으로 간주될 수도 있었다. 그래서 "avoir des noms à coucher dehors avec un billet de logement(숙박 티켓을 가지고도 밖에서 재울 이름을 가지다)"라는 표현이 사용되었는데, 그 이후에 "avoir un nom à coucher dehors(밖에서 재울 이름을 가지다)"로 변화되었다.

J'ai un nom à coucher dehors. Alors, on n'arrive pas à bien le prononcer.
재   앵 농 아 꾸쉐   드오흐   알로흐   오   나히브   빠 아 비앵 르   프호농쎄

내 이름은 발음하기가 어려워서 사람들이 발음을 잘 못 해.

Avoir un poil dans la main
아브와흐　앵　쁘왈　덩　라　맹

 손에 털 한 가닥이 있다.

 매우 게으르다.
(= Être fainéant(e))

 이 표현은 19세기부터 존재한 것으로 보인다. 그 당시에 '게으른 사람'을 지칭하기 위해 "avoir du poil dans la main(손에 털 한 가닥이 있다)"라는 표현을 사용했으며, 우리는 한 번도 자신의 손을 사용하지 않아서 털이 자랄 수 있었던 사람의 모습을 선명하게 그릴 수 있다.

Il ne veut pas travailler. Il a un poil dans la main.
일　느　브　빠　트하비이에　일라　앵　쁘왈　덩　라　맹

그는 일하고 싶어 하지 않아. 아주 게을러.

● 나에 대해 사용할 수 없기 때문에 주어는 'Je'가 올 수 없다.

Avoir une idée derrière la tête
아브와흐　윈　니데　데히애흐　라　때뜨

 머리 뒤에 생각이 있다.

 (놀라게 하기 위해) 머릿속에 있는 생각을 표현하지 않다. 딴 속셈이 있다.
(= Avoir une idée, mais ne pas l'exprimer pour créer la surprise)

 20세기 상반기부터 사용된 이 표현은 머리의 형상 이미지를 기반으로 한 것으로, 앞에서 일어나는 모든 일은 드러나고, 뒤에서 일어나는 모든 것은 비밀로 유지된다.

J'ai une idée derrière la tête. Mais, je n'en ai parlé à personne.
재　윈　니데　데히애흐　라　때뜨　매　즈　너　내　빠흘레　아　빼흐쏜

내게 생각이 있는데, 아무에게도 말 안 했어.

● 긍정적/부정적 의미로 둘 다 사용된다.

= Cacher son jeu

Avoir une mémoire d'éléphant
아브와흐   윈   메므와흐   델레펑

 코끼리의 기억력을 가지다.

 기억력이 매우 좋다.
(= Avoir une très bonne mémoire)

 코끼리는 기억력이 뛰어난 것으로 알려져 있다. 코끼리는 아주 먼 거리를 여행하고 난 후에 그것들을 기억할 수 있으며, 또한 사람을 인지하는 능력이 있어 수년이 지난 후에도 자신을 괴롭혔던 사람들을 기억할 수 있다.

Il se rappelle de tout. Il a une mémoire d'éléphant.
일 쓰   하뺄   드 뚜   일 라 윈   메므와흐   델레펑
그는 다 기억해. 기억력이 정말 좋아.

Baisser les bras
배쎄   레   브하

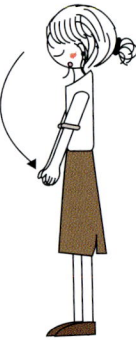

 팔을 내리다.   포기하다.
(= Abondonner)

 이 표현은 권투와 관련이 있는데, 이 종목에서는 선수들이 팔을 매우 높게 유지하지 않으면 빨리 패배하게 된다. 예를 들어 권투 선수에게 "baisser les bras(팔을 내린다)"라는 것은 '지쳐서 포기한다'는 것을 의미하는데, 그 의미가 모든 영역으로 확대되면서 '용기나 의지가 부족해서 어떠한 계획이나 행동을 포기하다'라는 의미로 사용되고 있다.

Il y a trop de personnes compétentes pour cet examen. Je vais
일 니 야   트호   드   빼흐쏜   꽁뻬떵뜨   뿌흐 쎄   떼그자맹   즈 배

baisser les bras.   이 시험에 실력 있는 경쟁자가 너무 많아. 난 포기할래.
배쎄   레   브하

073 Battre le fer quand il est encore chaud
바트흐 르 패흐 껑 띨 래 떵꼬흐 쇼

 뜨거울 때 쇠를 두드리다.

 기회는 왔을 때 잡아야 한다.
(= Agir pendant qu'il est encore temps, agir dès qu'on le peut)

 이는 16세기의 표현으로 대장장이와 관련이 있다. 대장장이는 쇠가 차가울 때보다 뜨거울 때가 더 무르고 다루기 쉽기 때문에 쇠가 뜨거울 때 작업을 한다. 이처럼 그의 주조작업을 용이하게 하기 위해서 쇠가 뜨거워졌을 때 지체 없이 작업해야 하는데, 그가 기다리면 기다릴수록 그의 작업은 더 힘들어질 것이다. 바로 이러한 상황을 암시하여 우리는 '할 수 있을 때 즉시 행동으로 옮겨야 하며, 지체해서는 안 된다'라는 것을 말하고자 할 때 이 표현을 사용하는데, 이는 지체하는 것이 그 상황을 더 어렵게 만들 수 있기 때문이다.

Il faut battre le fer quand il est encore chaud pour ne pas manquer l'occasion. 기회는 왔을 때 잡아야 해.
일 포 바트흐 르 패흐 껑 띨 래 떵꼬흐 쇼 뿌흐 느 빠
멍께 로까지옹

---

074 Battre son plein
바트흐 쏭 쁠랭

 자신의 최고치에 달하다.   최고조에 이르다, 절정에 달하다.
(= Atteindre son point le plus intense)

 이 표현은 그 본래의 고유한 의미에서 파생되었다. 19세기에 최고 지점에 이르러 한동안 그 상태에 머물러 있던 만조 수위를 나타내기 위해 "battre son plein(최고조에 이르다)"라는 표현이 사용되었다.

La fête a commencé à battre son plein. 축제 분위기가 절정에 이르기 시작했어.
라 패뜨 아 꼬멍쎄 아 바트흐 쏭 쁠랭

Boire comme un trou
브와흐   꼬   맹   트후

 구멍처럼 마시다.

 너무 많이 마시다.
(= Boire avec excès)

 이 표현은 일상 표현으로, 바닥이 없는 구멍에 비유하여 "술을 너무 많이" 마시는 사람을 지칭하며, '술을 끊임없이 마신다'는 사실을 의미한다.

Il boit comme un trou. Il ne sait pas s'arrêter.
일 브와   꼬   맹 트후 일 느 쌔   빠   싸해떼

그는 술을 너무 많이 마셔. 멈출 줄을 몰라.

Boire la tasse
브와흐   라   따쓰

 잔을 마시다.

 수영하다 물먹다.
(= Avaler involontairement de l'eau en se baignant)

 우리가 수영할 때 가끔은 원치 않게 물을 먹는 경우가 있다. 이것을 "boire la tasse(잔을 마시다)"라고 하는데, 흔히 사용되는 이 표현은 "boire la grande tasse(큰 잔을 마시다)" 또는 "boire un bouillon(국물을 마시다)"라는 옛 표현이 변형된 것으로, 이 옛 표현들은 18세기 말경에 나타났으며, '실패하다(échouer)'라는 비유적 의미를 가졌다. 하지만 오늘날 그 의미는 사라지고, 한 가지 의미로만 여전히 사용되고 있다.

Je bois souvent la tasse à la piscine.   나는 수영하면서 물을 자주 마셔.
즈   브와   쑤벙   라 따쓰 아 라 삐씬

Boire les paroles de quelqu'un
브와흐   레   빠홀   드   껠꺵

 누군가의 말을 마시다.

 말을 멈추고 누군가의 말에 귀 기울이다.
(= S'arrêter de parler pour écouter quelqu'un avec attention)

J'ai tout arrêté pour boire ses paroles.
재   뚜   따해떼   뿌흐   브와흐   쎄   빠홀

나는 그의 말을 들으려고 하던 일을 멈췄어.

Bourrer le crâne à quelqu'un
부헤   르   크한   아   껠꺵

 누군가의 머릿속을 채우다.

 거짓을 말하다. 속이다. 거짓을 세뇌해 믿게 하다.
(= Raconter des mensonges)

 이 표현은 언론이 뒤에서 보도하는 허위선전을 비난하기 위해서 군인들이 사용한 표현으로, "bourrage de crâne(허위선전)"이라는 표현에서 파생되었으며, 그 어원은 1차 세계대전으로 거슬러 올라간다.

Je déteste cette publicité. Elle bourre le crâne aux consommateurs.
즈   데떼스뜨   쎘   쀠블리씨떼   앨   부흐   르   크한   오   꽁쏘마뙤흐

나는 이 광고가 정말 싫어. 소비자에게 거짓된 정보를 제공해.

Briser la glace
브히제 라 글라쓰

 얼음을 깨다.

 냉담한 태도를 버리다, 긴장된 분위기를 풀어 주다.
(= Faire le premier pas, dénouer une situation tendue)

 이 표현은 사람들이 씻기 전에 물 표면의 얼음을 깨야만 했던 추운 지방과 관련된 표현으로, 그들의 일상과 매우 밀접했던 이 관습은 다른 사람들 앞에서 행해졌고, 여기에서 '첫발을 내딛다'라는 개념과 '누군가에게 말을 걸면서 친밀하게 다가간다'라는 개념이 생기게 되었다.

Pour briser la glace, on a engagé une conversation.
뿌흐 브히제 라 글라쓰 오 나 엉가제 윈 꽁배흐싸씨옹

어색함을 풀기 위해 우리는 대화를 시작했다.

Broyer du noir
브화이예 뒤 느와흐

 어둠을 빻다.   비관하다, 낙심하다.
(= Être déprimé(e), démoralisé(e))

 이 표현의 기원은 불분명하지만 18세기에 시작된 것으로 보인다. "Noir(검은색)"은 항상 "슬픔"과 "우울"의 상징이었으며, "broyer(빻다)"라는 동사의 사용은 당시 예술가들이 "broyer(빻다)"해야 했던, 즉 자신의 그림을 "écraser(박살 내다)"해야 했던 회화 용어에서 비롯되었을 것으로 추정된다.

Je sors pour ne pas broyer du noir.   나는 우울한 생각에 빠지지 않기 위해서 외출한다.
즈 쏘흐 뿌흐 느 빠 브화이예 뒤 느와흐

081 Brûler les étapes
브휠레 레 제따쁘

 단계를 불태우다.

 목표에 도달하기 위해 아주 빠른 속도로 진행하다.
(= Aller trop vite pour parvenir au résultat)

 20세기에 나타난 이 표현의 어원은 17세기에 군사 분야에서 사용되던 "brûler l'étape(단계를 불태우다)"라는 표현에 기반을 두고 있으며, '한 단계에서 멈추지 않는다(Ne pas s'arrêter à une étape)'는 것을 의미한다.

① **Tu vas te marier avec elle le mois prochain? Tu brûles les étapes?**
뛰 바 뜨 마히에 아벡 깰 르 므와 프호쉥 뛰 브휠 레 제따쁘

다음 달에 그녀와 결혼해? 그렇게 빨리 서둘러?

② **On a brûlé les étapes pour avancer le projet.**
오 나 브휠레 레 제따쁘 뿌흐 아벙쎄 르 프호제

우리는 계획을 앞당기기 위해 일을 빠른 속도로 진행한다.

---

082 C'est à pleurer de rire.
쌔 따 쁠뤠헤 드 히흐

 눈물이 날 정도로 웃다.

 엄청나게 웃겨.
(= Rire énormément)

이 표현은 19세기 이후에 일상 언어에서 사용되기 시작하였으며, 사람이 많이 웃게 되면 생리적 반응에 의해 때로는 울게 된다는 것과 관련이 있다.

Je regarde un film comique. C'est à pleurer de rire.
즈 흐갸흐드 앵 필므 꼬미끄 쌔 따 쁠뤠헤 드 히흐

나 코믹 영화를 보고 있는데 엄청나게 웃겨.

C'est casse-pieds.
쌔 꺄쓰 삐예

 발을 깨는 일이다.

 짜증 나.
(= C'est chiant!, C'est énervant.)

C'est casse-pieds. J'ai perdu mon portefeuille.
쌔 꺄쓰 삐예 재 빼흐뒤 몽 뽀흐뜨풰이으

짜증 나. 내 지갑을 잃어버렸어.

C'est comme pisser dans un violon.
쌔 꼼 삐쎄 덩 쟁 비올롱

 바이올린에 오줌을 누는 것과 같다.

 쓸데없는 일이야.
(= Ne servir à rien, faire quelque chose de complètement inutile, être inefficace)

 이 표현은 19세기에 등장하였으며, 여기에서 "pisser(오줌 싸다)"라는 동사는 '소변보다(uriner)'를 의미하는 경멸적 어조의 단어로, "souffler(불다)" 또는 "siffler(휘파람 불다)"라는 동사 대신에 사용되었다. "바이올린에 오줌을 누는 것"은 '음악을 만들어 내지 못한다는 것'을 뜻하며, 따라서 '의미가 없다'라는 것을 의미한다.

Il ne m'écoute jamais. Quand je lui parle, c'est comme pisser dans un violon.
일 느 메꾸뜨 자매 껑 즈 뤼 빠흘르 쌔 꼼 삐쎄 덩 쟁 비올롱

그는 내 말을 절대 듣지 않아. 그에게 말하는 건 쓸데없는 일이야.

C'est de la daube.
쌔 드 라 도브

 이것은 스튜이다.

 버리기에 좋은 질 나쁜 물건이나 공연 등, 싸구려
(= C'est bon à jeter des objets ou spectacles etc, quelque chose de mauvaise qualité)

 "Daube(스튜)"라는 단어는 '가치 없는 것'을 지칭하는 속어에서 유래되었으며, 1881년경에 이 단어는 '주방의 더러운 하녀(souillon de cuisine)'를 의미했다. 이 표현은 리옹(Lyon: 프랑스의 도시)에서 유래된 것으로 추정되며, '품질이 떨어지는 물건'을 지칭하기 위해 사용된다.

Le nouveau frigo est déjà en panne. C'est de la daube.
르 누보 프히고 애 데자 엉 빤 쌔 드 라 도브

새 냉장고가 벌써 고장 났어. 싸구려야.

C'est du bidon.
쌔 뒤 비동

 이것은 양철통이다.

 그건 사실이 아니야. 거짓이야.
(= C'est faux, C'est un mensonge.)

La nouvelle est divulguée. Mais, c'est du bidon.
라 누벨 애 디뷜게 매 쌔 뒤 비동

정보가 유출됐어. 그런데 그건 사실이 아니야.

087 C'est du gâteau.
쌔   뒤   갸또

 이것은 케이크이다.

 아주 쉬워, 식은 죽 먹기야.
(= C'est très facile.)

 이 표현은 18세기의 군것질거리의 뛰어난 맛을 나타내기 위한 "c'est du nanan(이거 맛있는 거야)"라는 표현에서 확장된 것으로, 케이크는 만들기 쉬웠기 때문에 '쉬운 일'을 표현할 때 이 표현을 사용한다.

Je l'ai déjà essayé. C'est du gâteau.
즈 래 데자   에쌔이예   쌔 뒤 갸또

내가 이미 해봤어. 이건 식은 죽 먹기야.

088 C'est du jus de chaussette.
쌔   뒤   쥐   드   쇼쌔뜨

 이것은 양말 주스이다.

 (음료가) 아주 약해, 달짝지근해, 맛없어.
(= Être très claire, être très léger(ère), goût douçâtre, dégoûtant pour les boissons)

Tu as déjà goûté ce café ? C'est du jus de chaussette.
뛰 아 데자 구떼 쓰 까페   쌔 뒤 쥐 드   쇼쌔뜨

이 커피 마셔봤어? 커피가 너무 연해.

 ### C'est du pareil au même.
쌔 뒤 빠헤이으 오 맴

 같은 것에서 동일한 것까지이다.

 똑같아.
(= C'est similaire, la même chose.)

 이 표현의 기원은 불분명하다. 하지만 같은 것을 의미하는 "pareil et même(같음과 동일)"이라는 표현에는 용어를 중복으로 사용함으로써 그 의미가 강조된 것을 볼 수 있다.

C'est du pareil au même pour moi. 나에겐 똑같아. 그게 그거야.
쌔 뒤 빠헤이으 오 맴 뿌흐 므와

 ### C'est du pipeau.
쌔 뒤 삐뽀

 이것은 피리 소리이다.

 그건 거짓이야, 입에 발린 소리야, 장난이야.
(= C'est faux, C'est un mensonge pour plaire, Ce n'est pas sérieux.)

 여기서 "pipeau(피리)"는 사냥꾼이 새를 유인하기 위해 사용하는 "우레(appeau)"이다.

N'y crois pas. C'est du pipeau. 믿지 매! 거짓말이야.
니 크화 빠 쌔 뒤 삐뽀

 ### C'est l'arbre qui cache la forêt.
쌔 라흐브흐 끼 꺄슈 라 포헤

 나무가 숲을 가린다.

 전체를 보지 않고 일부분에 집중하다.
(= Se fixer sur un détail et ne pas voir l'ensemble)

 이 표현은 20세기에 사용되기 시작하였으며, 숲을 보지 않고 나무만 보는 사람처럼 "전체 속에서 어떤 것을 보지 않고 하나의 세부 사항에만 집중하는 사람"을 나타내기 위한 은유적 표현으로, 객관성이 결여되어 있음을 나타낸다.

On oublie souvent que c'est l'arbre qui cache la forêt.
오 누블리 쑤벙 끄 쌔 라흐브흐 끼 꺄슈 라 포헤

우리는 종종 전체를 보지 않고 일부분에 집중한다는 사실을 잊는다.

 ### C'est la fin des haricots.
쌔 라 팽 데 아히꼬

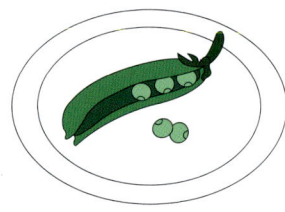

 이것은 마지막 강낭콩이다.

 이제 끝이야. 더는 희망이 없어.
(= C'est la fin de tout.)

 지난 세기에 기숙학교에서는 학생들에게 제공할 음식이 마땅치 않을 때, 학생들에게 강낭콩을 배식했었는데, 실제로 강낭콩은 주 식품이었지만 형편없는 것으로 여겨졌다. 즉 "더는 먹을 콩이 없다"는 것은 '모든 것이 끝나는 것'이었다. 따라서 종종 해학적으로 '세상이 끝났다(c'est la fin du monde)'는 것을 의미하는 데 사용되는 "C'est la fin des haricots(이것은 마지막 강낭콩이다)"라는 표현은 여기에서 유래된 것이다.

J'ai fait tout ce que j'ai pu. C'est la fin des haricots.
재 패 뚜 쓰 끄 재 쀠 쌔 라 팽 데 아히꼬

내가 할 수 있는 모든 것을 다 했어. 이제 끝이야.

C'est le b.a.-ba.
쌔 르 베 아 바

 b.a.는 ba다.

 이건 기본이야.
(= Connaissances élémentaires, C'est élémentaire, C'est la base.)

C'est très facile. C'est le b.a.-ba. 이건 아주 쉬워. 기본이야.
쌔 트해 파씰 쌔 르 베 아 바

C'est le métier qui rentre.
쌔 르 메띠예 끼 헝트흐

 돌아오는 것이 직업이다.

 누구나 다 실수는 해, 당연한 거야.
(= C'est pour réconforter quelqu'un qui débute dans un métier ou une activité.)

C'est normal. C'est le métier qui rentre. Ça va.
쌔 노흐말 쌔 르 메띠예 끼 헝트흐 싸 바

그건 당연해. 누구나 다 실수는 해. 괜찮아.

C'est le système D.
쌔 르 씨쓰땜 데

 이것은 D 시스템이다.

 이건 임시방편이야.
(= Art de se débrouiller dans un domaine avec son ingéniosité et son sens logique, mais sans matériel adéquat ni soutien particulier)

Je me suis fabriqué une attelle avec du bois. C'est le système D.
즈 므 쒸 파브히께 윈 나땔 아백 뒤 브와 쌔 르 씨쓰땜 데

부목을 만들어서 댔어. 이건 임시방편이야.

C'est mon petit doigt qui me l'a dit…
쌔 몽 쁘띠 드와 끼 므 라 디

 내 새끼손가락이 나에게 말했어.

 짐작하고 있었어, 예상했어.
(= Avoir des soupçons)

이 표현은 우리에게 무언가를 속삭이기 위해 귓속에 쉽게 들어갈 수 있는 유일한 손가락인 "새끼손가락"과 관련이 있으며, '우리가 정보의 출처를 밝히고 싶지 않지만, 정보에 대한 지식을 가지고 있음'을 의미한다.

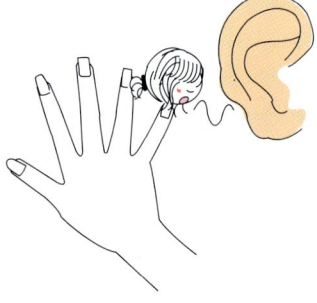

Tu l'as su comment? – C'est mon petit doigt qui me l'a dit…
뛰 라 쒸 꼬멍 쌔 몽 쁘띠 드와 끼 므 라 디

그거 어떻게 알았어? – 난 짐작하고 있었어.

C'est mort.
쌔   모흐

 죽었어.

 틀렸다(예정된 일이 일어나지 않을 때 사용).
(= Quelque chose de prévu ne se réalise pas au final.)

Le dîner, ce soir, c'est mort. Je ne me sens pas bien.
르 디네 쓰 쓰와흐 쌔 모흐 즈 느 므 썽 빠 비앵

오늘 저녁 먹기로 한 것 안 될 것 같아. 나 몸이 안 좋아.

C'est pas de la tarte.
쌔   빠   드   라   따흐뜨

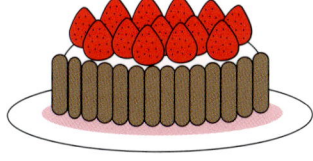

 이것은 파이가 아니다.

 쉽지 않아.
(= Ce n'est pas facile.)

 일상 언어로 사용되는 이 표현은 "tarte(파이)"라는 단어를 사용하여 '간단하게 만들 수 있는 것'을 의미하는데, 파이는 반죽과 고명의 기본 재료만으로도 쉽게 만들 수 있는 음식이다.

Je croyais que ce serait facile. Mais, c'est pas de la tarte.
즈 크화이애 끄 쓰 쓰해 파씰 매 쌔 빠 드 라 따흐뜨

쉬운 줄 알았는데, 쉽지가 않아.

C'est pas la mer à boire.
쌔 빠 라 매흐 아 브와흐

 바다를 마셔야 하는 것이 아니다.

 그렇게 어렵지 않아.
(= Ce n'est pas difficile, Ce n'est pas grave.)

 17세기에 생겨난 이 표현은 장 드 라 퐁텐 (Jean de la Fontaine)의 우화에서 기인한다. "바다 전체를 마실 수 없다는 불가능성"과 "우리가 달성하기 어렵다고 생각하는 일"을 비교하는 은유적 표현으로, 이 표현은 상대적 의미를 지닌다.

Allez, vas-y! C'est pas la mer à boire.
알레 바 지 쌔 빠 라 매흐 아 브와흐

자, 어서 해봐! 그렇게 어렵지 않아.

C'est pas tes oignons.
쌔 빠 떼 조뇽

 네 양파가 아니다.

 너랑 상관없는 일이야.
(= Ça ne te regarde pas.)

Laisse-moi tranquille! C'est pas tes oignons.
래쓰 므와 트헝낄 쌔 빠 떼 조뇽

날 조용히 내버려 둬! 너랑 상관없는 일이야.

C'est son portrait craché!
쌔 쏭 뽀흐트해 크하쉐

 내뱉어진 자신의 초상화이다.

 아주 많이 닮았어.
(= Très ressemblant(e), à l'apparence similaire)

Regarde ton fils! C'est ton portrait craché.
흐갸흐드 똥 피쓰 쌔 똥 뽀흐트해 크하쉐

네 아들을 봐! 너랑 정말 많이 닮았어.

C'est un (sacré) numéro.
쌔 땡 싸크헤 뉘메호

 (위대한) 번호이다.

 눈에 띄는 사람이야. 남의 이목을 끄는 사람이야.
(= C'est une personne qui se fait remarquer.)

 "Numéro(번호)"라는 용어는 19세기부터 서커스 공연의 일부였다. 이러한 공연에서는 공연하는 어떤 사람이 등장하고, 그는 다른 사람의 이목을 끌어낸다. 여기에서 이 표현의 의미가 파생되었으며, '공연에서 자신을 드러내다(il se montre en spectacle)'라는 의미가 담겨 "남의 이목을 끄는 사람"을 지칭하는데 사용된다.

Il est un sacré numéro pour tous.   그는 모든 사람에게 관심받는 사람이야.
일 래 땡 싸크헤 뉘메호 뿌흐 뚜쓰

103   C'est un casse-tête.
쌔 땅 꺄쓰 때뜨

 머리를 깨는 일이다.

 해결하기 어려운 일이야, 골칫거리야.
(= C'est difficile à résoudre.)

C'est un véritable casse-tête.   정말 골칫거리야.
쌔 땅 베히따블르 꺄쓰 때뜨

104   Ça craint!
싸 크행

 보잘것없다.

 염려스러워, 형편없어, 별로야, 위험해.
(= C'est nul, C'est dangereux.)

 문맥에 따라 다른 의미를 가질 수 있지만, 이 표현은 항상 거절이나 부정적인 의견을 표현하는 데 사용된다. 80년대에 나타난 "Ça craint(염려스럽다, 형편없다)"라는 표현은 주로 청소년들이 사용했으나, 오늘날에는 이전보다 덜 사용되고 있다.

Qu'est-ce que tu en penses? – Je pense que ça craint.
깨 쓰 끄 뛰 엉 뻥쓰 즈 뻥쓰 끄 싸 크행

이거 어떻게 생각해? – 별로인 것 같아.

Ça crève les yeux.
싸 크해브 레 지으

 눈을 멀게 하다.

 명백하다.
(= Être très visible, évident(e))

 이 표현은 오이디푸스의 신화와 관련이 있다. 오이디푸스는 자신의 어머니라는 사실을 깨닫지 못한 채 그녀와 결혼했고, 그가 그 사실을 알았을 때 현실을 받아들이기 어려웠던 그는 자신을 벌하기 위해 자신의 눈을 멀게 했다.

Il est amoureux d'elle. Ça crève les yeux.
일 래 따무흐 댈 싸 크해브 레 지으

그는 그녀와 사랑에 빠졌어. 그건 분명해.

Ça douille.
싸 두이으

 비싼 값을 치르다.

 너무 비싸다, 비용이 많이 든다.
(= Ça coûte trop cher.)

J'ai demandé un devis pour la réparation de ma voiture. Mais, ça douille.
재 드멍데 앵 드비 뿌흐 라 헤빠하씨옹 드 마 브와뛰흐 매 싸 두이으

차 수리비 견적을 요청했는데, 너무 비싸.

 ## Ça fait des lustres.
싸 패 데 뤼스트흐

 수십 년이 되었다. 오래되었다.

 오랜만이야.
(= Ça fait longtemps, Il y a bien longtemps.)

 17세기에 "lustre(뤼스트르)"는 5년이라는 기간을 나타내는 시간 단위였다. 따라서 이 표현은 시간의 개념과 관련이 있으며, '길고 무한한 기간'을 의미한다.

J'ai croisé un ami dans la rue, hier. Ça faisait des lustres.
재 크화제 애 나미 덩 라 휘 이예흐 싸 프재 데 뤼스트흐

어제 길에서 친구를 만났는데, 정말 오랜만이었어.

 ## Ça me fait ni chaud, ni froid.
싸 므 패 니 쇼 니 프화

 내게 뜨겁지도 차지도 않다.   나와 상관없어, 별 감흥이 없어.
(= Cela m'indiffère, Ça m'est égal.)

 13세기에 우리는 고대 프랑스어에서 "ne faire ne froid ne chaut(뜨겁지도 차지도 않다)"라는 표현을 사용하여 어떤 것에 대해서 우리가 무관심하다는 것을 표현했는데, 18세기에 이르러 현재의 표현 형태를 가지게 되었으며, 여전히 동일한 의미를 지닌다.

Je l'ai vu pleurer. Mais, ça me fait ni chaud, ni froid.
즈 래 뷔 쁠뤠헤 매 싸 므 패 니 쇼 니 프화

그 사람이 우는 걸 봐도 별 감흥이 없어.

● 이 표현은 감정을 표현하는 데만 사용된다.

 ## Ça me fait une belle jambe.
싸 므 패 윈 밸 정브

 이것은 내 다리를 예쁘게 한다.

 아무 소용없는 일이야.
(= Ça ne sert à rien, Pour exprimer un manque d'intérêt, qui ne sert à rien.)

 17세기 남자들이 스타킹을 신는 것은 요염하고 세련된 것이었다. 이러한 관습은 19세기에 들어 우스꽝스러운 것이 되었고, "Cela ne me rendra pas jambe mieux faire(이것은 내 다리를 더 예쁘게 하지 않을 것이다)."라는 표현은 '남자들이 자신의 다리 외형에 별로 관심을 두지 않는다'는 것을 나타낸다. 그리고 그 의미가 확장되어, "cela me fait une belle jambe(아무 소용 없다)"라는 표현으로 바뀌게 되었다.

Ça me fait une belle jambe. Je laisse tomber.
싸 므 패 윈. 밸 정브 즈 래쓰 똥베

아무 소용없어. 난 안 할래.

 ## Ça ne casse pas des briques.
싸 느 까쓰 빠 데 브히끄

 이것은 벽돌을 깨뜨리지 않는다.

 별로 가치가 없다, 매우 흔하다.
(= Ne pas valoir grand-chose, être très commun(e))

 "Brique"라는 단어는 '작은 물건'을 의미했다. 따라서 이 표현은 넓은 의미로 우리가 말하는 '어떤 것이 벽돌조차도 깨뜨리지 못할 정도로 가치가 없다'는 것을 의미하며, 여기에는 경멸적인 어조가 담겨있다.

Je crois que tu es trop attaché à cette affaire. Mais, ça ne casse pas des briques.
즈 크화 끄 뛰 애 트호 아따쉐 아 쌔 따패호 매 싸 느 까쓰 빠 데 브히끄

네가 너무 이 일에만 매달리는 것 같아. 하지만 이건 별로 가치 없는 일이야.

Ça pue la merde.
싸 쀠 라 매흐드

 똥 냄새가 나.

 형편없어. 마음에 안 들어.
(= C'est nul, ne pas plaire à quelqu'un)

Ça pue la merde, son plan. 그의 계획이 형편없어.
싸 쀠 라 매흐드 쏭 쁠렁

Ça s'arrose!
싸 싸호즈

 술이 곁들여진다!

 축배를 들자!
(= C'est pour fêter un événement.)

 성공이나 특별한 사건을 축하하기 위해 관련된 사람들이 함께 무언가를 마시는 것은 일반적이다. 따라서 "arroser(물을 주다)"라는 동사는 그러한 사건을 기념하기 위해서 마시는 "술"과 관련이 있다.

Félicitations pour ta promotion! Ça s'arrose! 승진 축하해! 축배를 들자!
펠리씨따씨옹 뿌흐 따 프호모씨옹 싸 싸호즈

Cacher son jeu
까쉐 쏭 즈

 자신의 게임을 숨기다.

 자신의 의도를 숨기다.
(= Cacher ses intentions)

 카드 게임 중 플레이어는 자신이 다음 차례에 어떠한 패를 낼지 다른 플레이어가 짐작하지 못하도록 자신의 패를 숨기는데, 이 표현은 "자신의 진정한 목표가 다른 사람들에게 드러나는 것을 원하지 않는 사람"을 나타내기 위해 은유적으로 사용된다.

Il cache son jeu même à ses amis.
일 까슈 쏭 즈 맴 아 쎄 자미

그는 친구들에게조차 자신의 의도를 숨긴다.

● 긍정적/부정적 의미로 둘 다 사용된다.

= **Avoir une idée derrière la tête**

Caresser dans le sens du poil
까해쎄 덩 르 썽쓰 뒤 쁘왈

 털의 순방향으로 쓰다듬는다.

 누군가에게 아첨하다.
(= Flatter une personne)

본래 동물은 쓰다듬어주면 좋아하고, 기분이 좋으며, 또한 관심을 받고 있다고 느낀다. 이 표현이 일반화된 것은 "아첨"의 개념으로, 사람은 상대 화자의 발언에 동조함으로써 그에게 아첨하려고 한다.

Je n'aime pas trop les gens qui me caressent dans le sens du poil.
즈 냄 빠 트호 레 정 끼 므 꺄해쓰 덩 르 썽쓰 뒤 쁘왈

나는 나한테 아첨하는 사람이 너무 싫어.

 ## Casser du sucre sur le dos de quelqu'un
꺄쎄 뒤 쒸크흐 쒸흐 르 도 드 껠꺙

 누군가의 등에서 설탕을 깨다.

 뒷말하다, 뒤 담화하다, 험담하다.
(= Critiquer ou dire du mal d'une personne en son absence)

 이 표현은 1868년에 시작된 것으로 보이며, 여기에서 "casser(부수다)"라는 동사는 사람이나 사물에 대한 육체적 또는 언어적 파괴의 개념을 명확하게 보여준다. 속어로 "sucrer(설탕을 치다)"라는 동사는 그 당시 '나쁘게 말하다'라는 의미를 가졌으며, 17세기부터 '그를 바보로 여기다'라는 의미로 "se sucrer de quelqu'un(누군가에게 나쁘게 말하다)"라는 표현을 사용하기 시작했다. 따라서 "casser du sucre(설탕을 깨다)"라는 표현은 '험담하다(dire des ragots)'의 의미를 지닌다.

Quand je n'étais pas là, il a cassé du sucre sur mon dos.
껑 즈 네때 빠 라 일 라 꺄쎄 뒤 쒸크흐 쒸흐 몽 도

내가 그 자리에 없을 때, 그가 내 험담을 했어.

 ## Casser les oreilles
꺄쎄 레 조해이으

 귀를 깨뜨리다.

 매우 시끄럽게 하다, 주변 사람들을 불편하게 하다.
(= Faire beaucoup trop de bruit, indisposer son entourage)

 이 표현은 20세기에 만들어졌으며, 여기에서 "귀"는 "난폭하게 다루어서 깨뜨릴 수 있는 물체"에 비유된다. 그래서 이 표현은 '너무 시끄럽게 해서 주변 사람들을 괴롭히다'라는 의미를 지닌다.

Mon voisin passe l'aspirateur dans la nuit. Alors, ça me casse les oreilles.
몽 브와쟁 빠쓰 라쓰삐하뙤흐 덩 라 뉘 알로흐 싸 므 꺄쓰 레 조해이으

내 이웃이 밤에 청소기를 돌려서 시끄러워.

 ## Casser les pieds de quelqu'un
까쎄 레 삐예 드 껠깽

 누군가의 발을 깨뜨리다.

 누군가를 성가시게 하다, 난처하게 하다.
(= Embêter, importuner quelqu'un)

 19세기 말 속어에서 유래되었으며, "casser les pieds à quelqu'un(누군가의 발을 깨뜨리다)"라는 표현은 '누군가를 매우 성가시게 한다'라는 것을 의미한다. 여기에서 "casser(깨뜨리다)"라는 동사는 "écraser(짓눌러 납작하게 하다)"라는 동사에서 그 의미를 찾는다.

Je lui casse les pieds pour obtenir ce que je veux.
즈 뤼 꺄쓰 레 삐예 뿌흐 옵뜨니흐 쓰 끄 즈 브

내가 원하는 것을 얻기 위해 그를 성가시게 한다.

 ## Casser sa croûte
꺄쎄 싸 크후뜨

 자신의 빵 껍질을 부수다.

 간단히 먹다.
(= Se restaurer, manger légèrement)

 이 표현은 19세기에 생겨난 표현으로, 여기에서 "croûte(껍질)"은 '빵'을 의미하며, 빵은 사람의 주식이기 때문에 먹는 행위를 나타내기 위해 이 표현을 사용한다.

J'ai cassé ma croûte et je suis sortie tout de suite.
재 꺄쎄 마 크후뜨 에 즈 쉬 쏘흐띠 뚜 드 쉬뜨

나는 간단히 먹고 바로 나갔어.

 **Casser sa pipe**
까쎄 싸 삐쁘

 직역 파이프 담배를 부러뜨리다.

 의미 죽다.
(= Décéder, mourir)

 어원 이 표현은 17세기경에 사용되기 시작했지만, 그 어원에 대해서는 명확히 기록되어 있지 않다. 하지만 이 표현은 자신의 "파이프 담배를 깨뜨리면 (casse sa pipe)" 죽는다는 사실을 나타낸다.

Un vieux a cassé sa pipe à cause de l'accident de voiture.
앵 비으 아 까쎄 싸 삐쁘 아 꼬즈 드 락씨덩 드 브와뛰흐

한 노인이 교통사고로 숨졌어.

 **Ce n'est pas de la petite bière.**
쓰 내 빠 드 라 쁘띠뜨 비애흐

 직역 작은 맥주가 아니다.

 의미 중요하다.
(= Il est question d'une chose importante.)

 어원 "맥주"라는 키워드를 기반으로 하는 이 표현은 18세기경 맥주를 만든 양조업자들이 만든 표현으로, 이들에게는 맥주가 "작은" 경우를 제외하고는 무시할 수 없는 것이었기 때문에 "중요한 것"을 지칭하기 위해 사용했다.

Ce n'est pas de la petite bière pour moi.
쓰 내 빠 드 라 쁘띠뜨 비애흐 뿌흐 므와

나에겐 중요한 거야.

Ce n'est pas ma tasse de thé.
쓰 내 빠 마 따쓰 드 떼

 내 찻잔이 아니다.

 내 취향이 아니야. 내가 좋아하는 게 아냐.
(= Ce n'est pas mon domaine préféré, Ce n'est pas ce que je préfère.)

 이 표현은 19세기의 영어에서 유래되었다. 영국이 "차(thé)의 본거지"라는 것은 누구나 다 알고 있는 사실이다. 이처럼 이 표현은 "It's not my cup of tea(이건 내 차가 아니야)"라는 표현에서 비롯되었으며, '자신이 좋아하는 활동이 아니거나 어떤 것이 자신에게 맞지 않는다'는 것을 말하기 위해 사용된다.

Je n'aime pas le rock. Ce n'est pas ma tasse de thé.
즈 냄 빠 르 흑 쓰 내 빠 마 따쓰 드 떼

나는 록을 안 좋아해. 그건 내 취향이 아니야.

Ce n'est pas un cadeau.
쓰 내 빠 앵 까도

 이것은 선물이 아니다.

 기쁘게 하지 않다. 불쾌하게 하다.
(= Ne fais pas plaisir, contrariant)

 17세기에 '여성의 환심을 사기 위해 열리는 축제'를 지칭하는 "cadeau(선물)"이라는 단어에서 유래되었으며, 넓은 의미로 '누군가를 기쁘게 한다'라는 사실을 의미한다. 따라서 "어떤 것이나 어떤 사건에 대해서 선물이 아니다"라고 말하는 것은 '누군가를 기쁘게 하지 않는다'는 것을 의미한다.

À mon avis, ce n'est pas un cadeau que le gouvernement leur a fait.
아 모 나비 쓰 내 빠 앵 까도 끄 르 구배흔느멍 뤠흐 아 패

내 생각에 정부가 그들에게 한 행위는 그들을 기쁘게 하지 않아.

Changer d'avis comme de chemise
성제   다비   꼼   드   슈미즈

 셔츠를 갈아입듯 의견을 바꾸다.

 의견을 쉽게 바꾸다.
(= Changer d'avis facilement)

 자신의 옷을 갈아입는 것처럼 쉽게, 그리고 자주 다른 의견들을 수용할 때 이 표현을 사용한다.

Il change d'avis comme de chemise. C'est fatiguant.
일   셩쥬   다비   꼼   드   슈미즈   쌔   파티겅

그가 의견을 자주 바꿔서 피곤해.

= **Changer d'avis comme de slip**

Changer de crémerie
성제   드   크헤므히

 유제품 가게를 바꾸다.

 다니던 레스토랑 또는 다른 모든 장소를 바꾸다.
(= Changer de restaurant ou tout autre lieu pour un autre, aller voir ailleurs)

 19세기에 "crémerie(유제품 가게)"는 '레스토랑과 카페 사이의 어떤 가게'를 의미했다. 따라서 원래 이 표현은 '다른 레스토랑에 가다(aller dans un autre restaurant)'라는 의미가 있었으나, 넓은 의미로 사용되어 '모든 종류의 장소'를 지칭한다.

Pour renouveler ton mobile, mieux vaut rompre ton contrat et
뿌흐   흐누블레   똥   모빌   미으   보   홍쁘흐   똥   꽁트하   에

changer de crémerie. 핸드폰을 바꾸려면 계약을 해지하고 통신사를 바꾸는 게 나아.
성제   드   크헤므히

Changer de disque
셩제   드   디스끄

 음반을 바꾸다.

 화제를 바꾸다.
(= Changer de sujet, changer de discours)

Arrête de parler de ça! Change de disque!
아헤뜨 드 빠흘레 드 싸 셩쥬 드 디쓰끄

그 얘기는 그만하고 다른 얘기 해!

Changer son fusil d'épaule
셩제   쏭   퓌지   데뽈

 총을 다른 어깨로 바꾸어 메다.

 의견을 바꾸다.
(= Changer d'opinion)

19세기 말에 등장한 이 표현에서 "fusil(총)"은 '의견'을 의미하는데, 이는 우리가 총을 메는 방식을 바꾸는 군인에게서 관찰할 수 있는 것처럼 '누군가의 태도 또는 견해의 변화를 관찰할 수 있다'라는 것을 의미한다.

Il est très malin. Il change souvent son fusil d'épaule.
일 래 트해 말랭 일 셩쥬 쑤벙 쏭 퓌지 데뽈

그는 아주 교활한 사람이야. 의견을 자주 바꿔.

127 Chanter comme une casserole
성떼 꼬 뮌 꺄쓰홀

 냄비처럼 노래하다.

 음치이다.
(= Chanter faux)

Il n'aime pas chanter parce qu'il chante comme une casserole.
일 냄 빠 셩떼 빠흐쓰 낄 셩뜨 꼬 뮌 꺄쓰홀

그는 음치라서 노래 부르는 것을 좋아하지 않아.

128 Charger la barque
샤흐제 라 바흐끄

 배에 짐을 싣다.

 야망이 너무 크다. 과장하다.
(= Avoir trop d'ambition, exagérer)

 이 표현은 야망이나 큰 욕심으로 인해 배에 너무 많은 짐을 싣게 되면, 그 무게가 너무 무거워져서 목표에 도달하기도 전에 배가 가라앉을 것이라는 사실에서 비롯되었다.

J'ai l'impression de charger la barque. 내 야망이 너무 컸나 봐.
재 랭프헤씨옹 드 샤흐제 라 바흐끄

Chercher la petite bête
쉐흐쉐 라 쁘띠뜨 배뜨

 작은 벌레를 찾다.

 지나치게 까다롭다.
(= Être excessivement pointilleux(euse))

어원 특히 작가 쥘 바르베 도르비이(Jules Barbey d' Aurevilly) 덕분에 19세기 말부터 일반적으로 사용된 이 표현은 "매우 까다롭고 심지어 편집광적"이라는 사실을 표현하며, 이는 특정 동물, 특히 원숭이가 자신의 동족의 머리에 이가 있는지 꼼꼼하게 살펴보는 방식에서 유래된 것으로 보인다.

Il essaie toujours de chercher la petite bête.
일 레쌔 뚜주흐 드 쉐흐쉐 라 쁘띠뜨 배뜨

그는 항상 흠을 찾아내려고 노력해. 너무 까다로워.

Chercher midi à quatorze heures
쉐흐쉐 미디 아 꺄또흐 쥐흐

 14시에 정오를 찾다.

 간단한 것을 복잡하게 만들다.
(= Faire d'une chose simple quelque chose de compliqué)

 우리는 이 표현의 어원을 16세기의 "chercher midi à onze heures(11시에 정오를 찾는다)"라는 표현에서 찾아볼 수 있는데, 그 형태가 변화되면서 17세기에 오늘날의 형태를 갖추게 되었다. "Midi(정오)"는 가장 중요하면서도 쉽게 알아볼 수 있는 시점이기 때문에 "chercher midi à quatorze heures(14시에 정오를 찾다)"라는 표현을 사용하며, 이는 '단순한 것을 매우 복잡하게 만든다'라는 것을 의미한다.

Ne vas pas trop loin! Tu cherches midi à quatorze heures.
느 바 빠 트호 로엥! 뛰 쉐흐슈 미디 아 꺄또흐 쥐흐

너무 멀리 가지 마! 네가 일을 복잡하게 만들고 있어.

Cirer les pompes
씨헤 레 뽕쁘

직역 구두에 광을 내다.

의미 아첨하다.
(= Flatter bassement, lécher les bottes)

어원 일상적으로 사용되는 이 표현은 '누군가에게 심하게 아첨하는 것'을 의미한다. 여기에 사용된 이미지는 고객의 발밑에, 즉 복종의 자세로 앉아있는 구두닦이의 이미지로, "cirer les pompes de quelqu'un(누군가의 신발에 광을 내다)"라고 말하는 것은 '그 누군가에게 무언가를 얻기 위해 비굴하게 아첨한다'라는 것을 의미한다.

Quand il veut quelque chose, il cire les pompes.
껑 띨 브 껠끄 쇼즈 일 씨흐 레 뽕쁘

그는 원하는 게 있으면 아첨을 해.

● 경멸적 어조가 담겨있다.

Clouer le bec à quelqu'un
끌루에 르 백 아 껠깽

직역 누군가의 입에 못질하다.

의미 누군가의 입을 다물게 하다.
(= Faire taire quelqu'un)

어원 "Clouer le bec de quelqu'un(누군가의 입을 막다)"라는 것은 '그 사람의 입을 다물게 한다'라는 것을 의미한다. 여기에서 "clouer"라는 동사는 우리가 예상하는 것과는 달리 "clou(못)"이라는 단어와는 아무런 관련이 없고, '닫다(clore)'의 의미를 지닌 "clouer" 동사에서 비롯된 것으로, 이는 '누군가의 입을 닫다(fermer)'라는 의미에 가깝다. 마찬가지로 "bec(부리)"는 '입'을 상징하며, 은유적으로는 '말'을 상징한다.

Il parle trop. Il faut lui clouer le bec. 그는 말이 너무 많아. 그의 입을 다물게 해야 해.
일 빠홀르 트호 일 포 뤼 끌루에 르 백

Compter pour du beurre
꽁떼   뿌흐   뒤   뵈흐

 버터로 여겨지다.

 중요하지 않다, 제외되다, 무시되다.
(= Ne pas avoir d'importance, être méprisé(e))

어원 19세기부터 흔히 사용된 이 표현은 '중요하지 않다(ne pas avoir d'importance)'라는 것을 의미한다. 실제로 그 당시에 "beurre(버터)"라는 용어는 '전혀 가치가 없는 것'을 의미했기 때문에 경멸적인 의미를 지니고 있었는데, 이는 아마도 기름지고 녹는 특성을 가진 버터에 대한 당시의 경멸적인 생각을 표현한 것으로 보인다.

Comme d'habitude, je compte pour du beurre.
꼼   다비뛰드   즈   꽁뜨   뿌흐   뒤   뵈흐

나는 평소처럼 열외가 되었어.

Connaître comme sa poche
꼬내트흐   꼼   싸   뽀슈

 자신의 주머니처럼 알다.

 누군가 또는 어떤 것에 대해 해박한 지식을 가지다.
(= Avoir une connaissance approfondie de quelqu'un ou quelque chose)

 자신의 주머니보다 우리가 더 잘 아는 것이 무엇이 있을까? 주머니는 우리가 어디에 가든 늘 함께 있으며, 또한 그 속에 비밀스러운 것들을 집어넣기도 한다! 그래서 18세기 말에 이러한 일상적인 표현이 생겨나게 되었으며, 이는 실제로 '어떤 것이나 사람 또는 장소 등을 잘 안다'라는 것을 의미한다.

Je connais le quartier comme ma poche.
즈   꼬내   르   꺄흐띠예   꼼   마   뽀슈

나는 이 동네를 훤히 잘 알아.

● '장소'를 잘 안다고 표현할 때 주로 사용한다.

Connaître la musique
꼬내트흐   라   뮈지끄

 음악을 알다.

 어떻게 행동해야 하는지를 알다. 처세술에 능하다.
(= Savoir de quoi il s'agit, savoir s'y prendre)

 19세기 말에 생겨난 이 표현은 많은 기술을 배워야 하는 음악 분야와 관련이 있으며, 이는 '초보자가 제대로 음악을 연주하기 어렵다'라는 것을 의미한다. 즉 "connaître la musique(음악을 알다)"라는 것은 어떠한 상황을 판단할 수 있을 만큼 '충분한 경험을 가지고 있다'라는 것을 의미하며, 넓은 의미로는 우리가 '어떤 상황에 익숙해져 있다'라는 것을 의미한다.

Au début, j'ai fait beaucoup d'erreurs, mais maintenant, je connais bien la musique.
오 데뷔 재 패 보꾸 대훠흐 매 맹뜨넝 즈 꼬내 비앵 라 뮈지끄

처음에는 실수를 많이 했는데, 이제는 어떻게 처신해야 하는지 잘 알아.

Connaître les ficelles
꼬내트흐   레   피쌜

 끈을 알다.

 요령이 있다. 기지가 있다.
(= Connaître un savoir-faire et des astuces)

Attends! Laisse-moi faire! Je connais les ficelles.
아떵 래쓰 므와 패흐 즈 꼬내 레 피쌜

기다려봐! 내가 할게! 내가 할 줄 알아.

 ## Connaître par coeur
꼬내트흐 빠흐 꿰흐

 마음으로 알다.

 완벽하게 알다.
(= Connaître parfaitement)

Comme j'ai bien étudié le français, je le connais par coeur.
꼼 재 비앵 에뛰디예 르 프헝쌔 즈 르 꼬내 빠흐 꿰흐

나는 프랑스어를 열심히 공부해서 잘 알아.

 ## Couper l'herbe sous le pied
꾸뻬 래흐브 쑤 르 삐예

 발밑의 풀을 베다.

 누군가를 앞지르다. 능가하다. 이익을 가로채다.
(= Devancer quelqu'un)

 예전에 "herbe(풀)"은 빵과 같은 상징적 의미를 가졌으며, '생계수단'을 의미했다. 마찬가지로 "couper(베다)"라는 동사도 강한 상징성을 지니고 있기 때문에 "couper les vivres(식량 보급을 끊다)"라는 표현에 가깝다. 따라서 "couper l'herbe sous le pied(발밑의 풀을 베다)"라는 표현은 '누군가가 그에 앞서 행하지 않았다면, 그가 가질 수 있었던 이익을 빼앗다'라는 것을 의미한다.

Je lui coupe l'herbe sous le pied pour avoir le poste
즈 뤼 꾸쁘 래흐브 쑤 르 삐예 뿌흐 아브와흐 르 뽀쓰뜨

내가 먼저 그 직위를 차지하려고 그를 앞서 나간다.

139 Couper la parole à quelqu'un
꾸뻬 라 빠홀 아 껠껭

직역 누군가의 말을 자르다.

의미 자신이 말하기 위해 다른 사람의 말을 끊다.
(= Interrompre une personne pendant une conversation pour parler soi-même)

Elle continue de lui couper la parole.
앨 꽁띠뉘 드 뤼 꾸뻬 라 빠홀

그녀가 자꾸 그의 말을 잘라.

140 Couper la poire en deux
꾸뻬 라 뽀와흐 엉 드

직역 배를 반으로 자르다.

의미 공평하게 나누다, 타협하다.
(= Faire un compromis, opter pour une position médiane, partager équitablement)

어원 이 표현은 1880년대 문학 분야에서 등장했으며, 두 사람의 공평한 몫의 분배를 위해 균등하게 반으로 자른 배의 이미지를 기반으로 한다.

On va couper la poire en deux? 우리 타협할까?
옹 바 꾸뻬 라 뽀와흐 엉 드

141 Couper les ponts
꾸뻬 레 뽕

직역 다리를 끊다.

의미 한 사람 또는 여러 사람과 연락을 단절하다.
(= Interrompre toute relation)

어원 20세기 초부터 사용된 이 표현은 인간 사이의 주요 연결 고리 중 하나인 "다리"가 가지는 상징적인 의미에서 기인한다. 따라서 "couper les ponts(다리를 끊다)"라는 이 표현은 은유적으로 '이 연결고리를 완전히 끊는다'라는 것을 의미한다.

J'étais tellement blessée que j'ai coupé les ponts.
제때   땔명   블래쎄   끄   재   꾸뻬   레   뽕

나는 상처를 너무 많이 받아서 그 사람과의 모든 관계를 끊었어.

142 Courir sur le haricot
꾸히흐   쒸흐   르   아히꼬

직역 강낭콩 위에서 뛰다.

의미 성가시게 하다, 짜증 나게 하다.
(= Exaspérer, importuner)

어원 19세기 말에 만들어진 이 표현은 '누군가가 우리를 많이 성가시게 한다'라는 것을 의미하는데, "courir quelqu'un(누군가를 쫓다)"라는 표현은 이미 16세기에 '그 사람을 귀찮게 한다'라는 의미를 지니고 있었다. 여기에서 속어로 '발가락(orteil)'을 의미했던 "haricot(강낭콩)"이라는 용어는 "haricoter(괴롭히다)"의 형태로도 사용되었으며, 이는 먼저 '비열하다(être mesquin)', '짜증 나게 한다(importuner)'라는 의미를 가지고 있었다.

Tu commences à me courir sur le haricot.   너 때문에 짜증 나기 시작했어.
뛰   꼬멍쓰   아   므   꾸히흐   쒸흐   르   아히꼬

Coûter un bras
꾸떼 앵 브하

 팔의 비용이 들다.

 매우 비싸다.
(= Coûter très cher)

 이 표현은 영어에서 유래되었지만, 그 의미는 확실하지 않다. 그러나 팔 없이는 무언가를 하기가 어려웠을 것이기 때문에 "bras(팔)"은 '매우 가치 있다'라는 것을 뜻했을 것이다. 그래서 "팔의 가치를 지닌 물건"은 '매우 비싸다'는 것을 의미한다.

Il a acheté quelques cadeaux. Ça lui a coûté un bras.
일 라 아슈떼 껠끄 꺄도 싸 뤼 아 꾸떼 앵 브하

그가 선물을 샀는데 아주 비싼 값을 치렀어.

Crever la dalle
크흐베 라 달

 목구멍을 괴롭게 하다.

 몹시 배고프다.
(= Avoir très faim)

 14세기에 "dalle"은 빗물받이의 일종으로, 비유적으로는 '인후', 즉 '식도'를 의미했기 때문에 "avoir la dalle en pente(경사진 목구멍을 가지다)"라는 표현은 '술을 자주 많이 마시다'라는 것을 의미했다. 그리고 19세기 말경에 '왕성한 식욕을 가지다(avoir un gros appétit)'라는 의미를 가진 "avoir la dalle"이라는 표현이 나타났는데, 이 표현은 오늘날에도 여전히 사용되고 있으며, '매우 배고프다'라는 것을 의미한다.

Je crève la dalle. On va manger quelque chose?
즈 크해브 라 달 옹 바 멍제 껠끄 쇼즈

너무 배고프다. 우리 뭐 좀 먹을까?

Crier sur les toits
크히예   쉬흐   레   트와

 지붕 위에서 외치다.

 정보를 공개하다.
(= Divulguer une information)

 사실 옛날에 동양의 집 지붕은 큰 테라스의 형태로, 사람들은 자신의 이웃과 더 쉽게 대화를 나누기 위해 그곳에 올라가곤 했다. 오늘날에도 여전히 대부분 집이 이러한 방식으로 지어지는데, 16세기부터 사용된 "crier sur les toits(지붕 위에서 외치다)"라는 표현은 바로 이러한 관습에서 비롯되었으며, 이는 '정보를 서둘러 공개한다'라는 것을 의미한다.

Tu peux crier sur les toits comme tu voudras.
뛰 쁘 크히예 쉬흐 레 트와 꼼 뛰 부드하

네가 원하는 대로 사람들에게 이야기해도 돼.

Croire au père Noël
크화흐   오   빼흐   노엘

 산타클로스를 믿다.

 헛된 약속을 믿다.
(= Faire confiance à des promesses qui semble impossible à tenir)

Il ne faut pas laisser croire au père Noël.
일 느 포 빠 래쎄 크화흐 오 빼흐 노엘

헛된 약속을 믿도록 내버려 두어서는 안 돼.

Croiser les doigts
크화제   레   드와

 손가락을 교차시키다.

 행운을 빌다.
(= Éloigner le mauvais sort et favoriser la chance en croisant les doigts)

 이 표현은 "to cross onces Fingers(손가락을 한번 꼬다)"라는 영어 표현에서 비롯되었으며, 기독교 신앙에 따라 악령을 내쫓기 위해 사용했던 십자가를 만들기 위해 '손가락을 교차시키는 것'을 말한다.

Je croise les doigts pour ton examen.
즈   크화즈   레   드와   뿌흐   또   내그자맹

시험 잘 봐.

Cultiver son jardin
뀔띠베   쏭   자흐댕

 자신의 정원을 가꾸다.

 다른 것들에 대한 걱정 없이 평화로운 삶을 누리다.
(= Mener une vie paisible sans s'inquiéter des autres)

 이 표현은 볼테르(Voltaire)의 "캉디드(Candide)"라는 작품에서 비롯된 것으로, 그에게 이 표현은 '형이상학적 문제를 제쳐 두고 해결할 수 있는 문제를 다루는 것'을 의미했지만, 오늘날에는 그 의미가 변화되었다.

Je suis partie cultiver mon jardin à la campagne.
즈   쒸   빠흐띠   뀔띠베   몽   자흐댕   아 라   껑빠뉴

나는 조용한 삶을 살기 위해 시골로 떠났다.

De fil en aiguille
드 필 어 내귀이으

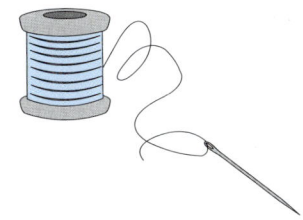

 실에서 바늘로   점진적으로
(= Progressivement)

"De fil en aiguille(실에서 바늘로)"는 13세기에 나타난 표현으로, 이는 '어떤 것에서 다른 것으로 점진적으로 이동한다'라는 것을 의미한다. 라틴어로 번역된 "ab acia et acu(바늘과 실)"라는 표현이 "바느질"과 관련이 있다면, 이 표현은 유체의 움직임을 상징하는 물 또는 액체의 흐름(courant d'eau ou de liquide)인 "흐름 (fil)"의 영향은 받은 것이다. 따라서 "de fil en aiguille(실에서 바늘로)"라는 표현은 '대화의 주제가 다른 주제로 점진적으로 전환되거나 어떠한 일이 다른 일로 점진적으로 전환된다'라는 것을 의미한다.

Je voulais lui donner quelques conseils pour son rapport.
즈 불래 뤼 도네 깰끄 꽁쎄이으 뿌흐 쏭 하뽀흐
Mais, de fil en aiguille, je suis en train de lui faire son rapport.
매 드 필 어 내귀이으 즈 쒸 엉 트랭 드 뤼 패흐 쏭 하뽀흐

그의 보고서를 위해 몇 가지 조언을 해주려고 했는데 점진적으로 나는 그의 보고서를 작성하고 있다.

De l'eau est passée sous les ponts.
드 로 애 빠쎄 쑤 레 뽕

 다리 아래로 물이 흘렀다.   시간이 흘렀다.
(= Le temps est passé.)

 예로부터 "시간"의 흐름은 "물"의 흐름에 비유되었는데, 실제로 물은 멈추지 않으며 우리가 통제할 수 없는 시간처럼 (그게 중요하든 아니든) 흐른다.

Je vais bien mieux. De l'eau est passée les ponts.
즈 배 비앵 미으 드 로 애 빠쎄 레 뽕

나는 괜찮아졌어. 시간이 많이 흘렀는걸.

151 Débarrasser le plancher
데바하쎄 르 쁠렁쉐

 바닥을 치우다.

 쫓겨나다, 그 자리를 떠나다.
(= Quitter un lieu après avoir été chassé(e))

 이 표현은 "décharger le plancher(바닥을 치우다)"라는 형태로 18세기에 처음 나타났으며, 19세기에 "vider le plancher(바닥을 비우다)"라는 형태의 표현이 사용되었다. 그 후 19세기 중반에 이르러서야 오늘날의 형태로 사용되기 시작했는데, 이는 '쫓겨나서 그 자리를 떠나거나 자신이 다른 사람을 쫓아낸다'라는 것을 의미한다.

On a réservé cette salle. Débarrassez le plancher!
오 나 헤재흐베 쎌 쌀 데바하쎄 르 쁠렁쉐

우리가 이 방을 예약했어요. 나가주세요!

152 Découvrir le pot aux roses
데꾸브히흐   르 뽀 오 호즈

 장미 화분을 발견하다.

 비밀 또는 속임수를 발견하다.
(= Découvrir un secret ou une supercherie)

 "Découvrir le pot aux roses(장미 화분을 발견하다)"라는 표현의 어원에 대한 몇 가지 가설이 존재하지만 그 어떠한 가설도 설득력을 지니고 있지는 않다. 그 첫 번째 가설은 남자들이 젊은 여인의 집에 있는 화분 밑에 두지만, 그 여인의 남편이 발견할 수도 있는 "연애편지"에서 비롯되었으리라는 것이다. 그럼에도 불구하고, "pot de fleur(화분)"이라는 용어는 12세기 초부터 사용되었으며, "découvrir(발견하다)"라는 동사는 16세기 경에 이르러서야 '발견(découverte)'이라는 현재의 의미로 쓰이게 되었다는 것이다.
한편, 어떤 사람들은 "pot aux roses(장미 화분)"이 여성들이 화장품을 보관하는 용기였고, 후에 남성들이 그 장미 화분과 화장품의 사용법을 발견했을 것으로 추측하기도 하며, 또 다른 사람들은 "découvrir(발견하다)"라는 동사를 '찾다(trouver)'가 아니라, '드러내다(dévoiler)'라는 의미로 해석해야 한다고 주장한다. 따라서 이는 '비밀을 지켜야 할 책임이 있는 사람에 의해 드러나게 되는 비밀'을 의미할 것이며, 바로 이와 같은 맥락에서 '뚜껑을 열다(enlever un couvercle)'라는 의미를 가지는데; 예를 들면, 장미 화분이 중세 시대에 널리 사용된 향수의 조상격인 장미수를 담는 용기로서, 뚜껑을 닫지 않으면 증발하게 된다는 것이다. 여전히 향수와 관련하여 몇몇 사람들은 조향사들이 "방향유를 증류할 때 사용했으며, 이 방향유들을 비밀스럽게 보관하던 기구"를 발견한 것과 관련이 있다고 주장했다. 한편, 연금술사는 이 표현이 금과 수은에서 얻은 분말인 "미네랄 로즈(rose minérale)"를 암시했을 것이라고 주장했다. 이러한 혼합은 그 자체로 위대한 신비의 요소인 현자의 돌(pierre philosophale)을 연상시킨다… 확실한 것은 장미가 아주 오래전부터 "비밀"의 상징이었다는 것이다. 따라서 "장미" 또는 더 일반적으로 "꽃"은 흔히 "순결"을 상징한다. 또한 큐피드가 침묵의 신 하포크라테스에게 장미를 주어서 비너스의 사랑에 대해서 영원히 침묵하게 했다는 전설도 있었고, 동시에 16세기에 고해실에 또는 연회실에 꽃문양을 새김으로써 "식사 중에 나누는 비밀이 누설되어서는 안 된다"라는 사실을 손님들에게 상기시키기도 했다.

Je viens de découvrir le pot aux roses.   내가 방금 어떤 비밀을 알게 됐어.
즈 비앵 드   데꾸브히흐   르 뽀 오   호즈

Décrocher la timbale
데크호쉐   라   땅발

 은잔을 얻다.

 탐내는 물건을 얻다, 목적을 달성하다, 고통을 겪다.
(= Obtenir un objet convoité, atteindre son but)

 옛날에 마을에서는 군중을 즐겁게 하기 위한 놀이와 함께 파티가 열렸는데, 이 중에는 "보물 따먹기(les mâts de cocagne)"라는 놀이가 있었다. 비누로 코팅된 높은 원기둥에 음식을 매달은 큰 받침살을 그 꼭대기에 걸어 놓고, 경기자들은 이 음식을 얻기 위해 팔로 이 기둥의 꼭대기까지 기어올라야 했다. 그 후에 이 받침살은 상(prix)과 맞바꿀 수 있는 은잔으로 대체되었는데, 따라서 이 은잔은 매우 탐나는 물건이었다. 1877년에 처음으로 등장한 "décrocher la timbale(은잔을 얻다)"라는 표현은 '우리가 매우 원하는 물건을 얻었다', 넓은 의미로는 '자신의 목적을 달성하다'라는 의미를 지니지만, 아이러니하게도 '우리가 저지른 실수의 결과로 인해 고통을 겪는다'는 것을 의미하기도 한다.

Tu vas décrocher la timbale si tu continues comme ça.
뛰 바   데크호쉐   라   땅발   씨 뛰   꽁띠뉘   꼼   싸

네가 계속 그렇게 한다면 네 목적을 달성할 수 있을 거야.

= Gagner le cocotier

Demander la lune
드멍데   라   륀

 달을 요구하다.

 불가능한 일을 요구하다.
(= Demander quelque chose qui est impossible à réaliser)

Je ne te demande pas la lune.
즈 느 뜨   드멍드   빠 라 륀

네게 불가능한 일을 요구하는 게 아니야.

 ## Dépasser les bornes
데빠쎄   레   보흔느

 경계선을 넘다.

 지나치다, 도를 넘다.
(= Aller au-delà des règles établies ou des limites de la bienséance)

Il est énervant. Il dépasse souvent les bornes.
일 래   에내흐벙   일   데빠쓰   쑤벙   레   보흔느

그 사람 짜증 나. 그가 종종 선을 넘어.

 ## Des larmes de crocodile
데   라흐므   드   크호꼬딜

 악어의 눈물

 (원하는 것을 얻기 위한) 거짓 눈물
(= Pleurer pour obtenir quelque chose, pleurer de manière hypocrite, sans ressentir la moindre tristesse)

 16세기의 이 표현은 악어가 우는 소리로 자신의 먹잇감을 매료시켰던 고대 전설에서 비롯되었다. 일단 악어에게 매료되기만 하면 꼼짝없이 그의 먹이가 되었는데, 이러한 이유로 오늘날 우리가 무언가를 얻기 위해 우는 것을 "악어의 눈물"이라고 한다.

Cet enfant verse souvent des larmes de crocodile pour gagner ce
쎄   떵펑   배흐쓰   쑤벙   데   라흐므   드   크호꼬딜   뿌흐   갸녜   쓰

qu'il veut.   이 아이는 원하는 것을 얻기 위해 위해 종종 거짓 눈물을 흘려.
낄   브

● 주로 아이들에게 사용되는 표현이다.

Dévorer des yeux
데보헤   데   지으

 눈으로 잡아먹다.

 누군가를 탐욕스러운 눈빛으로 보다.
(= Regarder quelqu'un avec avidité, lui lancer des regards remplis de désir)

어원 '동물이 이빨로 먹이를 힘껏 물어서 먹는 것'을 의미하는 "dévorer(잡아먹다)"라는 이 용어는 인간이 탐욕스럽게 식사하는 행위를 표현하기 위해 사용된다. 따라서 "dévorer quelqu'un des yeux(누군가를 눈으로 잡아먹다)"라는 표현은 그를 잡아먹고 싶어 할 정도로 '정열적으로 그를 바라본다'라는 것을 의미한다.

Il la dévore des yeux.   그가 그녀를 탐욕스럽게 바라보고 있어.
일 라   데보흐   데   지으

Dire qu'on a oublié!
디흐   꼬   나   우블리에

 잊어버리다니!

 까마득하게 잊다.
(= Oublier complètement)

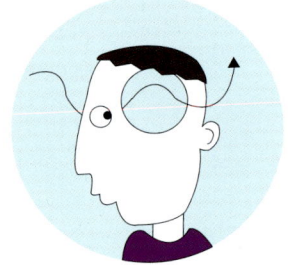

Nous avons un devoir à remettre jusqu'à demain! Dire qu'on a oublié!
누   자봉 앵 드브와흐 아 흐매트흐 쥐쓰까 드맹 디흐 꼬 나 우블리에

우리 내일까지 제출해야 할 숙제가 있는데, 까마득하게 잊고 있었어!

 **Donner carte blanche**
도네   꺄흐뜨   블렁슈

 흰 카드를 주다.

 주도권을 주다, 모든 권한을 주다.
(= Laisser l'initiative)

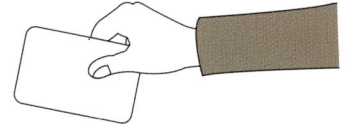

"Carte blanche"라는 용어는 1451년에 '자유로운 주도권(libre initiative)'이라는 의미로 등장했다. 그 이후에 '누군가에게 조건을 제시할 수 있는 권한을 부여한다'라는 의미로 "donner la carte blanche à quelqu'un(누군가에게 흰 카드를 주다)"라고 말했을 것으로 보인다. 그리고 17세기에 이 표현은 '모든 권한을 주다'의 의미로 쓰이게 되었으며 오늘날에는 '누군가에게 그가 원하는 모든 일을 하도록 내버려 두다'라는 의미를 지닌다.

Mes parents me donnent toujours carte blanche.   내 부모님은 언제나 나에게 주도권을 주셔.
메   빠헝   므   돈   뚜주흐   꺄흐뜨   블렁슈

 **Donner de la confiture aux cochons**
도네   드   라   꽁피뛰흐   오   꼬숑

 돼지에게 잼을 주다.

 돼지 목에 진주 목걸이
(= Gâcher quelque chose en le donnant à une personne qui n'en ferait pas un bon usage)

 이 표현은 성경, 특히 "거룩한 것을 개에게 주지 말며 너희 진주를 돼지 앞에 던지지 말라 그들이 그것을 발로 밟고 돌이켜 너희를 찢어 상하게 할까 염려하라"라는 마태복음의 구절과 관련이 있다. 여기에서 돼지는 "불결함"과 "탐욕"의 상징이며, 이는 오늘날 사물의 영적 가치를 알아보지 못하는 사람들이라고 말할 수 있기 때문에 '평범한 사람들'을 의미한다. 그리고 진주는 "순결함"과 "고결함"을 상징한다. 따라서 "jeter les perles devant les pourceaux(돼지에게 진주를 던지다)" 또는 "donner de la confiture aux cochons(돼지에게 잼을 주다)"라는 표현은 '그 가치를 알아보지 못하는 사람에게 가치 있는 것을 주는 것은 허사일 뿐'이라는 것을 의미한다.

Ne lui donne pas ça! C'est comme donner de la confiture aux cochons.
느   뤼   돈   빠   싸   쌔   꼼   도네   드   라   꽁피뛰흐   오   꼬숑

그것을 그에게 주지 마! 그건 돼지 목에 진주 목걸이야.

Donner du fil à retordre
도네 뒤 필 아 흐또흐드흐

 되감아야 할 실을 주다.

 누군가를 애먹이다, 누군가에게 근심거리를 주다.
(= Causer du souci à quelqu'un)

 예전에 직조 분야에서 사람들은 더 견고한 실을 얻기 위해 여러 실을 꼬아서 만들었다. 그러나 실의 두께가 항상 같지 않았기 때문에 이 작업은 간단하지 않았다. 그래서 최고 품질의 연사를 얻기 위해서는 많은 경험과 정교함이 필요했고, 이 단계는 많은 고통을 야기하기 때문에 '무언가 또는 누군가가 많은 어려움을 야기한다'라는 의미로 "donner du fil à retordre(되감아야 할 실을 주다)"라는 표현을 사용했다.

J'ai peu de temps. Mais, il me donne du fil à retordre exprès.
재 쁘 드 떵 매 일 므 돈 뒤 필아 흐또흐드흐 액쓰프해

시간이 별로 없는데, 그가 나를 일부러 애먹이고 있어.

Donner le feu vert
도네 르 프 배흐

 청신호를 주다.

 허락하다.
(= Autoriser)

 최초의 삼색 신호등은 1933년 프랑스에서 시작되었다. "빨간 불"은 차량에 '정지 신호'를, "주황색 불"은 '감속 신호', 그리고 "녹색 불"은 '출발'을 의미했다. 그래서 '누군가에게 무언가를 할 수 있도록 허락한다'라는 의미로 "donner le feu vert à quelqu'un(청신호를 주다)"라는 표현을 사용한다.

C'est trop tôt pour te donner le feu vert.   너에게 허락해 주기에는 너무 일러.
쌔 트호 또 뿌흐 뜨 도네 르 프 배흐

Donner sa langue au chat
도네 싸 렁그 오 샤

 고양이에게 혀를 내밀다.

 (알아맞히는 것을) 단념하다, 포기하다.
(= Renoncer à trouver ou à deviner la réponse)

예전에는 "jeter sa langue au chien(개에게 혀를 던지다)"라는 표현을 사용했는데, 그 당시에 개에게 음식 찌꺼기만을 던져주었기 때문에 이 표현은 평가절하된 의미를 가졌다. 그래서 이 표현은 '더는 질문에 대한 답을 찾고 싶지 않다'라는 것을 의미했는데, 이 표현이 점차 변화되면서 19세기에 "donner sa langue au chat(자신의 혀를 고양이에게 주다)"의 형태로 사용되었다. 실제로 그 당시에 "고양이"를 "비밀의 수호자"로 간주하였는데, 따라서 고양이의 말은 상당한 가치가 있을 것이고, "자신의 혀를 고양이에게 주는 것"은 고양이에게 자신의 혀를 내밀어서 '고양이가 우리에게 수수께끼에 대한 답을 말하도록 한다'라는 것을 말한다.

La question est trop difficile. Alors, elle donne sa langue au chat.
라 깨쓰띠옹 애 트호 디피씰 알로흐 앨 돈 싸 렁그 오 샤

문제가 너무 어려워서 그녀는 포기했어.

---

164 Donner un coup de main à quelqu'un
도네 앵 꾸 드 맹 아 깰깽

 누군가에게 손길을 주다.

 누군가에게 꼭 필요한 도움을 주다.
(= Aider de façon ponctuelle)

 "Coup de main(도움의 손길)"은 '자발적이거나 사전에 요청했기 때문에 제공되는 도움'을 의미한다. 이 표현은 19세기 초로 거슬러 올라가며, 여기에서 "main(손)"은 "도움(aide)"을 상징한다.

Je peux te donner un coup de main si tu veux.   네가 원하면 너에게 도움을 줄 수 있어.
즈 쁘 뜨 도네 앵 꾸 드 맹 씨 뜌 브

Donner un coup de poignard dans le dos
도네 앵 꾸 드 쁘와냐흐 덩 르 도

 등에 단검을 찌르다.

 배신하다.
(= Trahir)

 19세기에 시작된 이 표현은 "배신"을 상징하는데, 사실 "등에 단검을 찌르는(coup de poignard dans le dos)" 것은 간접적인 방법으로 사람에게 상처를 입히는 행위이다.

Comment a-t-il pu me donner un coup de poignard dans le dos?
꼬멍 아 띨 쀠 므 도네 앵 꾸 드 쁘와냐흐 덩 르 도

그가 어떻게 나를 배신할 수가 있어?

Donner un tuyau à quelqu'un
도네 앵 뛰요 아 껠꺙

 누군가에게 배관을 주다.

 누군가에게 조언하다.
(= Donner un bon conseil à une personne)

Je ne savais pas comment faire. Mais, heureusement, il m'a donné un tuyau.
즈 느 싸배 빠 꼬멍 패호 매 으호즈멍 일 마 도네 앵 뛰요

나는 어떻게 해야 할지 몰랐는데, 다행히도 그가 나에게 조언을 해주었어.

Dorer la pilule
도헤 라 삘륄

약에 금박을 입히다.

감언이설로 누군가에게 무언가를 하도록 속이다, 선탠하다.
(= Faire accepter quelque chose à quelqu'un en embellissant la réalité, bronzer)

그 당시에 약사는 실용성을 위해서 알약에 설탕이나 금을 입혔다. 그래서 이러한 이유로 약 값이 더 비싸지게 되었으며, '반드시 그렇지 않은 무언가를 유리한 방식으로 보여준다'라는 의미가 바로 여기에서 비롯된 것이다.

Il adore se dorer la pilule à d'autres.
일 라도흐 쓰 도헤 라 삘륄 아 도트흐

그는 감언이설로 다른 사람들을 속이는 것을 좋아해.

Dormir à la belle étoile
도흐미흐 아 라 밸 레트왈

아름다운 별 아래에서 자다.

밖에서 자다.
(= Dormir dehors, en plein air)

아름다운 별 아래에서, 즉 야외에서 자면 "방(chambres)"의 천장은 별들로 가득 찬 하늘이었는데, 이 표현은 "La Belle Etoile(아름다운 별)"이 여관의 이름인 것처럼 한때 비꼬기 위해서 사용되었다.

Il est allé en camping. Je crois qu'il dort à la belle étoile ce soir.
일 래 딸레 엉 껑핑 즈 크화 낄 도흐 아 라 밸 레트왈 쓰 쓰와흐

그는 캠핑 갔어. 오늘은 밖에서 잘 거야.

Dormir sur ses deux oreilles
도흐미흐   쉬흐   쎄   드   조해이으

 자신의 두 귀 위에서 자다.

 평온하게 자다.
(= Dormir paisiblement)

 이 표현의 어원에 대해서는 명확하지 않지만, "자신의 두 귀 위에서 잠이 들면 아무 소리도 듣지 못한다"라는 사실에서 비롯되었을 가능성이 있다.

Ça fait longtemps que je dors sur mes oreilles.   나 오랜만에 잠을 푹 잤어.
싸   패   롱떵   끄   즈   도흐   쉬흐   메   조해이으

Du balai!
뒤   발래

 빗자루질!

 저리 가!
(= C'est pour ordonner à une personne l'ordre de s'en aller.)

Je suis occupée. Allez, du balai!   나 바빠. 얼른 저리 가!
즈   쉬   오뀌뻬   알레   뒤   발래

 ## Éclairer la lanterne (de quelqu'un)
에끌래헤 라 렁떼흔느 드 깰깽

 누군가의 등불에 빛을 비추다.

 무언가에 대한 이해를 돕기 위해 필요한 것을 제공하다.
(= Amener des éléments indispensables pour la bonne compréhension de quelque chose)

 이 표현은 "등불을 켜면 더 선명하게 볼 수 있다"는 사실에서 비롯되었으며, 그것이 바로 이 표현이 나타내고자 하는 의미이기도 하다. 따라서 "éclairer la lanterne (de quelqu'un)((누군가의) 등불을 밝히다)"라는 표현은 '우리가 말하고자 했던 것을 그가 이해할 수 있도록 필요한 것을 제공한다'라는 것을 의미한다.

Elle ne comprenait pas bien. Alors, je lui ai éclairé sa lanterne.
앨 느 꽁프흐내 빠 비앵 알오흐 즈 뤼 애 에끌래헤 싸 렁때흔느

그녀가 이해를 잘 못해서 내가 도와줬어.

 ## Écouter aux portes
에꾸떼 오 뽀흐뜨

 문 앞에서 듣다.

 사적인 대화를 엿듣다.
(= Chercher à entendre une conversation privée)

 18세기의 이 표현은 '사적인 대화를 들으려고 하는 것'을 의미한다. 19세기 초에 '잘못 이해했다'라는 의미로 "Il a écouté aux portes(문 앞에서 들었다)"라는 표현을 사용했다. 만약 이 의미가 지속해서 사용된 것이 아니라면 어떤 사람이 자신에게 허락되지 않은 대화의 일부를 들으려고 할 때, 그 일부의 대화 내용으로 인해 잘못 이해하고 해석할 우려가 있다는 것으로 생각할 수 있다.

Arrête d'écouter aux portes! Allez, on y va.
아헤뜨 데꾸떼 오 뽀흐뜨 알레 오 니 바

그만 엿들어! 어서 가자.

Écrire comme un cochon
에크히흐   꼬   맹   꼬숑

 돼지처럼 글씨를 쓰다.

 글씨를 엉망진창으로 쓰다.
(= Écrire mal)

Il écrit comme un cochon. Je n'arrive pas à comprendre son écriture.
일 레크히 꼬 맹 꼬숑 즈 나히브 빠 아 꽁프헝드흐 쏘 네크히뛰흐

그가 글씨를 엉망진창으로 써서 무슨 말인지 못 알아보겠어.

Effet boule de neige
에패   불   드   내쥬

 눈덩이 효과

 어떠한 사건이 점점 커져 큰 결과로 이어지는 현상
(= Conséquences d'un événement aux effets exponentiels)

 이 표현은 본래의 사건으로 인해 발생할 수 있는 모든 종류(재정, 환경 등)의 결과를 나타내기 때문에 그로 인한 영향은 매우 크게 나타날 수 있다.

C'est l'effet boule de neige. Ça va favoriser notre situation.
쌔 레패 불 드 내쥬 싸 바 파보히제 노트흐 씨뛰아씨옹

이건 눈덩이 효과야. 이것으로 우리의 상황이 더 유리해질 거야.

175 En avoir ras le bol
어 나봐흐 하 르 볼

 그것을 그릇에 한가득 가지다.

 지긋지긋하다, 진저리가 나다.
(= En avoir assez, en avoir marre, être fatigué(e) de)

 이 표현은 20세기 상반기에 나타났으며, 여기에서 "bol"이라는 용어는 12세기에 '항문(anus)'을 의미했다. 바로 이 표현은 '항문'이라는 의미에 기반을 둔 속어 표현으로 저속한 표현이기도 하다.

J'ai encore des devoirs à faire. J'en ai ras le bol.
재 엉꼬흐 데 드브와흐 아 패흐 저 내 하 르 볼

나 아직 해야 할 숙제가 남아있어. 지겨워.

---

176 En connaître un rayon
엉 꼬내트흐 앵 해이용

 진열대를 알다. 어떤 주제에 대해 잘 알다.
(= Être très connaisseur sur un sujet)

 "En connaître un bout(그 일부만 안다)"에서 변화된 이 표현은 독일어 어원인 고대 프랑스어 "rée"에서 기인한 것으로, "rée"라는 용어는 '꿀벌이 생산하는 밀랍 조각'을 의미한다. "벌통의 선반(rayons d'une ruche: 벌집)"에 빗대어 "옷장의 선반(étagères des placards)"을 동일한 방식으로 불렀다가 그 후에 "상점의 선반(planches dans les boutiques)"라고 불렀다. 오늘날 "진열대"는 '같은 유형의 제품이 있는 대형마켓 내의 장소'를 의미하는데, 이러한 장소들이 늘어나면서 "진열대의 책임자(chefs de rayon)", 즉 제품의 위치를 잘 알고 있으며 고객에게 제품에 대한 정확한 정보를 제공해 줄 수 있는 사람이 필요하게 되었고, 대형 마켓이 급성장하면서 이 표현은 실제로 '주제에 대한 모든 것을 안다'라는 의미를 가지게 되었다.

Tu peux me demander sur ce sujet. J'en connais un rayon.
뛰 쁘 므 드멍데 쒸흐 쓰 쒸제 정 꼬내 앵 해이용

이 주제에 관해서는 나에게 물어봐도 돼. 내가 아주 잘 알아.

En faire (tout) un fromage
엉 패흐 (뚜) 앵(땡) 프호마쥬

 그 일부로 하나의 치즈를 만들다.

 중요하지 않은 것을 너무 부풀리다, 호들갑 떨다.
(= Faire toute une affaire de quelque chose qui n'est pas très important)

 이 표현은 20세기에 만들어졌으며, 우유(즉 간단한 재료)로 치즈(고 가공식품)를 만든다는 것은 우리가 '간단한 것을 복잡하게 만들 수 있다'는 것을 의미한다.

N'en fais pas tout un fromage! 호들갑 떨지 매!
넝 패 빠 뚜 땡 프호마쥬

En faire des tonnes
엉 패흐 데 똔

 그것으로 몇 톤을 만들다.

 매우 과장하다.
(= Exagérer beaucoup)

Je ne peux pas le coire. Il en fait toujours des tonnes.
즈 느 쁘 빠 르 크화흐 일 렁 패 뚜주흐 데 똔

나는 그를 믿을 수가 없어. 항상 크게 부풀려서 말해.

=En faire tout un plat

179 En mettre sa main à couper
엉   매트흐   싸   맹 아   꾸뻬

 자신의 손을 자르게 하다.

 무언가에 대해 확언하다, 장담하다.
(= Affirmer quelque chose de façon très sure)

Il va venir. J'en mets ma main à couper.
일 바 브니흐   정   매   마   맹 아   꾸뻬

그는 올 거야. 내가 장담해.

180 En mettre sa main au feu
엉   매트흐   싸   맹   오   프

 자신의 손을 불에 갖다 대다.   자신의 손에 장을 지지다.
(= Affirmer ses propos avec ferveur)

 중세 시대에는 어떤 사람의 유죄 혐의에 대한 조사가 진절머리가 날 정도로 길어질 것이라고 예상이 될 때, 사람들은 피고인이 "신의 심판(jugement de Dieu)"이라는 심판을 받도록 하는 것을 선호했다. 이러한 심판은 다양한 방식으로 존재했는데, 토너먼트, 양자 대결뿐만 아니라 좀 더 과격한 다른 형태의 심판도 있었다. 때로는 피고인의 팔목과 발목을 묶은 채로 물에 던지기도 했고, 그래서 만약 그의 몸이 수면 위로 떠오르면 그는 바로 유죄로 판단되었다. 또한 불에서 꺼낸 쇠막대를 피고인의 손에 쥐여주거나 그의 손을 불 속에 집어넣기도 하였는데, 만약 그로 인해서 그의 손을 다치지 않는다면 이는 '그가 결백하다'는 것을 의미했다. 따라서 "Mettre sa main au feu(자신의 손을 불에 갖다 대다)"라는 표현은 이러한 "신의 심판(jugement de Dieu)"과 관련이 있으며, "자신이 옳다"라는 사실을 누군가에게 설득시키고자 할 때 이 표현을 사용한다.

Si ce n'est pas vrai, je vais en mettre ma main au feu.
씨   쓰   내   빠   브해   즈   배   엉   매트흐   마   맹   오   프

만약 그게 사실이 아니라면, 내 손에 장을 지지겠어.

En perdre son latin
엉   빼흐드흐   쏭   라땡

 자신의 라틴어를 잊어버리다.

 더는 아무것도 이해하지 못하다.
(= Ne plus rien comprendre)

 이 표현이 현재의 의미를 지니게 된 것은 20세기 무렵이다. 라틴어는 주로 학식이 많은 사람이 사용하는 어려운 언어로 처음에 이 표현은 말 못 하는 동물에게 사용되었다가 그 후에 어떤 것에 대해 더는 아무것도 이해하지 못하는 사람들에게 사용되기 시작했다.

J'en perds mon latin. Tu pourrais m'expliquer plus lentement?
정   빼흐   몽   라땡   뛰   뿌해   맥쓰쁠리께   쁠뤼   렁뜨멍

더는 아무것도 이해가 되지 않아. 천천히 설명해 줄 수 있어?

En prendre pour son grade
엉   프헝드흐   뿌흐   쏭   그하드

직역 자신의 계급을 위해 견뎌내다.

의미 강하게 질책받다.
(= Se faire fortement sermonner)

 이 표현은 계급과 관련된 20세기의 표현으로, 더 정확히 말하면 상급자가 그의 병사 중 한 명을 질책하는 것과 관련이 있으며, 이는 '호되게 야단맞는다'라는 것을 의미한다.

J'ai fait une grosse erreur, j'en ai pris pour mon grade.
재   패   윈   그호쓰   애훠흐   저   내   프히   뿌흐   몽   그하드

내가 큰 실수를 해서 호되게 야단맞았어.

En venir à bout
엉　브니흐　아　부

 그 끝에 이르다.

 문제 또는 어려움을 극복하다.
(= Triumpher d'une difficulté, vaincre un problème)

Il y avait beaucoup de difficultés. Mais, enfin, j'en suis venue à bout.
일 리　야배　보꾸　드　디피낄떼　매　엉팽　정　쒸　브뉘　아　부

많은 어려움이 있었지만 나는 결국 이겨냈어.

En voiture, Simone
엉　브와뛰흐　시몬

 시몬, 어서 타.

 시작이야.
(= C'est parti)

Tu es prêt? Allez, en voiture Simone.
뛰　애　프해　알레　엉　브와뛰흐　씨몬

준비됐어? 자, 시작이야!

Enfoncer le clou
엉퐁쎄   르 끌루

 못을 박다.

 끈질기게 하다, 반복해서 이야기하다.
(= Insister)

 "Enfoncer le clou(못을 박다)"라는 표현 자체의 이미지는 매우 명확하며, 이는 마치 '누군가의 머릿속에 무언가를 집어넣기 위해서 끈질기게 반복한다'라는 것을 의미한다.

Il est inutile d'enfoncer le clou.   계속 말해봐야 소용없어.
일 래 이뉘띨   덩퐁쎄   르 끌루

Enlever à quelqu'un une épine du pied
엉르베   아   깰깽   윈   네삔 뒤 삐예

 누군가의 발에서 가시를 제거하다.

 누군가가 어려움에서 벗어날 수 있도록 도와주다.
(= Aider quelqu'un à se sortir d'une difficulté)

 중세 프랑스어에서는 "se tirer une épine du pied(발에서 가시를 빼내다)"라는 표현이 많이 사용되었는데, 이는 '누군가가 큰 어려움을 극복했다'라는 것을 의미한다. 오늘날에도 우리가 누군가를 어려움이나 근심에서 벗어나게 해주었을 때 "enlever à une autre une épine du pied(다른 사람의 발에서 가시를 빼냈다)"라는 표현을 사용한다.

Je fais de mon mieux pour lui enlever une épine du pied.
즈 패 드 몽   미으   뿌흐 뤼 엉르베   윈 네삔 뒤 삐예

나는 그녀가 어려움에서 벗어날 수 있도록 최선을 다하고 있어.

=Tirer l'épine du pied de quelqu'un

Enlever un poids à quelqu'un
엉르베 앵 쁘와 아 껠깽

누군가의 체중을 덜다.

누군가의 근심을 덜어주다. 문제를 해결해 주다.
(= Enlever du souci, des problèmes à quelqu'un)

Il a beaucoup de soucis. En l'aidant, je lui enlève un poids.
일 라 보꾸 드 쑤씨 엉 래덩 즈 뤼 엉래브 앵 쁘와

그에게 걱정거리가 많아서 내가 그를 도와 문제를 해결해 주고 있어.

Entrer comme dans un moulin
엉트헤 꼼 덩 쟁 물랭

방앗간에 들어가듯이 들어가다.

제집처럼 드나들다.
(= Entrer facilement quelque part, sans se gêner)

19세기 초에 "entrer comme un âne dans un moulin(방앗간에 당나귀처럼 들어가다)"라는 형태로 나타난 이 표현은 노크하거나 허락을 구하지 않고 방앗간에 들어오던 이 "말과에 속하는 동물(équidé)"을 가리킨다. 그리고 그 이후에 이 표현에서 "âne(당나귀)"라는 단어가 사라지게 되었고, 그 의미는 일반화되었다.

Elle entre chez son amie comme dans un moulin.
앨 렁트흐 쉐 쏭 나미 꼼 덩 쟁 물랭

그녀는 친구의 집을 제집처럼 드나들어.

 ## Entrer dans le vif du sujet
엉트헤 덩 르 비프 뒤 쉬제

 주제의 생생함 속으로 들어가다.

 단도직입적으로 말하다.
(= Évoquer le point essentiel de la discussion, aborder un sujet important, un thème décisif)

 이 은유적 표현은 15세기부터 사용되기 시작하였으며, "vif(살아있는)"이라는 용어는 '생살(chair vive)'을 의미했다. 따라서 "vif du sujet(주제의 생생함)"이라는 표현은 오늘날 '토론의 주안점을 상기시키다(évoquer le point essentiel de la discussion)'라는 의미를 지닌다.

On va entrer dans le vif du sujet tout de suite?
옹 바 엉트헤 덩 르 비프 뒤 쉬제 뚜 드 쉬뜨

우리 본론으로 바로 들어갈까?

 ## Envoyer au bain
엉봐이예 오 뱅

 욕조로 보내다.

 돌려보내다, 매몰차게 내쫓다.
(= Rejeter quelqu'un, l'envoyer promener)

 이 표현은 19세기 후반으로 거슬러 올라가며, 원래는 '누군가의 불쾌한 냄새로 인해 그를 돌려보내는 것'을 의미했다. 그래서 "envoyer au bain(욕조로 보낸다)"라는 표현을 사용하게 되었다.

Je l'ai envoyé au bain car je n'avais pas envie de le voir.
즈 래 엉브와이예 오 뱅 꺄흐 즈 나배 빠 엉비 드 르 브와흐

그 사람 보고 싶지 않아서 돌려보냈어.

191 Envoyer quelqu'un sur les roses
엉봐이예 깰껭 쒸흐 레 호즈

 누군가를 장미꽃 위로 날려 보내다.

 성가신 사람을 내쫓다.
(= Se débarrasser brusquement d'une personne gênante)

 이 표현은 19세기에 나타났을 것으로 추정되며, 실제로 성가신 사람이 우리를 괴롭힐 때 "그를 장미꽃 위로 보내서 그가 장미꽃 가시에 찔리기를 바라는 마음으로 그를 쫓아낸다"라는 사실에서 비롯된 것이다.

Je l'envoie sur les roses car je dois partir. 나는 출발해야 해서 그를 돌려보낸다.
즈 렁봐 쒸흐 레 호즈 꺄흐 즈 드와 빠흐띠흐

192 Épée de Damoclès
에뻬 드 다모끌래쓰

 다모클레스의 검   위험은 언제나 우리에게 닥칠 수 있다, 일촉즉발의 위기
(= Un danger imminent et constant)

 시러큐스(Syracuse)의 폭군 디오니시우스는 늘 불안감에 사로잡혀 자신의 추종자들을 찾았고, 이들 중 금은 세공의 대가 다모클레스는 그가 왕이 된 것을 부러워하면서 아첨하기를 멈추지 않았는데, 이에 짜증이 난 디오니시우스 왕은 그에게 하루 동안 자신의 왕좌에 앉아볼 것을 제안했다. 연회가 열리는 동안 다모클레스는 고개를 들었고 바로 자신의 머리 위로 검이 단 하나의 말총으로 고정되어 매달려 있다는 것을 깨닫게 되었다. 그래서 19세기 이후로 특히 위험하거나 고통스러운 상황을 묘사하기 위해 "épée de Damoclès"라는 표현을 사용하기 시작했다.

Sois toujours prudent! Tu as une épée de Damoclès au dessus de la tête.
쓰와 뚜주흐 프휘덩 뛰 아 윈 에뻬 드 다모끌래쓰 오 드쒸 드 라 때뜨

항상 조심해! 언제나 위험이 닥칠 수 있어.

 ## Être à cheval sur quelque chose
애트호 아 슈발 쒸호 껠끄 쇼즈

 무언가에 걸터앉아있다.

 무언가에 대해 엄격하다.
(= Être très pointilleux(euse))

 이 표현은 승마에서 기인한다. 실제로 이 분야에서 말에게 가르치는 뛰기와 보법은 매우 엄격하다. 그래서 "être à cheval sur...(~에 걸터앉아있다)"라는 표현은 '....에 대해서 매우 엄격하다(être très pointilleux)'라는 의미를 가진다.

Je suis à cheval sur la politesse. 나는 예의를 매우 중요하게 생각해.
즈 쒸 자 슈발 쒸호 라 뽈리때쓰

 ## Être à côté de la plaque
애트호 아 꼬떼 드 라 쁠라끄

 판 옆에 있다.

벗어나다, 틀리다.
(= Répondre à côté de la question, être totalement hors sujet)

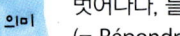 이 표현은 철도 분야에서 비롯되었을 것으로 추정된다. 실제로 기관차가 방향을 바꾸기 위해서는 "회전판(plaque)"을 회전시켜야 했는데, 조작의 실수로 인해 실제로 기관차가 선로 옆에 있는 이 회전판 옆에 위치할 수도 있었다.

Je croyais que j'avais raison. Mais, j'étais à côté de la plaque.
즈 크화이애 끄 자배 해종 매 제때 아 꼬떼 드 라 쁠라끄

내가 옳다고 생각했는데, 틀렸어.

195 Être à côté de ses pompes
애트흐 아 꼬떼 드 쎄 뽕쁘

직역 자신의 신발 옆에 있다.

의미 딴생각을 하다, 현실과 동떨어져 있다.
(= Être rêveur(euse), être hors de la réalité)

어원 이 표현은 현실과의 괴리를 나타내는 표현으로 '사람이 집중하지 못하고 생각에 잠겨있다'라는 것을 의미하는데, 여기에서 "pompes"는 신발의 일종으로 '걷기', 즉 '방향'을 의미한다. 그래서 "Marcher à côté de ses pompes(신발 옆에서 걷는다)"라는 표현은 '전혀 집중하지 않고 생각 없이 그 일을 한다'라는 것을 의미한다.

Elle ne travaille pas. Maintenant, elle est à côté de ses pompes.
앨 느 트하바이으 빠 맹뜨넝 앨 래 아 꼬떼 드 쎄 뽕쁘

그녀가 일을 안 해. 지금 딴생각하고 있어.

196. Être à croquer
애트흐 아 크호께

직역 깨물고 싶은 정도이다.

의미 귀엽다, 사랑스럽다.
(= Être joli(e), adorable, au physique agréable et avantageux)

Tu es vraiment à croquer. 넌 정말 사랑스러워.
뛰 애 브해멍 아 크호께

Être à la bourre
애트흐 아 라 부흐

 부르(bourre)라는 게임을 하다.

 늦다, 지각하다.
(= Être en retard)

 과거에 "être à la bourre(부르(bourre)라는 게임을 하다)"라는 표현은 '가난하다, 빈곤하다'라는 것을 의미했으며, "bourre"라는 카드 게임에서 비롯되었을 것으로 추정된다. 이 게임은 2~4명이 할 수 있는 게임으로 모든 플레이어가 같은 금액의 돈을 걸고, 그 전체의 금액을 각 플레이어가 획득한 카드의 수에 따라 나누어 가졌다. 이들 중 어느 누가 카드를 뽑지 않았을 때 그가 "툽상스럽다(bourru: 말이나 행동 따위가 투박하고 상스러운 데가 있다)"라고 말했는데, 게임을 하면서 많은 돈을 모을 수도 있었고, 그 결과 "털렸을" 사람은 자신의 모든 재산을 잃은 사람이었고, 획득한 카드의 수가 적은 사람이었다. 그러나 오늘날 "être à la bourre"라는 표현은 넓은 의미로 "늦다"라는 의미를 지닌 일상적인 표현이 되었다.

J'ai fait une grasse matinée, ce matin. Je suis à la bourre.
재 페 위 그하쓰 마티네 쓰 마맹 즈 쒸 아 라 부흐

오늘 아침에 늦잠 자서 늦었어.

Être à la page
애트흐 아 라 빠쥬

 페이지에 있다.

 유행을 따르다, 잘 알고 있다.
(= Être à la mode, se conformer aux goûts en vigueur)

Je vis à la campagne. Mais, j'essaie d'être à la page.
즈 비 아 라 껑빠뉴 매 제쌔 대트흐 아 라 빠쥬

나는 시골에 살지만, 유행을 따르려고 노력해.

Être à ramasser à la petite cuillière
애트흐 아 하마쎄 아 라 쁘띠뜨 뀌이애흐

 작은 수저로 쓸어 담아야 할 정도이다.

 녹초가 되다, 쓰러질 지경이다, 좌절해 있다.
(= Être dans un mauvais état physique et mental)

 이 표현은 사람이 부서지거나 산산이 조각난 것처럼 작은 숟가락으로 떠야 할 정도로 '너무 피곤하거나 상처를 입은 상태'를 의미한다.

Quand je suis rentrée chez moi, j'étais à ramasser à la petite cuillère.
껑 즈 쒸 헝트헤 쉐 므와 제때 아 하마쎄 아 라 쁘띠뜨 뀌이애흐

내가 집에 돌아왔을 때 나는 완전히 녹초가 되었어.

Être à sec
애트흐 아 쌕

 건조한 상태에 있다, 말라 있다.   돈이 없다, 빈털터리이다.
(= Ne pas avoir d'argent, être dans la misère)

 "더는 돈이 없는 사람"을 지칭하기 위해 일상생활에서 사용되는 이 표현은 '물이 없는 장소나 사물 또는 사람'을 의미하던 원래의 뜻에서 점차 변형된 것이다.

Si l'on dépense de l'argent comme ça, on va bientôt être à sec.
씨 롱 데뻥쓰 드 라흐졍 꼼 싸 옹 바 비앵또 애트흐 아 쌕

돈을 그렇게 펑펑 쓰다가는 우린 조만간 빈털터리가 될 거야.

Être au bout du rouleau
애트흐 오 부 뒤 홀로

 두루마리의 끝에 있다.

 기진맥진하다, 지치다.
(= Être épuisé(e))

 "Role(두루마리)"는 일종의 상아 또는 회양목 막대기로 고대인들은 중세 시대까지 그 위에 양피지를 붙여 책으로 사용했는데, 나중에 이 표현이 변화되면서 다른 형태의 사물을 지칭하게 되었다. 양피지가 작으면 "rollet(작은 두루마리)"라고 불렀는데, 이 용어가 연극 분야에서 사용되면서 "대사가 별로 없는", 즉 "영향력이 별로 없는 작은 배역"을 맡은 배우를 "작은 두루마리(rollet)를 가지고 있다"라고 표현했다. 또한 "role"이라는 단어에서 "rôle de papier(종이 두루마리)"의 지소사(애칭)인 "rouleau(두루마리)"가 생겨났고, 이 두루마리는 오늘날 우리가 여전히 알고 있는 '종이 두루마리'를 지칭하며, 그 당시에 이미 동전을 보관하는 데도 사용되었다. 따라서 "être au bout du rouleau(두루마리의 끝에 있다)"라는 표현은 '자신의 모든 동전을 다 사용해서 더는 돈이 없다'라는 것을 의미한다. 오늘날에도 이 표현은 동일한 의미를 지니지만, 모든 유형의 물질적 또는 정신적 자원으로 그 의미가 확대되었다.

Je suis au bout du rouleau. J'ai besoin de me reposer.
즈 쒸 오 부 뒤 홀로 재 브조앵 드 므 흐뽀제

난 지쳤어. 휴식이 필요해.

Être au parfum
애트흐 오 빠흐팽

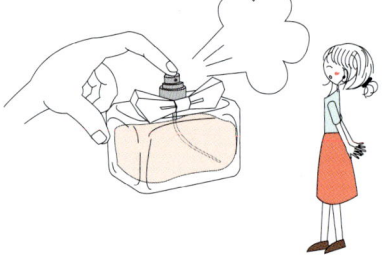

 향기에 노출되다.

 냄새를 맡다, 낌새를 알아채다.
(= Être dans la confidence)

이 표현은 속어에서 비롯되어 1950년대부터 사용되기 시작한 표현으로 1965년 벤 바르카(Ben Barka) 재판이 끝난 후에 대중화되었으며, 이는 경찰이 '냄새를 맡고 있었다'는 것, 즉 '알고 있었다'는 사실을 의미한다.

J'étais au parfum de son projet. 나는 그의 계획을 눈치채고 있었어.
재때 오 빠흐팽 드 쏭 프호제

 ## Être au point mort
애트흐 오 뽀앵 모흐

 사(死) 점에 있다. 죽은 지점에 있다.

 정체 상태에 있다.
(= Être dans une position débrayée du levier de changement de vitesse, être dans une situation qui n'avance plus)

Je suis au point mort pour le moment. Mais, je m'en sortirai bientôt.
즈 쒸 오 뽀앵 모흐 뿌흐 르 모멍 매 즈 멍 쏘흐띠해 비앵또

내가 지금은 정체기에 있지만, 곧 이 상황에서 벗어날 거야.

 ## Être au taquet
애트흐 오 따께

 버팀목에 있다.

 극복할 수 없는 한계에 도달하다.
(= Arriver à une limite inaccessible, être arrivé(e) au bout, au maximum de ses possibilités, être motivé(e), prêt(e), préparé(e))

 "Taquet(버팀목)"은 어떤 것을 막는 데 사용되는 물건이다. 그래서 "être au taquet(버팀목에 있다)"라는 표현은 '최대치에 있다(être au maximum)', '자신의 최대치에 도달하다(avoir atteint son maximum)'라는 의미를 지닌다.

J'ai mis toutes mes forces. Mais, je suis au taquet.
재 미 뚜뜨 메 포흐쓰 매 즈 쒸 오 따께

내 온 힘을 다 쏟았지만 결국 한계점에 달했어.

205 Être aux anges
애트흐   오   정쥬

 천사와 함께 있다.

 매우 행복하다.
(= Être dans un état de grand contentement)

 "천사"는 '행복한 낙원'을 의미한다. 즉 '사람을 반갑게 맞아주는 매우 따뜻한 장소'를 말하기 때문에 행복의 이미지를 연상할 수 있다.

J'ai appris que tu avais reçu un prix. Tu dois être aux anges.
재   아프히   끄   뛰   아배   흐쒸   앵   프히   뛰   드와   애트흐   오   정쥬

네가 상을 받았다는 얘기 들었어. 정말 행복하겠다.

---

206 Être beau comme un camion
애트흐   보   꼬   맹   까미옹

 트럭처럼 아름답다.

 예쁘다, 멋지다.
(= Être joli(e), mignon(ne), superbe)

 20세기 중반에 나타나기 시작한 표현으로, 이는 일반적으로 트럭을 예쁘거나 아름답다고 생각하는 사람이 없기 때문에 바로 이러한 아이러니에서 시작된 것이다. 하지만 이 표현은 '우아하고 아름답다'라는 의미를 가지는데, 이러한 맥락에서 "아름다움"의 중요성을 강조하기 위해 "camion(트럭)"이라는 단어가 사용된 것이다.

Tu as changé de coiffure? Tu es beau comme un camion.
뛰   아   성제   드   끄와퓌흐   뛰   에   보   꼬   맹   까미옹

헤어스타일 바꿨어? 예쁘다.

Être bête comme ses pieds
애트흐   배뜨   꼼   쎄   삐에

자신의 발처럼 바보 같다.

어리석다, 바보이다.
(= Être idiot(e), stupide, très bête)

이 표현은 19세기에 시작되었으며, "발"은 '두뇌에서 가장 멀리 떨어진 신체의 일부분'이라는 의미로 사용된다. 따라서 "발"이 "신체의 가장 어리석은 부위"를 나타낸다는 가정하에 우리가 다른 무언가를 발에 비교할 때, 흔히 이는 "그 무언가에서 도외시되는 이미지"를 주기 위해 사용된다.

Quelle erreur! Je suis bête comme mes pieds.
깰   래훼흐   즈 쒸 배뜨 꼼   메   삐에

이런 실수를 하다니! 나 바보인가 봐.

Être branché
애트흐   브헝쉐

접속되어 있다.

유행을 알다, ~을 잘 알다.
(= Savoir ce qui est à la mode)

Je sais bien ce qui est branché en France même si je suis en Corée.
즈 쌔 비앵 쓰 끼 애 브헝쉐 엉 프헝쓰 맴 씨 즈 쒸 정 꼬헤

나는 한국에 있지만, 프랑스에서 유행하는 게 뭔지 잘 알아.

Être comme chien et chat
애트흐   꼼   쉬앵 에 샤

직역 개와 고양이 같다.

의미 사이가 좋지 않다.
(= Ne pas s'entendre, se chamailler tout le temps)

어원 민간 신앙에 따르면 개와 고양이는 서로 관계가 좋지 않은 동물로, 이러한 신념은 새로운 것이 아니다. 사실 16세기에 "être amis comme le chien et le chat(개와 고양이 같은 친구이다)"라는 표현이 있었지만, 현재의 표현은 17세기부터 사용되기 시작했으며, '두 사람이 잘 지낼 수 없다'라는 것을 의미한다.

Ils se disputent tout le temps. Ils sont comme chien et chat.
일 쓰 디쓰쀠뜨 뚜 르 떵   일 쏭 꼼   쉬앵 에 샤

그들은 늘 싸워. 사이가 안 좋아.

Être comme les deux doigts de la main
애트흐   꼼   레   드   드와   드 라 맹

직역 손의 두 손가락과 같다.

의미 뗄 수 없다, 서로 분리할 수 없다.
(= Être inséparables)

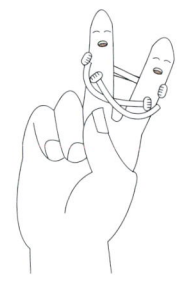

어원 다소 오래된 이 표현은 "être comme les doigts de la main(손의 손가락과 같다)"라는 표현의 더욱 더 현대적인 변이형으로 두 사람에 관해 이야기할 때 사용되며, '이 두 사람이 절친이고, 서로 떼어놓을 수 없다'라는 것을 의미한다.

Ils sont toujours ensemble. Ils sont comme les deux doigt de la main.
일 쏭   뚜주흐   엉썽블르   일 쏭 꼼 레   드   드와 드 라 맹

그들은 늘 함께 있어. 서로 떼어 낼 수 없는 사이야.

211 Être comme un poisson dans l'eau
애트흐   꼬 맹   쁘와쏭   덩 로

 물속의 물고기와 같다.

 매우 편하다.
(= Être très à l'aise)

 13세기경에 "être sain comme un poisson en l'eau(ou en la rivière)(물속의 (또는 강에 있는) 물고기처럼 온전하다)"라는 표현이 사용되었는데, 오늘날에도 여전히 사용되는 이 표현은 물고기가 자신의 자연환경인 물속에서 편안한 것처럼 이와 마찬가지로 '사람도 어떤 분야나 장소에서 편안하다'라는 것을 의미한다. 현재 사용되고 있는 형태의 표현은 17세기에 사용되기 시작하였으며, 그 이전에는 '우리가 원하는 곳에 있지 않다, 불편하다 (ne pas être là où l'on aimerait, se sentir mal)'라는 의미에서 "être comme le poisson hors de l'eau(물 밖의 물고기 같다)"라는 표현이 사용되었지만, 오늘날에는 사용되고 있지 않다.

Ici, je suis comme un poisson dans l'eau.   여기에서 난 아주 편해.
이씨 즈 쒸   꼬 맹   쁘와쏭   덩 로

212 Être copains comme cochons
애트흐   꼬뺑   꼼   꼬숑

 돼지와 같은 친구 사이다.

 절친이다.
(= Être lié(e)s par une grande amitié)

 19세기 이후로 현재의 형태로 흔히 사용되는 이 표현은 이미 16세기에 "camarades comme cochons(돼지 같은 동료)", 그리고 18세기에 "amis comme cochons(돼지 같은 친구)"라는 형태로 사용되었으며, 여기에서 "cochon(돼지)"라는 단어는 '동반자(compagnon)'를 의미하는 라틴어 "socius"에서 유래된 고대 프랑스어 "soçon"에서 차용한 것이다.

On se connaît depuis que l'on était tout petits. On est copains
옹 쓰   꼬내   드쀠   끄   로 네때 뚜 쁘띠   오 내   꼬뺑
comme cochons.   우리는 아주 어릴 적부터 알고 지내고 있어. 아주 절친 사이야.
  꼼   꼬숑

 ## Être dans de beaux draps
애트흐 덩 드 보 드하

 아름다운 시트 속에 있다.　　 안 좋은 상황에 있다.
(= Être dans une situation compliquée)

 "Draps"는 오랫동안 '의복(habits)'을 의미했으며, 그래서 "être dans de beaux draps blancs(아름다운 흰색 의복을 입고 있다)"라는 표현을 사용했다. 이 표현은 수치스러운 상황을 묘사한 것으로, 사실 그 당시에 음란죄 혐의를 받은 사람들은 흰옷을 입고 미사에 참석해야 했는데, 바로 이 "의복"은 그들의 삶에서 "어두운(noirs)" 면을 드러내기 위한 것이었다. 17세기 말까지 "mettre un homme en beaux draps blancs(아름다운 흰색 의복을 남자에게 입히다)"라는 것은 '그를 비판한다'라는 것을 의미했기 때문에 따라서 "être dans de beaux draps blancs(아름다운 흰색 의복을 입고 있다)"라는 표현은 '조롱당하고 있으며, 나쁜 상황에 있다'라는 것을 의미했다. 오늘날 "blanc"이라는 단어는 사라졌지만, 그 표현의 의미는 변하지 않고 그대로 사용되고 있다.

Si tu n'étais pas là, je serais dans de beaux draps.
씨 뛰 내때 빠 라 즈 쓰해 덩 드 보 드하

만약 네가 없었다면 난 어려움에 처했을 거야.

 ## Être dans la lune
애트흐 덩 라 륀

 달에 있다.　　 산만하다, 자기 생각 속에 빠지다.
(= Être distrait(e), perdu(e) dans ses pensées)

 이 표현은 18세기 작가 미라보(Mirabeau)의 "제국의 달(L'Empire de la Lune)"에서 처음으로 사용되었으며, 그 이후에 "달"은 "꿈", "몽상"과도 밀접한 관련성을 가지게 된다.

J'étais dans la lune pendant la réunion.　　나 회의 중에 딴생각하고 있었어.
재때 덩 라 륀 뻥덩 라 헤위니옹

215 Être dans la merde
애트흐 덩 라 매흐드

직역 똥 속에 있다.

의미 문제가 생기다, 어려움에 처하다.
(= Être dans une situation difficile)

어원 이 표현은 "해결책을 찾지 못해서 빠져나갈 수 없는 까다롭고 어려운 상황에 처해 있다"라는 사실을 나타내기 위해 사용되는 저속한 표현이며, 반면에 이와 같은 의미를 지닌 좀 더 형식적이고 우아한 표현으로는 "être dans le pétrin(반죽기 안에 있다)"라는 표현이 있다.

Je suis dans la merde. Je pourrais te demander une faveur si ça
즈 쒸 덩 라 매흐드 즈 뿌해 뜨 드멍데 원 파붸흐 씨 싸
ne te dérange pas? 나에게 문제가 생겼어. 괜찮다면 너에게 부탁을 해도 될까?
느 뜨 데헝쥬 빠

216 Être dans le noir
애트흐 덩 르 느와흐

직역 어둠 속에 있다.

의미 아무것도 이해하지 못하다.
(= Ne rien comprendre)

Dis-moi ce qui s'est passé! Je ne veux pas être dans le noir.
디 므와 쓰 끼 쌔 빠쎄 즈 느 브 빠 애트흐 덩 르 느와흐
무슨 일이 있었는지 나에게 알려줘! 아무것도 모른 채로 있고 싶지 않아.

Être dans le pétrin
애트흐 덩 르 뻬트행

 반죽기 안에 있다.

 어려움이 있다. 극복하기 힘든 상황에 있다.
(= Se trouver dans une situation pénible, difficilement surmontable)

 이 표현은 18세기부터 사용된 은유적 표현으로, 반죽하던 제빵사의 "반죽기"와 관련이 있으며, 이 반죽은 흔히 끈적거리고 떼어 내기 어려운 것이었다. 따라서 "être dans le pétrin(반죽기 안에 있다)"라는 표현은 '어려운 상황 속에 있다'라는 것을 의미한다.

Je suis dans le pétrin à cause de cette affaire.
즈 쒸 덩 르 뻬트행 아 꼬즈 드 쌔 따패흐

나는 이 일로 곤란해졌어.

Être dans le vent
애트흐 덩 르 벙

 바람 속에 있다.

 현재의 추세를 따르다.
(= Être adapté(e) aux tendances actuelles)

J'essaie d'être dans le vent.
제쌔 대트흐 덩 르 벙

나는 현재의 추세를 따르려고 노력해.

Être dans les limbes
애트흐　덩　레　랭브

 가장자리에 있다.

 불안정한 상태에 있다, 혼란스럽다.
(= Être dans un état incertain, être confus(e))

Le problème n'est pas réglé. Je suis encore dans les limbes.
르　프호블램　내　빠　헤글레　즈　쒸　엉꼬흐　덩　레　랭브

문제가 해결되지 않았어. 아직 혼란스러워.

Être dans les vapes
애트흐　덩　레　바쁘

 몽롱함 속에 있다.

 정신이 몽롱하다, 멍한 상태에 있다.
(= Être dans le brouillard)

 1920년대에 "vapes(몽롱함)"이라는 단어는 "마약이나 알코올로 인해 나타나는 일종의 멍함"을 나타내기 위해 깡패들이 사용했던 속어 중 하나로, 어떠한 사람이 "몽롱함 속에 있다(à la vape)"라는 표현을 사용했다. 그 복수 형태는 1960년대 이후에서야 사용되기 시작했지만, 그 의미는 여전히 일종의 "몽롱함" 속에 있거나 심지어 "기절한 상태"에 있다는 것을 의미한다.

J'ai fait une nuit blanche hier. Alors, je suis dans les vapes, maintenant.
재　패　윈　뉘　블렁슈　이예흐　알로흐　즈　쒸　덩　레　바쁘　맹뜨넝

나 어제 밤새웠더니 지금 정신이 멍해.

Être dans ses petits souliers
애트흐 덩 쎄 쁘띠 쑬리예

 작은 구두를 신고 있다.

 불편하다.
(= Être mal à l'aise)

 19세기 초에 처음으로 등장한 이 표현은 처음에 "être mal dans ses petits souliers (자신의 작은 신발 속에서 아프다)"의 형태로 사용되었다. '아프다(être malade)'라는 의미를 지닌 이 표현은 상처를 입히는 신발의 이미지와 관련이 있는데, "c'est là que le soulier blesse(신발이 상처를 입힌 곳이다)"라는 표현이 사용되던 17세기부터 이 이미지가 사용되면서 확인되었다. 그런데도 "être dans ses petits souliers(작은 구두를 신고 있다)"라는 표현은 1830년경에 사용되기 시작했으며, 너무 작은 옷을 입거나 작은 신발을 신고 있는 것처럼 '불편하다(être mal à l'aise)'라는 것을 의미한다.

Je m'en vais. Je ne veux pas être dans mes petits souliers.
즈 먕 배 즈 느 브 빠 애트흐 덩 메 쁘띠 쑬리예

나 갈게. 불편해서 있고 싶지 않아.

Être de glace
애트흐 드 글라쓰

 얼음과 같다.

 차갑다. 냉정하다.
(= Être froid(e), imperturbable)

 이 표현은 20세기 초부터 사용된 은유적 표현으로 단단하고 차가운 얼음의 이미지에서 비롯되었으며, '어떠한 것에도 동요되지 않는 태연하고, 냉담한 태도'를 의미한다.

Je n'ai jamais vu Pierre aider les autres. Il doit être de glace.
즈 내 자매 뷔 삐애흐 애데 레 조트흐 일 드와 애트흐 드 글라쓰

나는 피에르가 남을 돕는 것을 한 번도 본 적이 없어. 그는 분명 냉정한 사람일 거야.

223 Être de mèche avec quelqu'un
애트흐 드 매슈 아백 깰깽

 누군가와 심지를 공유하다.

 누군가와 공범이다.
(= Être complice avec une personne)

 18세기 말에 나타난 표현으로, 여기에서 "mèche(심지)"는 '절반(moitié)'이라는 의미가 있었기 때문에 이는 '다른 사람과 같은 것을 공유한다'라는 것을 의미한다. 따라서 "être de mèche avec quelqu'un(누군가와 심지를 공유하다)"라는 표현은 '그 사람과 공범이다'라는 것을 의미한다.

Ne compte pas trop sur lui! Il pourrait être de mèche avec Sébastien.
느 꽁뜨 빠 트흐 쒸흐 뤼 일 뿌해 애트흐 드 매슈 아백 쎄바쓰띠앵

그 사람 너무 믿지 매 세바스티앙과 공범일 수도 있어.

---

224 Être dos au mur
애트흐 도 오 뮈흐

 벽에 등이 맞닿다.

 행동하도록 강요되다. 어쩔 수 없이 ~을 하다.
(= Être forcé(e) d'agir)

 이 표현은 펜싱에서 그 기원을 찾아볼 수 있다. 플뢰레 선수가 위험을 피하려고 너무 뒤로 물러서게 되면, 결국 "벽에 등이 맞닿게(dos au mur)" 되어 상대에게 맞설 수밖에 없는 상태에 이르게 된다. 비유적 의미로 일상 언어에서 사용되는 이 표현은 '더 이상 선택의 여지가 없으며, 행동을 취하거나 어려움에 맞서야 한다'라는 것을 의미한다.

Le fait d'être dos au mur m'a permis de réagir.
르 패 대트흐 도 오 뮈흐 마 빼흐미 드 헤아지흐

나는 결단을 내릴 수밖에 없었어.

 ## Être en froid avec quelqu'un
애트흐   엉   프화   아백   깰깽

 누군가와 차가운 상태이다.

 누군가와 사이가 좋지 않다.
(= Avoir de mauvaises relations avec une personne)

 이 표현은 졸라(Zola)의 작품에서 이미 "être en froideur avec quelqu'un(누군가와 차갑다)"라는 다른 형태로 사용되다가 20세기 초에 현재의 형태를 가지게 되었다. 여기에서 "froid(차가운)"이라는 형용사를 사용함으로써 '어떠한 사람과 안 좋은 관계에 있거나 심지어 화가 난 상태에 있다'라는 것을 나타낸다.

Il s'est séparé avec sa copine. Il est en froid avec elle depuis l'été dernier.
일   쌔   쎄빠헤   아백   싸   꼬삔   일   래   엉   프화   아백   깰   드쀠   레떼   대흐니예
그는 여자친구랑 헤어졌어. 작년 여름부터 그녀와 사이가 안 좋았어.

 ## Être fleur bleue
애트흐   플뤠흐   블르

 파란 꽃이다.

 감상적이다.
(= Être sentimental(e), sensible)

 "파란색"은 '상냥함, 시'를 나타내기 때문에 "être fleur bleue(파란 꽃이다)"라는 표현은 '로맨틱하고 감성적이다(être romantique, sentimental)'라는 것을 뜻한다.

On est parfois fleur bleue.   우리는 가끔 센치해져.
오   내   파흐프와   플뤠흐   블르

Être la bête noire de quelqu'un
애트흐 라 배뜨 느와흐 드 깰깽

 누군가의 검은 짐승이다.

 누군가에게 미움을 받다.
(= Être détesté(e) par une personne, être ennemi juré)

흔히 "검은색"은 사람들에게 안 좋은 인상을 주기 때문에 이 "noir(검은색)"이라는 용어는 '좋지 않은 어떠한 것'을 의미한다. 또한 "bête(짐승)"이라는 용어는 '야생적인 어떤 것'을 의미하기 때문에 "être la bête noire de quelqu'un(누군가의 검은 짐승이다)"라는 표현은 '누군가에 의해 안 좋게 평가된다(être mal apprécié par une personne)'라는 것을 의미한다.

Il me semble qu'il est la bête noire de son collègue.
일 므 썽블르 낄 래 라 배뜨 느와흐 드 쏭 꼴래그

그가 직장동료에게 미움을 받는 것 같아.

Être la cinquième roue du carrosse
애트흐 라 쌩끼앰 후 뒤 꺄호쓰

 4륜 마차의 5번째 바퀴이다.

 쓸모없는 사람
(= Désigne une personne inutile)

 이 표현은 사람들이 사륜마차를 타고 이동하던 그 시대의 교통수단에서 영감을 받은 것으로, 바퀴가 4개 밖에 없었던 이 마차를 떠올린다면 다섯 번째 바퀴가 아무런 쓸모가 없는 것이라는 것을 우리는 상상할 수 있다. 그 이후에 이 표현이 은유적으로 사람에게도 사용되기 시작했다.

Il n'y a personne qui veuille être la cinquième roue du carosse.
일 니 야 빼흐쏜 끼 붸이으 애트흐 라 쌩끼앰 후 뒤 꺄호쓰

쓸모없는 사람이 되고 싶은 사람은 아무도 없어.

229 Être le dindon de la farce
애트흐   르   댕동   드 라   파흐쓰

 익살극의 칠면조이다.

 보기 좋게 속다, 남의 웃음거리가 되다.
(= Se faire duper par les autres)

 이 표현의 어원은 18세기 장터 공연인 "칠면조의 발레(Ballet des dindons)"에서 찾아볼 수 있다. "장터"는 "칠면조가 고문을 당했던 곳"을 말하며, 이 공연은 그 당시에 사람들을 웃게 했던 희극이었다. 따라서 이 표현은 '모든 사람 가운데 둘러싸여 다른 사람들에게 속은 자기 자신'을 의미한다.

Pour une fois, il est le dindon de la farce.   그가 이번만은 보기 좋게 속았어.
뿌흐   윈   프와   일 래 르   댕동   드 라   파흐쓰

230 Être lessivé
애트흐   레씨베

 세탁되다.

 너무 피곤하다, 지치다, 기진맥진하다.
(=Être très fatigué(e), être épuisé(e), être crevé(e))

Désolée, je ne peux pas. Je suis lessivée.   미안해. 난 못하겠어. 너무 피곤해.
데졸레   즈 느   쁘   빠.   즈 쒸   레씨베

Être majeur et vacciné
애트흐 마줴흐 에 박씨네

  백신을 맞은 어른이다.

  자기 일에 스스로 책임을 지다.
(= Être responsable de soi-même)

Je veux être majeure et vaccinée.
즈 브 애트흐 마줴흐 에 박씨네

내 일은 내가 스스로 책임지고 싶어.

Être mal barré
애트흐 말 바헤

  빗장이 잘못 쳐져 있다. 잘못 차단되어 있다.

  시작이 잘못되다.
(= Être mal parti(e))

  '조타 장치(la barre)'는 배를 조종하는 데 사용된다. 배를 "조종(barrer)"하는 방법, 즉 배를 다루는 방법을 모르는 사람들에 대해 이들이 '시작을 잘못했다'라는 것을 의미한다.

Elle est mal barrée. Elle va perdre.
앨 래 말 바헤 앨 바 빼흐드흐

그녀가 시작을 잘못했어. 손해를 보게 될 거야.

 ## Être mal en point
애트흐   말   렁   뽀앵

 안 좋은 지점에 있다.

 상태가 좋지 않다.
(= Être en mauvais état, être en mauvaise santé)

Je suis vraiment désolée, je suis mal en point, aujoud'hui.
즈 쒸   브해멍   데졸레   즈 쒸   말 렁   뽀앵   오주흐뒤

정말 미안해. 나 오늘 상태가 안 좋아.

 ## Être mauvaise langue
애트흐   모배즈   렁그

 나쁜 혀이다.

 남을 비방하는 사람이다.
(= Être médisant(e))

 이 표현은 "남을 비방하는 사람"을 표현하는 데 사용되며, 그 이전에는 이와 동등한 표현으로 "langue serpentine(뱀의 혀)", "langue dorée(금칠한 혀)" 또는 "langue pelue(털이 난 혀)"라는 표현이 사용되었다. 여기에서 "langue(혀)"는 '말'을 의미하며, "mauvais(나쁜)"이라는 수식어는 '악독한(méchant)'의 의미를 가지고 있다.

Il y a toujours ceux qui sont mauvaise langue.
일 리 야   뚜주흐   쓰   끼   쏭   모배즈   렁그

험담하는 사람은 항상 있어.

Être mis sur la touche
애트흐 미 쒸흐 라 뚜슈

터치라인에 있다.

거리를 두다, 소외시키다.
(= Être mis à distance)

20세기에 사용되기 시작한 이 표현으로, 공놀이에서 "touche(터치라인)"은 경기 구역의 바깥쪽에 있는 곳이었기 때문에 "être mis sur la touche(터치라인에 있다)"라는 표현은 '소외되다, 따돌림을 받다(être mis à l'écart)'라는 의미를 지닌다.

Il est mis sur la touche par ses amis. 그가 친구들에게 왕따를 당하고 있어.
일 래 미 쒸흐 라 뚜슈 빠흐 쎄 자미

= Rester sur la touche

Être monnaie courante
애트흐 모내 꾸헝뜨

현재 사용되는 화폐이다.

규칙적으로/일상적으로 이루어지다.
(= Se faire régulièrement, habituellement)

On en trouve partout. C'est monnaie courante.
오 넝 트후브 빠흐뚜 쌔 모내 꾸헝뜨

그건 어디서나 볼 수 있어. 흔한 일이야.

237

Être né avec une cuillère d'argent dans la bouche
애트흐 네 아백 뀐 뀌이애흐 다흐정 덩 라 부슈

 입에 은수저를 물고 태어나다.

 부유한 가정에서 태어나다.
(= Être issu(e) d'une famille riche dès sa naissance)

 어떤 시대나 은 제품을 소유한다는 것은 재정적 문제가 없는 부유한 가정을 상징하는 이미지적 표현으로, 이는 "태어나면서부터 물려받은 특정 사회적 지위와 재정적 안정"을 상징한다.

Si j'étais née avec une cuillère d'argent dans la bouche...
씨 제때 네 아백 뀐 뀌이애흐 다흐정 덩 라 부슈

만약 내가 부유한 가정에서 태어났다면...

238, Être patraque
애트흐 빠트하끄

 병약한 사람이다.

 몸이 좋지 않다.
(= Ne pas se sentir vraiment bien physiquement)

Comme je suis patraque, j'ai pris un congé pour aujourd'hui.
꼼 즈 쒸 빠트하끄 재 프히 앵 꽁제 뿌흐 오주흐뒤

몸이 안 좋아서 오늘 휴가를 냈어.

 ## Être pieds et poings liés
애트흐   삐예   제   뿌앵   리예

 발과 주먹이 묶여 있다.

 선택의 여지가 없다, 손발이 묶여 있다.
(= Ne pas avoir de choix, avoir les pieds et poings liés)

 17세기에 등장한 이 표현은 그 이미지가 매우 인상적이다. 자신의 발과 주먹이 묶여 있다는 상상하면 '더 이상 아무것도 할 수 없다'라는 의미를 알 수 있는데, 여기에서는 이와 동일한 의미를 가지지만 '신체 움직임의 무능력'보다는 '정신적 무능력'을 의미한다. 따라서 "avoir les pieds et poings liés(발과 주먹이 묶여 있다)"라는 표현은 '선택의 여지가 없다'라는 것을 의미한다.

J'étais pieds et poings liés. Crois-moi!　　난 어쩔 수가 없었어. 믿어 줘!
재때   삐예   제   뿌앵   리예   크화   므와

 ## Être plein de thunes
애트흐   쁠랭   드   뛴

 돈으로 가득하다.

 돈이 매우 많다.
(= Avoir beaucoup d'argent)

Si j'étais plein de thunes, je pourrais faire tout ce que je veux.
씨   제때   쁠랭   드   뛴   즈   뿌해   패흐   뚜   쓰   끄   즈   브

내가 돈이 많으면 하고 싶은 거 다 할 수 있을 텐데.

# 241 Être sage comme une image
애트흐 싸쥬 꼬 뮈 니마쥬

 이미지처럼 얌전하다.

 (아이가) 매우 얌전하다.
(= Être très sage, très docile)

 이 표현은 17세기에 나타난 표현으로 아이들이 항상 조용하고 얌전하게 표현되는 이미지와 관련이 있는데, 이는 어린 시절하면 연상되는 "부산함"과는 거리가 멀다.

Il est mignon et sage comme une image.   그는 귀엽고 매우 얌전해.
일 래 미뇽 에 싸쥬 꼬 뮈 니마쥬

# 242 Être soupe au lait
애트흐 쑤뻬 오 래

 우유 수프이다.

 쉽게 화를 내다, 성질부리다.
(= Être colérique, lunatique, susceptible)

 우유를 데우면 갑자기 끓기 시작하고, 온도를 조절해야만 우유가 넘치는 것을 피할 수 있는데, 19세기에 나타난 "soupe au lait(우유 수프)"라는 이 표현은 '갑작스러운 분노' 또는 '기분의 변화'를 나타내는 현상과 관련이 있다.

On hésite à s'approcher de lui parce qu'il est soupe au lait.
오 네지뜨 아 싸프호쉐 드 뤼 빠흐쓰 낄 래 쑤뻬 오 래

그가 성질을 부려서 사람들이 그에게 다가가는 것을 꺼려해.

Être sous la coupe de quelqu'un
애트흐 쑤 라 꾸쁘 드 깰깽

 누군가의 분배하에 있다.

 누군가의 영향 아래 있다.
(= Être sous l'emprise, sous la dépendance de quelqu'un)

어원 19세기부터 사용된 이 표현은 카드를 배포할 순서를 정하기 위해 한 벌의 카드를 한번 나눈 것을 의미한다.

Il ne veut pas être sous la coupe de quelqu'un.
일 느 브 빠 애트흐 쑤 라 꾸쁘 드 깰깽

그는 누군가의 간섭을 받는 것을 싫어해.

Être tiré à quatre épingles
애트흐 띠헤 아 꺄트흐 에뼁글르

 4개의 핀으로 당겨져 있다.

 심혈을 기울여 매우 잘 차려입다.
(= Être habillé(e) de façon très (voire trop) soigneuse)

 과거에 우리는 잘 차려입은 사람을 "잘 당겨진(bien tirée)" 사람이라고 불렀다. 15세기경 "épingles"는 장을 보기 위해서 남편이 부인에게 준 약간의 돈으로 저축하거나 스스로 다양한 방법을 통해 번 "쌈짓돈"을 말한다. 따라서 마치 우리가 저축해 두었던 "쌈짓돈(épingles)" 덕분에 아름다운 옷을 살 수 있고, 잘 차려입을 수 있는 것처럼 이 두 표현이 접목된 것이다.

Je suis tirée à quatre épingles aujourd'hui.
즈 쒸 띠헤 아 꺄트흐 에뼁글르 오주흐뒤

나 오늘 신경 많이 써서 차려입었어.

# Être toujours sur la brèche
애트흐　뚜주흐　쒸흐　라　브해슈

 항상 방어태세를 갖추고 있다.

 늘 방어적인 태도를 보이다.
(= Être constamment sur la défensive)

 이 표현은 흥분하거나 늘 행동하려는 경향이 있는 사람, 즉 "아주 사소한 일에도 공격적인 성격을 드러내고 덤벼들 준비가 되어 있는 사람"을 비유적으로 나타내는 데 사용된다.

On a tendance à être toujours sur la brèche.
오　나　떵덩쓰　아　애트흐　뚜주흐　쒸흐　라　브해슈

우리는 늘 방어적인 태도를 취하려는 경향이 있어.

# Être tout ouïe
애트흐　뚜　뚜이

 모든 청각이다.

 들을 준비가 되어 있다, 귀를 기울이다.
(= Être prêt(e)/disposé(e) à bien écouter)

Allez, dis-moi! Je suis tout ouïe.
알레　디　므와　즈　쒸　뚜　뚜이

자, 어서 말해봐! 난 들을 준비가 됐어.

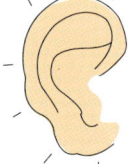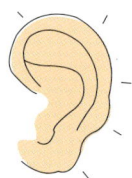

 # Être une (bonne) poire
애트흐 원 본 쁘와흐

 (좋은) 배이다.

 쉽게 배신당하는 사람, 쉽게 속는 사람
(= Rendre des services ou à temoigner d'une très grande générosité, être naïveté)

Il est une bonne poire. Il s'est déjà fait tromper plusieurs fois jusqu'à présent.
일 래 뛴 본 쁘와흐 일 쌔 데자 패 트홍뻬 쁠뤼지웨호 프와 쥐쓰까 프헤정

그는 쉽게 배신당해. 지금까지 벌써 여러 번 속았어.

 # Être une bonne pâte
애트흐 원 본 빠뜨

 좋은 밀반죽이다.

 사랑스럽다, 성격이 좋다.
(= Être aimable, avoir bon caractère)

 이 표현의 어원은 알려지지 않았지만, 원하는 만큼 부드럽고 유연해질 수 있는 성질을 가진 "빵 반죽"의 이미지에 기반한 것으로 보인다. 따라서 "être une bonne pâte(좋은 반죽이다)"라는 표현은 '친절하고, 문제를 일으키지 않는다'라는 것을 의미한다.

Il y a toujours beaucoup de monde autour d'elle parce qu'elle est
일 리 야 뚜주흐 보꾸 드 몽드 오투흐 댈 빠흐쓰 깰 래

une bonne pâte. 그녀는 성격이 좋아서 항상 주변에 많은 사람이 있어.
뛴 본 빠뜨

249 Être une courge
애트흐 윈 꾸흐쥬

직역 호박이다.

의미 약간 멍청한 사람
(= Être un peu stupide, être un peu bête)

Pierre est une courge. 삐에르는 좀 멍청해.
삐애흐 애 뛴 꾸흐즈

250 Être une poule mouillée
애트흐 윈 뿔 무이예

직역 젖은 암닭이다.

의미 모든 것을 두려워하다. 어떤 위험도 감수하지 않다.
(= Avoir peur de tout ou n'importe quoi, ne prendre aucun risque)

C'est une poule mouillée. Il ne prend jamais le moindre risque.
쌔   뛴   뿔   무이예   일 느 프헝 자매 르 모앵드흐 히스끄

그는 겁이 너무 많아. 절대 어떤 위험도 감수하지 않아.

 ## Être une tête de cochon
애트흐 윈 떼뜨 드 꼬숑

 돼지머리이다.

 고집이 세다, 성격이 나쁘다.
(= Être têtu(e), obstiné(e), avoir mauvais caractère)

Il est une tête de cochon. Il n'écoute jamais personne.
일 래 뛴 떼뜨 드 꼬숑 일 네꾸뜨 자매 빼흐쏜

그는 고집이 세. 누구의 말도 안 들어.

 ## Être verni
애트흐 배흐니

 니스가 칠해지다.

 운이 좋다.
(= Avoir de la chance)

 이 표현은 1900년에 속어에서 유래되었다. 니스는 표면을 미끄럽게 만들기 때문에 니스 칠이 된 사람에게는 모든 문제가 자신을 스쳐 지나간다. 따라서 그는 걱정거리가 전혀 없고, 이는 필연적으로 굉장한 운으로 설명된다.

Tout s'est bien passé. J'étais vraiment vernie.
뚜 쌔 비앵 빠쎄 제때 브해멍 배흐니

모든게 잘 끝났어. 난 정말 운이 좋았어.

Être vieux jeu
애트흐 비으 즈

 오래된 게임이다.

 매우 구식이다.
(= Être très démodé(e), être académique)

Il est vieux jeu pour son âge.
일 래 비으 즈 뿌흐 쏘 나쥬

그는 나이에 비해 구식이야.

Faire (toute) la lumière sur quelque chose
패흐 뚜뜨 라 뤼미애흐 쒸흐 껠끄 쇼즈

 무언가에 (모든) 빛을 비추다.

 어떠한 상황에 대한 진상을 밝히다.
(= Déterminer les raisons d'une situation)

On s'est réunis pour faire toute la lumière sur cette affaire.
옹 쌔 헤위니 뿌흐 패흐 뚜뜨 라 뤼미애흐 쒸흐 쌔 따패

우리는 이 문제의 진상을 밝히기 위해 모였다.

255　Faire chaud au coeur
패흐　쇼　오　꿰흐

 마음을 따뜻하게 하다.

 격려하다, 위로하다.
(= Réconforter)

 일상 언어에 속하는 이 표현은 누군가가 우리를 위로하거나 약간의 사랑을 나누어 줄 때 사용되며, 또한 그런 순간에 느낄 수 있는 "따스함"과 관련이 있기 때문에 매우 긍정적인 의미를 내포하고 있다.

Ça me fait chaud au coeur ce que tu me dis.　네가 하는 말이 내게 힘이 돼.
싸　므　패　쇼　오　꿰흐　쓰　끄　뛰　므　디

256　Faire chou blanc
패흐　슈　블렁

 양배추를 하얗게 만들다.

 실패하다.
(= Subir un échec)

 과거에 볼링에서 1점도 얻지 못한 선수에 대하여 "그가 '하얀 타격(coup blanc: 불발)'을 가했다"라고 말했다. 베리 지역 방언(Berrichon)에서는 "coup(타격)"이라는 단어가 "choup(슈)"로 발음되는데, 이 표현이 여전히 남아서 오늘날에도 사용되고 있다.

Si je ne me présente pas demain, je vais faire chou blanc.
씨　즈　느　므　프헤정뜨　빠　드맹　즈　배　패흐　슈　블렁

내가 내일 참석하지 않으면 망할 거야.

Faire d'une pierre deux coups
패흐 뒨 삐애흐 드 꾸

 하나의 돌로 두 번의 타격을 가하다.

 두 개의 목적을 동시에 달성하다, 일석이조.
(= Réussir à atteindre deux objectifs à la fois)

선사시대부터 새총은 사냥 무기로 사용되었다. 사냥꾼이 하나의 돌로 두 마리의 새를 죽였을 때, "돌 하나로 두 번의 타격(d'une pierre deux coups)을 가했다"라고 말했는데, 오늘날에도 이 표현은 여전히 '두 가지 목표를 동시에 달성한다(atteindre deux objectifs en même temps)'라는 의미로 여전히 사용되고 있다.

J'ai eu la chance de faire d'une pierre deux coups.
재 위 라 셩쓰 드 패흐 뒨 삐애흐 드 꾸

동시에 두 개의 목적을 달성하다니 운이 좋았어.

Faire du foin
패흐 뒤 포앵

 건초를 만들다.

 소란을 일으키다, 시끄럽게 하다.
(= faire du tapage, du bruit)

 19세기 말에 이 표현은 '스캔들(문제)을 일으키는 행위'를 의미했으나, 1903년에 그 의미가 조금 변화되어 '소란스럽게 하다'라는 의미로 사용되기 시작했다. 이 표현에 대해 의견이 분분하지만 여기에서 "foin(건초)"라는 단어는 베어서 사료로 사용되는 풀처럼 '거의 가치가 없는 것'을 나타내기 위해 사용되는 것처럼 보인다.

Il ne faudrait pas faire foin ici.
일 느 포드해 빠 패흐 포앵 이씨

여기에서 소란피우면 안 돼.

259 Faire du pied
빼흐   뒤   삐예

 발을 살짝 밟다.

 누군가에게 무언가를 말하기 위해 발을 살짝 밟다. 누군가에게 수작을 걸다.
(= Faire des avances discrètes à quelqu'un)

 이 표현은 20세기에 나타났지만, 남자가 테이블 아래로 여자의 발을 건드리면서 그녀에게 구애하고자 했던 훨씬 더 오래된 옛 관행과 관련이 있으며, 오늘날 이 표현은 넓은 의미로 사용되고 있다.

Tu es en train de te faire du pied?
뛰 애 엉 트행 드 뜨 빼흐 뒤 삐예

너 지금 작업 거는 거야?

260 Faire fausse route
빼흐   포쓰   후뜨

 길을 잘못 들다.

 길을 잘못 들다, 수단이나 방법을 잘못 선택하다.
(= Avaler de travers ou aller dans la mauvaise direction)

 식도 대신에 기도를 통해서 음식물이나 액체를 삼키는 행위를 나타내는 표현으로, 넓은 의미로는 '길, 방향, 결정 또는 의견에 대해서 오인하다'라는 의미가 있다.

On nous a laissés faire fausse route.
옹 누 자 래쎄 빼흐 포쓰 후뜨

누군가가 우리를 잘못된 길로 들어서게 했어.

Faire la cour
패흐 라 꾸흐

 궁정을 만들다.

 누군가를 유혹하려고 애쓰다.
(= Essayer de séduire une personne)

On se doute qu'il va lui faire la cour.
옹 쓰 두뜨 낄 바 뤼 패흐 라 꾸흐

우리는 그가 그녀에게 구애할 거라고 생각해.

Faire la fine bouche
패흐 라 핀 부슈

 입이 예민하다.

 까다롭게 굴다.
(= Faire le difficile)

 이 표현의 어원은 아주 고급스러운 음식만 먹는 사람을 의미했던 "faire la petite bouche(입이 작다)"라는 표현에서 찾아볼 수 있으며, 그 후 "faire la fine bouche(입이 예민하다)"라는 표현으로 변화되어 '매우 까다로운 사람'을 의미한다.

Je ne vais pas te faire la fine bouche, quand même.
즈 느 배 빠 뜨 패흐 라 핀 부슈 껑 맴

그래도 내가 너에게 까다롭게 굴지는 않을 거야.

 ## Faire la pluie et le beau temps
패호 라 쁠뤼 에 르 보 떵

 비도 만들고 좋은 날씨도 만들다.

 모든 것을 결정하다.
(= Décider de tout, se croire tout permis)

 1732년부터 시작된 이 표현은 신화 속에서 등장하는 전능한 신들과 관련이 있었으며, 이들은 비와 좋은 날씨를 통제하는 능력을 가지고 있었다. 즉 '원하는 대로 날씨를 결정할 수 있는 최고의 권력을 가졌다'라는 것을 의미한다.

Je peux faire tout ce que je veux. Je fais la pluie et le beau temps.
즈 쁘 패호 뚜 쓰 끄 즈 브 즈 패 라 쁠뤼 에 르 보 떵

내가 원하는 대로 모든 것을 할 수 있어. 내가 모든 것을 결정해.

 ## Faire le gros dos
패호 르 그호 도

 등을 크게 하다.

 자신을 보호하기 위해 상황을 무시하는 태도를 취하다.
(= Prendre attitude consistant à ignorer une situation pour se protéger)

 17세기에 시작된 이 표현은 고양이가 위험에 직면했을 때 털을 곤두세우고 등을 둥글게 하는 태도에서 영감을 받은 것으로, 이렇게 함으로써 자신이 더 크고 당당하게 보이기 때문에 적으로부터 자신을 보호할 수 있는 것처럼 보인다.

Je ne vais pas faire le gros dos.   내가 그 상황을 애써 외면하지는 않을 거야.
즈 느 배 빠 패호 르 그호 도

265　Faire le guignol
패호　르　기뇰

 인형극을 하다.

 바보짓을 하다.
(= Faire des pitreries)

Arrête de faire le guignol!　바보 같은 짓 그만해!
아해뜨　드　패호　르　기뇰

266　Faire le mur
패호　르　뮈호

 담을 타다.

 허락 없이 나가다.
(= Sortir sans autorisation)

 20세기 초에 시작된 이 표현은 "sauter le mur(벽을 뛰어넘다)"라는 옛 표현이 대체된 것으로, 오늘날에도 여전히 '허가 없이 장소를 떠나다(quitter un lieu sans autorisation)'라는 의미로 사용된다.

Faire le mur toute seule dans la nuit, c'est dangereux.
패호　르　뮈호　뚜뜨　쐴　덩　라　뉘　쌔　덩쥬흐

밤에 혼자 몰래 나가는 것은 위험해.

267 Faire le pitre
패흐 르 삐트흐

 어릿광대 짓을 하다.

 바보짓을 하다, 익살을 부리다, 장난치다.
(= Faire l'idiot, faire l'intéressant)

 어릿광대는 얼굴을 찡그리거나 농담을 하면서 사람들을 즐겁게 하는 일을 했다. 하지만 그것은 보잘것없는 일이었고, 따라서 "faire le pitre(어릿광대 짓을 하다)"라는 표현은 '헛되이 남의 관심을 끌다'라는 것을 의미한다.

Les enfants adorent faire le pitre. 아이들은 장난치는 걸 좋아해.
레 정펑 아도흐 패흐 르 삐트흐

268, Faire le point
패흐 르 뽀앵

 점을 찍다.

 현재의 위치를 측정하다, 상황을 명확히 하다.
(= Établir la position de quelque chose, éclaircir une situation)

 이 표현은 20세기 초에 나타난 은유적 표현이며, 선박을 잘 운항하기 위해 해군에서 여전히 사용되고 있는 용어로, '우리가 어디에 있는지 알고 어디로 가야 할지를 알면, 목적을 달성할 수 있다'라는 것을 의미한다.

C'est le temps de faire le point. 상황을 명확히 해야 할 때야.
쌔 르 떵 드 패흐 르 뽀앵

Faire marcher une personne
패흐 마흐쉐 윈 빼흐쏜

 누군가를 걷게 하다.

 누군가를 감언이설로 속이다.
(= Embobiner une personne)

On essaie de faire marcher Pierre. Il devrait faire attention.
오 네쌔 드 패흐 마흐쉐 삐애흐 일 드브해 패흐 아떵씨옹

누군가 피에르를 속이고 있어. 그는 조심해야 할 거야.

Faire mouche
패흐 무슈

 파리를 명중시키다.

 목적을 정확하게 달성하다, 핵심을 찌르다.
(= Atteindre précisément son but)

 19세기부터 사용된 이 표현은 사격, 양궁, 다트 등에서의 표적과 관련이 있는데, 우리가 이 원에서 충분히 멀어지면 검은 점이 너무 작아져서 파리처럼 보인다는 것을 깨닫게 된다.

Il faut absolument faire mouche pour un temps donné.
일 포 압쏠뤼멍 패흐 무슈 뿌호 앙 떵 도네

주어진 시간 내에 반드시 목적을 달성해야 해.

Faire mousser quelqu'un
패흐 무쎄 껠껭

 누군가를 거품이 일게 하다.

 누군가를 과장되게 하다.
(= Le mettre en valeur de manière exagérée))

 20세기에 나타난 이 표현의 어원은 "mousse(거품)"의 이미지를 기반으로 하며, 이 "거품"은 금방 풍성해질 수 있지만, 궁극적으로 여기에는 '아무것도 포함되어 있지 않거나 대수롭지 않은 것이 포함되어 있다'라는 것을 의미한다.

Il aime se faire mousser devant tout le monde.
일 램 쓰 패흐 무쎄 드벙 뚜 르 몽드

그는 사람들 앞에서 허풍떠는 걸 좋아해.

Faire partie des meubles
패흐 빠흐띠 데 뫠블르

 가구의 일부이다.

 아주 오래전부터 한 장소에 있다. 고참이다.
(= Rester dans un endroit depuis si longntemps)

Ça fait presque 10 ans que je travaille ici. Je fais partie des meubles.
싸 패 프해쓰끄 디 정 끄 즈 트하바이으 이씨 즈 패 빠흐띠 데 뫠블르

내가 여기서 일한 지 거의 10년 됐어. 내가 고참이야.

Faire quelque chose à la va-vite

 순식간에 해치우듯 무언가를 하다.

 주의를 기울이지 않고 서둘러서 무언가를 하다. 대충하다.
(= Faire quelque chose de manière hâtive et sans précaution)

Ce n'est pas si simple. Ce n'est pas une chose qu'on pourrait faire à la va-vite.
쓰 내 빠 씨 쌩쁠르 쓰 내 빠 쥔 쇼즈 꽁 뿌해 패흐 아 라 바 비뜨

그렇게 간단하지 않아. 이건 대충할 수 있는 게 아니야.

Faire quelque chose au pied levé

패흐 깰끄 쇼즈 오 삐예 르베

 발을 뗀 채로 무언가를 하다.

 즉흥적으로 무언가를 하다.
(= Faire quelque chose à l'improviste, sans préparation, sans que ce soit prévu)

 처음에 이 표현은 막 출발하려고 하던, 그래서 "발을 떼고 있는(pied levé)" 누군가에게 말을 건넬 때만 사용되었다. 그 이후에 이 표현은 누군가가 갑자기 어떤 일을 하는 모든 상황에 일반화되어 사용되고 있다.

Je fais la cuisine au pied levé car j'ai faim.   갑자기 배가 고파서 요리하고 있어.
즈 패 라 뀌진 오 삐예 르베 꺄흐 재 팽

Faire quelque chose d'arrache-pied
패흐 껠끄 쇼즈 다하슈 삐예

 발이 뽑힐 정도로 무언가를 하다.

 무언가에 큰 노력을 기울이다.
(= Faire quelque chose avec beaucoup d'efforts, intensément)

 이 표현은 중력의 법칙을 거스르며 자신의 발을 땅에서 "떼려고(décoller)" 하는 이미지와 관련이 있다. 따라서 "발이 뽑힐 정도로(d'arrache-pied)" 무언가를 한다는 것은 '큰 노력을 기울여서 한다'는 것을 의미한다.

Les médecins s'occupent des malades d'arrache-pied.
레 메드쌩 쏘뀌쁘 데 말라드 다하슈 삐예

의사들은 온 힘을 다해 환자들을 돌본다.

Faire quelque chose sous le manteau
패흐 껠끄 쇼즈 쑤 르 멍또

 망토 아래에서 무언가를 하다.

 몰래 무언가를 하다.
(= Faire quelque chose avec discrétion, clandestinement)

 17세기 문학계에서 나타난 이 표현은 그 당시 '비밀리에 유포되었지만 금지된 작품'을 의미하며, 여기에서 "manteau(망토)"는 "숨겨진 어떤 것"에 대한 은유적 표현이다.

Je fais du shopping en ligne sous le manteau au travail.
즈 패 뒤 쇼핑 엉 리뉴 쑤 르 멍또 오 트하바이으

나는 직장에서 몰래 온라인 쇼핑을 해.

 **Faire sa mauvaise tête**
빠흐   싸   모배즈   때뜨

 안 좋은 얼굴을 하다.

 토라지다. 기분이 안 좋다.
(= Bouder, être de mauvaise humeur)

Elle fait sa mauvaise tête contre lui car il a oublié sa promesse.
엘   패   싸   모배즈   때뜨   꽁트흐   뤼   꺄흐   일   라   우블리에   싸   프호매쓰

그가 약속을 잊어버려서 그녀가 삐졌어.

 **Faire son beurre**
빠흐   쏭   붸흐

 자신의 버터를 만들다.

 돈을 벌다.
(= Gagner sa vie, gagner de l'argent)

Chacun fait son beurre.   각자 자신의 돈을 번다.
샤깽   패   쏭   붸흐

Faire son chemin
패흐 쏭 슈맹

직역 자신의 길을 만들다.

의미 많이 발전하다, 성장하다, 목표에 가까이 다가가다.
(= Progresser fortement, avancer, évoluer, s'approcher du but)

어원 20세기 상반기부터 사용된 이 표현은 자신의 목표, 즉 목적지로 향하는 길을 끈기 있게 걸어 나가는 사람의 이미지를 기반으로 한다.

Je suis en train de faire mon chemin. 나는 내 목표를 이루어가는 중이야.
즈 쒸 엉 트행 드 패흐 몽 슈맹

Faire tilt
패흐 띨뜨

직역 기울다, 갸우뚱하다, 동요되다.

의미 아이디어가 떠오르다, 갑자기 무언가를 이해하다.
(= Avoir une idée, comprendre soudain quelque chose)

Je viens de faire tilt. 막 아이디어가 떠올랐어.
즈 비앵 드 패흐 띨뜨

Faire un dessin
패흐 앵 데쌩

 그림을 그리다.

 무언가를 명확하게 설명하다.
(= Expliquer quelque chose de manière claire)

어원 어떠한 이미지로부터 비롯된 "faire un dessin(그림을 그리다)"라는 이 표현은 어떠한 캔버스 위에 사람이나 풍경, 생각, 사물 등을 시각적으로 표현한 것이다. 따라서 비유적으로 '누군가가 이해할 수 있도록 명확하게 무언가를 설명한다'라는 것을 의미한다.

Je fais un dessin pour faciliter sa compréhension.
즈 패 앵 데쌩 뿌흐 파씰리떼 싸 꽁프헤엉씨옹

나는 그의 이해를 돕기 위해 명확히 설명한다.

Faire un malheur
패흐 앵 말훼흐

 불행을 야기하다.

 문제를 일으키다, 성공을 거두다.
(= Avoir du succès, quelqu'un qui fait un malheur a rencontré un vif succès qui n'était pas obligatoirement prévu)

 원래 이 표현은 19세기에 "불운을 불러일으키는 복수"를 상징하는 데 사용되었으며, 최근에는 연예계에서 "쇼가 아주 큰 성공을 거두었음"을 나타내기 위한 반어적 표현으로 사용되고 있다.

Arrête de faire un malheur, s'il te plaît.   말썽부리지 마, 제발.
아해뜨 드 패흐 앵 말훼흐 씰 뜨 쁠래

283　Faire un somme
패흐　앵　쏨

 잠을 자다.

 비교적 짧은 시간 동안 낮잠을 자다.
(= Faire une courte sieste)

J'ai l'habitude de faire un somme dans l'après-midi.
재　라비뛰드　드　패흐　앵　쏨　덩　라프해　미디

나는 보통 오후에 낮잠을 자.

= Faire la sieste

284　Faire une fleur à quelqu'un
패흐　윈　플뤠흐　아　깰꺵

 누군가에게 꽃을 만들어 주다.

 누군가에게 호의를 베풀다.
(= Accorder une faveur à quelqu'un)

 이 표현은 20세기 상반기에 등장했으며, 19세기의 '한 사람이 다른 사람에게 친절하게 베푼 서비스(service rendu avec amabilité par une personne à une autre)'라는 의미로 "fleur(꽃)"이라는 용어가 사용되고 있다.

C'est une bonne occasion de lui faire une fleur.
쌔　뛴　보　노까지옹　드　위　패흐　윈　플뤠흐

그녀에게 호의를 베풀 좋은 기회야.

 **Faut pas pousser mémé dans les orties!**
포 빠 뿌쎄 메메 덩 레 조흐띠

 쐐기풀에 할머니를 밀어서는 안 된다.

 도를 넘어서는 안 된다. 과해서는 안 된다.
(= S'adresse à une personne qui dépasse les limites)

 20세기에 나타난 표현으로, 처음에는 "faut pas pousser(밀지 말아야 한다)"의 형태로 축소되었다가 그 의미를 강조하기 위해 "mémé dans les orties(쐐기풀 속의 할머니)"라는 표현이 추가되었다. 여기에서 우리는 이 가시 식물에 뛰어든 할머니가 매우 짜증 나 있는 장면을 쉽게 상상할 수 있다.

Tu es en retard quatre jours sur 5. Il ne faudrait pas pousser
뛰 애 엉 흐따르 꺄트흐 주흐 쒸흐 쌩끄 일 느 포드해 빠 뿌쎄

mémé dans les orties! 5일 중 4일을 지각하다니! 도를 넘어서는 안 돼!
메메 덩 레 조흐띠

 **Fendre le coeur**
펑드흐 르 꿰흐

 심장을 쪼개다.

 정신적으로 고통스럽게 하다.
(= Ressentir une vive compassion)

 "Fendre(쪼개다)"라는 동사는 '어떤 단단한 물체를 격렬하게 자른다'라는 개념을 의미하지만 여기에서는 비유적인 의미를 가진다. 따라서 마음이나 영혼을 통해 나타나는 감정에 비유하여 '강렬한 연민을 느낀다'라는 것을 의미한다.

Il me fend le coeur. 그가 내 마음을 아프게 해.
일 므 펑 르 꿰흐

Fermer les yeux sur quelque chose
패흐메 레 지으 쒸흐 껠끄 쇼즈

 무언가에 대해 눈을 감다.

 무언가에 대해 엄격하지 않다, 눈감아주다.
(= Ne pas tenir rigueur de quelque chose)

 우리가 "어떤 것에 눈을 감는다"라는 것은 '어떠한 사실을 모른척한다'라는 것을 의미한다. 일반적으로 이 표현은 "해가 될 수 있는 어떠한 행동"에 대하여 사용되며, 따라서 우리가 '그 행동을 한 사람에 대해서 엄격하지 않다'라는 것을 의미한다.

Je ferme les yeux sur son comportement. 나는 그의 행동에 관대해.
즈 패흐므 레 지으 쒸흐 쏭 꽁뽀흐뜨멍

Filer à l'anglaise
필레 아 렁글래즈

 도둑처럼 도망치다.

 아무런 이야기 없이 슬그머니 사라지다.
(= Partir discrètement, sans rien dire)

 이 표현은 '훔치다(voler)'라는 의미를 나타내기 위해 사용했던 옛 동사 "anglaiser(훔치다)"에서 비롯된 것으로, 그 후에 도둑이 자기 일을 마치고 조심스럽게 떠나는 방식을 표현하기 위해 "filer à l'anglaise(도둑처럼 도망간다)"라는 표현을 사용했을 것으로 보인다. 마찬가지로 비유로 "partir comme un voleur(도둑처럼 떠나다)"라는 표현을 사용하기도 했다.

On était en discussion. Mais, il a filé à l'anglaise.
오 네때 엉 디쓰뀌씨옹   매 일 라 필레 아 렁글래즈

우리가 논의하는 동안 그가 슬그머니 사라져 버렸어.

Filer un mauvais coton
필레 앵 모배 꼬똥

 나쁜 면사를 만들다.

 건강 또는 사업 등이 좋지 않다.
(= Avoir des ennuis de santé, des ennuis financiers ou matériels qui s'aggravent)

 18세기에 직조 분야에서 사용된 표현으로, 보풀이 생기기 시작했을 때 직물이 "면을 던진다(jetait du coton)", 즉 "곧 닳게 될 것"이라고 표현했다. 그 후에 이 표현은 "jeter un mauvais coton(나쁜 면사를 던져 버리다)"로 변화되었고, '누군가를 죽음에 이르게 할 수도 있을 정도로 건강에 문제가 있다'라는 것을 의미했다. 이 표현이 "filer un mauvais coton"이라는 현재의 형태로 나타나게 된 것은 19세기로, 이는 건강상의 문제뿐만 아니라 재정적 또는 물질적 문제에도 사용되며, 또한 이 문제가 더 악화될 우려가 있음을 나타낸다.

J'ai commencé à filer un mauvais coton. 내 잘못된 판단으로 상황이 안 좋아지기 시작했어.
재 꼬멍쎄 아 필레 앵 모배 꼬똥

● 일반적으로 자신의 잘못된 판단이나 결정으로 안 좋아지는 것을 의미한다.

Finir en queue de poisson
피니흐 엉 끄 드 쁘와쏭

 물고기의 꼬리로 끝이 나다.

 어떤 일이 실망스럽게 끝나다.
(= Achever quelque chose d'une manière décevante et abrupte)

 이 표현은 몇 달 동안 혼자서 항해를 한 후 해안에서 멋진 젊은 여성을 본 선원과 관련이 있다. 그는 그녀를 만나기 위해 서둘러서 물에 뛰어들었지만 실망스럽게도 물고기의 꼬리를 발견하게 되는데, 그녀는 바로 인어였던 것이다.

Mon projet a fini en queue de poisson. 내 계획이 실망스럽게 끝나 버렸어.
몽 프호제 아 피니 엉 끄 드 쁘와쏭

291 Foutre en l'air
푸트흐 엉 래흐

허공에 던지다.

파괴시키다, 없애다.
(= Détruire, anéantir)

이는 일상적이고 저속한 표현으로, 우리가 이미 시작했거나 성취한 일을 파괴하거나, 망가뜨리고 그르친다는 사실을 표현하는 데 사용된다. 이 표현은 매우 부정적인 의미를 가지고 있으며, '자살하다'라는 의미를 지닌 "se foutre en l'air(허공에 스스로 던지다)"라는 표현도 있다.

Il a décidé de se foutre en l'air par désespoir.
일 라 데씨데 드 쓰 푸트흐 엉 래흐 빠흐 데재쓰쁘와흐

그는 절망해서 투신자살을 결심했다.

292, Friser le ridicule
프히제 르 히디뀔

우스꽝스러운 것에 가까워지다.

놀림감이 되는 사람 또는 상황
(= N'être pas loin de susciter des moqueries)

이 표현의 기원은 16세기로 거슬러 올라간다. 당시에 "friser(곁을 스치듯 지나가다)"라는 동사는 '스치다(Frôler)' 또는 '건드리다(Effleurer)'라는 의미를 지니고 있었다. 따라서 이 표현은 '우스꽝스러운 상황에 아주 인접해 있다(être tout près de se montrer ridicule)'라는 것을 뜻한다.

Cette situation va friser le ridicule.
쎗 씨뛰아씨옹 바 프히제 르 히디뀔

이 상황이 웃음거리가 될 거야.

Fumer comme un pompier
퓌메   꼬   맹   뽕삐에

소방관처럼 담배를 피우다.

담배를 많이 피우다.
(= Fumer énormément)

이 표현은 소방관들이 아직 방화복을 입지 않았던 그 시대로 거슬러 올라간다. 그들은 불길 속으로 들어가기 전에 물을 뿌린 제복을 입었는데, 고온에서 이 물이 수증기로 바뀌면서 연기가 나는 것처럼 보였다.

Il fume comme un pompier.   그는 담배를 많이 피워.
일   퓜   꼬   맹   뽕삐에

Gagner sa croûte
갸녜   싸   크후뜨

빵 껍질을 벌다.

생활비를 벌다.
(= Gagner sa vie)

"Gagner sa croûte(빵 껍질을 벌다)"라는 표현은 "gagner son pain(빵을 벌다)"라는 표현의 변이형이다. 후자의 표현은 예전부터 "힘든 노동"의 상징이었고, "croûte(빵 껍질)"은 여기에 "단단함(dureté)"이라는 개념이 더해진 것으로, 이 표현은 '열심히 일해서 생활비를 번다'라는 것을 의미한다.

J'essaie de trouver un travail pour gagner ma croûte.
제쎄   드   트후베   앵   트하바이으   뿌호   갸녜   마   크후뜨

나는 생활비를 벌기 위해 일을 찾으려고 노력하고 있어.

Garder son sang-froid
갸흐데 쏭 썽 프화

 차가운 피를 유지하다.

 침착하다, 냉정을 유지하다.
(= Rester calme, serein, garder le contrôle en toutes circonstances)

17세기부터 사용된 표현으로, 침착하거나 화난 상태에 따른 신체의 반응으로 아주 간단히 설명된다. 즉 피가 차가우면 사람은 침착하고, 그 반대로 흥분하면 피가 뜨거워진다는 사실이다. 이러한 사실에서 "garder son sang-froid"라는 표현과 더불어 "avoir le sang chaud(뜨거운 피를 가지다)"라는 또 다른 표현이 존재한다.

Je garde mon sang-froid même dans une situation difficile.
즈 갸흐드 몽 썽 프화 맴 덩 쥔 씨뛰아씨옹 디피씰

나는 힘든 상황에 있지만, 침착성을 유지하고 있어.

Haut la main
오 라 맹

 손을 높이

 쉽게
(= Facilement, sans difficulté)

J'ai réussi à l'examen, haut la main.
재 헤위씨 아 래그자맹 오 라 맹

나는 쉽게 시험에 통과했어.

**297**

Il faut tourner sept fois sa langue dans sa bouche avant de parler.
일 포 뚜흐네 쌭 프와 싸 렁그 덩 싸 부슈 아벙 드 빠흘레

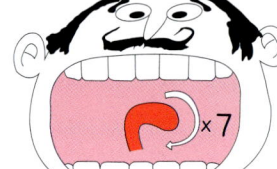

 말을 내뱉기 전에 혀를 7번 돌려야 한다.

 말하기 전에 신중해야 한다.
(= Il faut réfléchir avant de parler.)

On peut blesser quelqu'un par ses mots. Donc, il faut tourner sept fois sa
옹 쁘 블래쎄 깰깽 빠흐 쎄 모 동끄 일 포 뚜흐네 쌭 프와 싸
langue dans sa bouche avant de parler.
렁그 덩 싸 부슈 아벙 드 빠흘레

말로 누군가에게 상처를 줄 수도 있어. 그래서 말하기 전에 신중해야 해.

**298.**

Il n'y a pas de fumée sans feu.
일 니 야 빠 드 퓌메 썽 프

 불 없이는 연기도 없다.

 소문의 시초에는 항상 진실이 있다.
(= À l'origine des rumeurs, il y a toujours quelque chose de vrai.)

Il y a sûrement quelque chose. Il n'y a pas de fumée sans feu.
일 리 야 쒸흐멍 깰끄 쇼즈 일 니 야 빠 드 퓌메 썽 프

분명히 뭔가 있어. 아니 땐 굴뚝에 연기 나겠어?

 ## Il n'y a pas le feu.
일 니 야 빠 르 프

 불이 없다.

 급하지 않다, 서두를 필요가 없다.
(= Cela ne sert à rien de se presser.)

 이 표현은 '서두를 필요가 없다, 긴급하지 않다'라는 것을 나타내기 위해 사용된 표현으로 이후에 "lac(호수)"라는 단어가 추가되었는데, 이는 "레만 호수"와 관련이 있다.

Il n'y a pas le feu. On a le temps.
일 니 야 빠 르 프 오 나 르 떵

서두르지 않아도 돼. 우리 시간 있어.

 ## Il n'y a pas un chien.
일 니 야 빠 앵 쉬앵

 개 한 마리도 없다.

 아무도 없다.
(= Il n'y a absolument personne.)

Il n'y a pas un chien dans le parc.
일 니 야 빠 앵 쉬앵 덩 르 빠흐끄

공원에 아무도 없어.

301 Il ne faut jamais dire jamais.
일 느 포 자매 디흐 자매

 '절대로'라고 말해서는 절대로 안 된다.

 절대로 단언해서는 안 된다.
(= Il ne faut pas jurer que l'on n'aura jamais ses besoins.)

Personne ne sait ce qu'il peut arriver. Donc, il ne faut jamais dire jamais.
빼흐쏜 느 쌔 쓰 낄 쁘 아히베 동끄 일 느 포 자매 디흐 자매

무슨 일이 일어날지는 아무도 모르는 거야. 그러니까 절대로 단언해서는 안 돼.

---

302 Il pleut des cordes.
일 쁠르 데 꼬흐드

 밧줄처럼 비가 오다.

 비가 억수같이 쏟아진다.
(= Il pleut très fort.)

Restons à la maison! Il pleut des cordes dehors.
해쓰똥 아 라 매종 일 쁠르 데 꼬흐드 드오흐

우리 집에 있자! 밖에 비가 억수같이 내리고 있어.

In extremis
이 낵쓰트해미쓰

 임종 시에

 최후의 순간에
(= Quelque chose réalisé au dernier moment)

 라틴어에서 유래된 이 표현은 '가까스로(de justesse)'라는 의미를 지닌다. 이는 흔히 '아주 짧은 시간의 상황 속에서 마지막 순간에 행해지는 어떠한 일'을 의미하는데, 예를 들어 누군가가 "in extremis(최후의 순간)"에 도착했다는 것은 '마지막 순간에 도착했다'는 것을 말한다.

Je me prépare in extremis. 나는 마지막 순간에 준비해.
즈 므   프헤빠흐 이 낵쓰트해미쓰

J'en ai vu d'autres.
저 내 뷔   도트흐

 다른 것들도 보다.

 그보다 더 안 좋은 것도 봤어, 최악은 아니야.
(= Ce n'est pas le pire.)

Ce que tu as éprouvé n'est pas si grave. J'en ai vu d'autres.
쓰 끄 뛰 아 에프후베 내 빠 씨 그하브   저 내 뷔   도트흐

네가 겪은 일은 그리 심각한 건 아니야. 난 그보다 더 안 좋은 일도 봤어.

Je m'en fous.
즈 멍 푸

직역 나는 그것에 신경 쓰지 않는다.

의미 난 신경 안 써.
(= Ça ne me regarde pas, ça m'égale.)

Il part demain. Tu le sais? – Je m'en fous.
일 빠흐 드맹 뛰 르 쌔 즈 멍 푸

그 사람 내일 떠나. 알고 있어? – 나랑 상관없어.

Je n'en reviens pas.
즈 넝 흐비앵 빠

직역 나는 거기에서 다시 돌아오지 않는다.

의미 믿을 수 없다.
(= Je ne peux pas le croire, être très étonné(e))

C'est vrai? Je n'en reviens pas.
쌔 브해 즈 넝 흐비앵 빠

그게 정말이야? 난 못 믿겠어.

Jeter de l'huile sur le feu
즈떼   드   륄   쉬흐   르   프

 불에 기름을 붓다.

 상황을 악화시키다. 불난 데 부채질하다.
(= Aggraver une situation)

 이 표현은 세비네 부인(Mme de Sévigné)이 사용했던 17세기의 표현으로, "불을 끄기보다 더 불타오르게 하는 기름의 인화성"과 "상황을 해결하지 않고 더 악화시키는 사람" 사이의 비교적인 특성을 나타낸다.

Je viens de jeter de l'huile sur le feu. Mais, je ne l'ai pas fait exprès.
즈   비앵   드   즈떼   드   륄   쉬흐   르   프   매   즈   느   래   빠   패   엑쓰프해

내가 상황을 더 악화시켰어. 그런데 일부러 그런 건 아니야.

Jeter de la poudre aux yeux
즈떼   드   라   뿌드흐   오   지으

 눈에 가루를 뿌리다.

 눈을 속이다.
(= Donner des apparences trompeuses)

 12세기에 시작된 이 표현은 먼지를 일으켰던 올림픽 경기의 경주자와 관련이 있다. 이는 그 뒤에서 달리던 경주자들의 눈을 잘 안 보이게 함으로써 첫 번째 경주자가 승리할 수 있었는데, 오늘날 이 표현은 넓은 의미로 거짓된 외관으로 우리가 현혹될 때 사용된다.

Je crois que les politiciens tentent de nous jeter de la poudre aux yeux.
즈   크화   끄   레   뽈리띠씨앵   떵뜨   드   누   즈떼   드   라   뿌드흐   오   지으

정치인들이 우리의 눈을 속이려고 하는 것 같아.

 ## Jeter des fleurs à quelqu'un
즈떼 데 플뤠흐 아 깰깽

 누군가에게 꽃을 던지다.

 누군가를 칭찬하다, 찬사를 보내다.
(= Faire des compliments à quelqu'un)

Il ne se jette que des fleurs. 그는 자기 자랑만 해.
일 느 쓰 재뜨 끄 데 플뤠흐

 ## Jeter l'argent par les fenêtres
즈떼 라흐정 빠흐 레 프내트흐

 창문으로 돈을 던지다.

 돈을 펑펑 쓰다.
(= Gaspiller de l'argent sans compter, être extrêment dépensier)

 16세기에 사람들을 창문을 통해 거지들에게 돈을 던져주었는데, 여기에서 사용된 '낭비가 심하다'라는 의미가 지금까지도 사용되고 있다.

Elle est trop riche qu'elle jette l'argent par les fenêtres.
앨 래 트호 히슈 깰 재뜨 라흐정 빠흐 레 프내트흐

그녀는 너무 부유해서 돈을 펑펑 쓴다.

Jeter l'ancre
즈떼   렁크호

 닻을 내리다.

 어떤 장소에 자리를 잡다.
(= S'établir, se fixer dans un lieu)

 이 표현은 해저에 닻을 내려 어떠한 장소에 정박하는 선박에 대해 해양 분야에서 사용되는 표현으로, '어딘가에 자리를 잡는 사람 또는 사물'을 나타내기 위해서도 사용된다. 이와 반대로, 누군가가 어떤 장소를 떠날 때 "lever l'ancre(닻을 올리다)"라는 표현이 사용된다.

Je vais bientôt jeter l'ancre en France.   나 곧 프랑스에서 정착할 거야.
즈   배   비앵또   즈떼   렁크호   엉   프헝쓰

Jeter l'éponge
즈떼   레뽕쥬

 스펀지를 버리다.

 (실패할까 봐 두려워서) 포기하다.
(= Abandonner, renoncer à une action par peur de ne pas réussir)

 1918년경에 처음으로 사용된 것으로 보이는 이 표현은 단순히 권투에서 차용된 표현으로, "éponge"는 상대 선수들의 얼굴을 닦는 데 사용되었다.

Je pensais à jeter l'éponge.   난 포기하려고 했어.
즈   뻥쌔   아   즈떼   레뽕쥬

Jeter un froid
즈떼 앵 프화

 차가운 기운을 보내다.

 분위기를 망치다, 불편하게 하다.
(= Donner un malaise dans une discussion, gâter une ambiance par un acte ou une parole)

Je suis vraiment désolé. Je n'avais pas aucune intention de jeter un froid.
즈 쒸 브해멍 데졸레 즈 나배 빠 오뀐 냉떵씨옹 드 즈떼 앵 프화

정말 미안해. 분위기를 망칠 생각은 전혀 없었어.

Jeter un oeil
즈떼 애 뇌이으

 눈길을 던지다.

 흘끗 보다.
(= Regarder rapidement)

Pourrais-tu jeter un oeil sur ce dossier?   이 서류 좀 봐줄 수 있어?
뿌해 뛰 즈떼 애 뇌이으 쒸흐 쓰 도씨예

315   Jouer avec le feu
주에   아백   르 프

 불장난하다.

 위험하거나 경솔한 행동 또는 말을 하다.
(= Faire ou dire différentes choses dangereuses ou imprudentes)

Je trouve que c'est jouer avec le feu.   이건 위험한 것 같아.
즈   트후브   끄   쌔   주에 아벡 르 프

316   Jouer dans la cour des grands
주에   덩   라 꾸흐 데   그헝

 성공한 사람의 뜰에서 놀다.

 바라는 곳에 있다. 성공한 사람들과 함께 있다.
(= Être avec ceux qui comptent, qui importent dans un domaine quelconque)

On espère jouer dans la cour des grands.
오   내쓰빼흐   주에   덩   라 꾸흐 데   그헝

나는 성공한 사람들과 어울리고 싶어.

Jouer des coudes
주에   데   꾸드

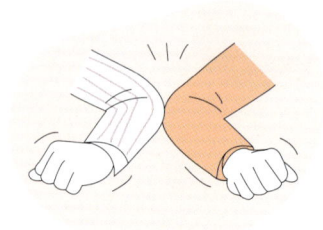

 팔꿈치로 장난치다.

 길을 헤치고 나아가다, 군중 속을 헤치고 나아가다.
(= Se frayer un passage)

 예전에는 '누군가를 편안하게 하다'라는 것을 나타내기 위해 "élargir les coudes de quelqu'un(누군가의 팔꿈치를 넓히다)"라는 표현을 사용했으며, 그 의미가 여전히 남아서 오늘날에는 "jouer des coudes(팔꿈치로 장난치다)"라는 표현으로 사용되고 있다. 이는 '더 많은 공간을 확보해서 목적지에 도착할 수 있도록 군중을 헤치며 나아간다'라는 의미를 지닌다.

J'ai joué des coudes pour être au premier rang.
재   주에   데   꾸드   뿌흐   애트흐   오   프흐미에   헝

나는 군중 속을 헤치고 맨 앞으로 갔다.

Jouer le jeu
주에   르   즈

 게임을 하다.

 충실하게 행동하다, 신의 있게 행동하다.
(= Agir avec loyauté)

 "Jeu"는 본래 '참여하기로 했다면, 모두가 규칙을 따라야 하는 놀이'를 의미한다. 20세기의 "jouer le jeu de quelqu'un(누군가의 게임을 하다)"라는 표현에는 '다른 사람이 정한 규칙에 따라 관계를 유지하다'라는 비유적 의미가 담겨있으며, 또한 '충실하다, 솔직하다'의 의미를 나타내기도 한다.

Le patron veut que ses employés jouent le jeu.
르   빠트홍   브   끄   쎄   정쁠라이예   주   르   즈

고용주는 자신의 직원이 신의 있게 행동하기를 원한다.

319 Jouer sa derrière carte
주에 싸 대흐니애흐 꺄흐뜨

직역 자신의 마지막 카드를 쓰다.

의미 최후의 수단을 쓰다.
(= Faire sa dernière action)

J'ai décidé de jouer ma dernière carte.
재 데씨데 드 주에 마 대흐니애흐 꺄흐뜨

나는 최후의 수단을 쓰기로 했어.

320 L'argent n'a pas d'odeur.
라흐정 나 빠 도뒈흐

직역 돈은 냄새가 없다.

의미 부정직하게 번 돈, 돈에는 귀천이 없다.
(= Argent gagné de façon malhonnête, peu importe sa provenance)

어원 이 표현은 유료 화장실을 설치했던 로마 황제와 관련이 있으며, 이 방법이 우스꽝스럽다고 여겼던 그의 아들은 "화장실은 냄새가 나지만 돈에는 냄새가 없다"라고 말했다. 하지만 오늘날 이 표현은 '부정직하게 번 돈'을 의미한다.

Je pense que l'argent n'a pas d'odeur.
즈 뻥쓰 끄 라흐정 나 빠 도뒈흐

나는 돈에는 귀천이 없다고 생각해.

321. Laisser le champ libre
래쎄 르 셩 리브흐

직역 공터를 내어주다.

의미 원하는 대로 하도록 내버려 두다.
(= Laisser faire ce qu'on veut)

Il ne faut pas lui laisser le champ libre tout le temps.
일 느 포 빠 뤼 래쎄 르 셩 리브흐 뚜 르 떵

늘 그가 원하는 대로 하도록 내버려 두면 안 돼.

322. Le bouche-à-oreille
르 부슈 아 오헤이으

직역 입에서 귀로

의미 소문
(= Rumeur)

어원 원래 "bouche à oreille(입에서 귀로)"라는 표현은 '비밀'을 의미했다. 실제로 토론의 기밀성을 보장하기 위해 한 사람이 다른 사람의 귓속에 말하는 것을 상상할 수 있는데, 바로 이 "비밀(secret)"이라는 개념에서 '소문(rumeur)'이라는 의미가 나오게 되었다. 따라서 "입소문"은 '비공식적으로 퍼지는 정보'를 의미하지만 이것이 반드시 부정적인 소문을 의미하는 것은 아니다.

Ce restaurant est très connu par le bouche-à-oreille.
쓰 해쓰또헝 애 트해 꼬뉘 빠흐 르 부슈 아 오헤이으

이 레스토랑은 입소문으로 유명해.

323 Le dessous des cartes
르 드쑤 데 까흐뜨

 지도 밑에

 비밀
(= Secret)

Je vois bien le dessous des cartes.
즈 브와 비앵 르 드쑤 데 까흐뜨

나는 비밀을 잘 알고 있어.

324 Lécher les bottes à quelqu'un
레쉐 레 보뜨 아 껠깽

 누군가의 부츠를 핥다.

 누군가의 마음에 들기 위해 아첨하다.
(= Flatter quelqu'un pour lui plaire)

 18세기 말경에 생겨난 것으로 추정되는 이 표현은 주인에게서 무언가를 얻기 위해 때때로 주인을 핥으러 오는 개들의 태도를 연상시킨다. "Lécher les bottes(부츠를 핥다)"라는 표현은 '누군가가 다른 사람에게 아첨하려고 애쓰거나 무언가를 얻기 위해 그의 마음에 들도록 행동한다'라는 것을 의미한다.

Maintenant, c'est le moment de lui lécher les bottes.
맹뜨넝 쌔 르 모멍 드 뤼 레쉐 레 보뜨

지금은 그의 기분을 맞춰줘야 할 때야.

Les murs ont des oreilles.
레 뮈흐 옹 데 조헤이으

 벽에도 귀가 있다.

 말은 언제나 새어나갈 수 있기 때문에 조심해야 한다.
(= Une conversation privée risque d'être entendue)

 이 표현은 1622년 경에 "les murailles ont des oreilles(벽에도 귀가 있다)"라는 형태로 나타났다. 1627년 "murailles(벽)"이라는 단어는 "parois(내벽)"이라는 단어로 대체되었고, 1690년 경에 오늘날의 형태로 사용되기 시작했는데, 이 표현은 '누군가가 대화를 듣게 됨으로써 화자들에게 문제가 발생될 우려가 있다'는 것을 의미한다. 그래서 매우 이상하긴 하지만 돌에 청각의 의미를 부여하게 되었다. 하지만 이 표현은 주변의 사람들과 대화할 때보다는 두 사람이 사적인 대화를 나눌 때 비유적으로 사용되며, 그 주변 사람들이 바빠서 두 사람의 대화에 관심을 기울이지 않는 것처럼 보이더라도, '벽에도 귀가 있기 때문에 그들의 존재로 화자들은 불편함을 느낄 수 있다'는 것을 의미한다. 달리 말하면, '사람들이 그들의 대화를 듣고 있지 않는 것처럼 보여도 대화의 일부를 들을 수 있기 때문에 이처럼 대화의 기밀성을 깨뜨릴 수 있다'는 것이다.

Tu devrais faire attention à tes paroles. Les murs ont des oreilles.
뛰 드브해 패흐 아떵씨옹 아 떼 빠홀 레 뮈흐 옹 데 조헤이으

말조심해. 누가 들을 수도 있어.

Lever le pied
르베 르 삐예

 발을 떼다.

 (안 좋은 행동을 한 후에) 달아나다, 떠나다, 긴장을 늦추다.
(= Ralentir, diminuer, se détendre, donner une vie plus calme, partir sans management souvent après une mauvaise action)

Je n'aurais pas dû lever le pied.   나는 긴장을 늦추지 말았어야 했어.
조 노해 빠 뒤 르베 르 삐예

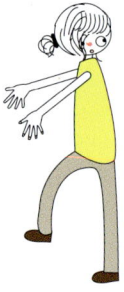

327 Lire entre les lignes
리흐 엉트흐 레 리뉴

 행간을 읽다.

 숨겨진 뜻을 이해하다.
(= Arriver à décoder un texte en en comprenant les sens cachés)

 20세기 상반기에 나타난 이 표현은 명시적으로 드러나지 않은 것을 '알아맞히다'라는 사실을 의미한다.

Je sais lire entre les lignes.   나는 숨겨진 뜻을 이해할 수 있어.
즈 쌔 리흐 엉트흐 레 리뉴

---

328. Mal tourner
말 뚜흐네

 잘못 돌다.

 안 좋게 돌아가다. 나빠지다.
(= Évoluer de manière négative, se gâter)

Malheureusement, la situation a commencé à mal tourner.
말르흐즈멍 라 씨뛰아씨옹 아 꼬멍쎄 아 말 뚜흐네

불행히도 상황이 안 좋아지기 시작했어.

Manger sur le pouce
멍제   쒸흐   르   뿌쓰

 엄지손가락 위에서 먹다.

 빨리 먹다.
(= Manger rapidement)

 "Manger sur le pouce(엄지손가락 위에서 먹다)"라는 표현은 19세기에 나타났으며, 칼과 빵 조각을 다룰 때, 즉 '빠르게 식사를 할 때 많이 사용하는 엄지손가락'을 의미한다.

Je ne veux pas manger sur le pouce. Je vais prendre mon temps.
즈 느 브 빠 멍제 쒸흐 르 뿌쓰 즈 배 프헝드흐 몽 떵

나는 급하게 먹고 싶지 않아. 천천히 먹을 거야.

Marcher sur des oeufs
마흐쉐   쒸흐   데   즈

 계란 위를 걷다.

 불안정하다, 조심스럽게 행동하다.
(= Ne pas être rassuré(e), agir avec précaution)

 이 표현은 계란이 깨질까 봐 두려워하면서 그 위를 걸어야 하는 그 순간에 "우리의 불안정한 걸음걸이"와 관련이 있는 매우 이미지화된 표현이다. 일상 언어에서 매우 널리 사용되는 이 표현은 우리가 느끼는 불안감을 완벽하게 표현한다.

Il est susceptible. Quand tu lui parles, il faut marcher sur des oeufs.
일 래 쒸쎕띠블르 껑 뛰 뤼 빠흘르 일 포 마흐쉐 쒸흐 데 즈

그는 예민해. 그에게 말할 때는 신중해야 해.

331 Marquer le coup
마흐께 르 꾸

직역 타격을 가하다.

의미 기념하다, 중요성을 강조하다.
(= Donner l'importance à un événement ou à quelque chose)

On a fait la fête pour marquer le coup.
오 나 패 라 패뜨 뿌흐 마흐께 르 꾸

우리는 기념하기 위해 파티를 열었다.

---

332 Mener la danse
므네 라 덩쓰

직역 춤을 리드하다.

의미 다른 사람들을 이끌다.
(= Entraîner les autres, diriger, prendre les décisions)

어원 이 표현은 14세기 말에 생겨났으며, 그 당시에 춤에 규칙이 도입되면서 파트너의 발걸음을 리드하는 안내자가 필요했다.

C'est moi qui mène la danse.
쌔 므와 끼 맨 라 덩쓰

리더는 나야.

Mener la/sa barque
므네 라/싸 바흐끄

 (자신의) 배를 이끌다.

 자기 일을 스스로 해나가다.
(= Gérer ses affaires et réussir seul)

Je suis capable de bien mener ma barque.
즈 쒸 꺄빠블르 드 비앵 므네 마 바흐끄

내 일은 내 스스로 할 수 있어.

Mettre à pied
매트흐 아 삐에

 발에 두다.

 해고하다.
(= Renvoyer une personne)

 기병대에서 병사가 "발에 놓이(mis à pied)"는 일이 발생했는데, 이는 다시 말하면 '며칠 동안, 또는 몇 주간 자신의 말 없이 지내야만 했다'는 것을 의미한다. 이러한 처벌로 인해 그 병사는 마구간에서 더 낮은 업무를 수행해야 했는데, 이 표현은 11세기경에 이르러서야 직업 분야에 널리 퍼지게 되었고, '직원이 특정 기간 동안 정직되었거나 최종적으로 해고되었음'을 의미한다.

Enfin, on a décidé de le mettre à pied.
엉팽 오 나 데씨데 드 르 매트흐 아 삐에

결국, 우리는 그를 해고하기로 했어.

Mettre à sac
매트흐   아   싹

 가방에 넣다.

 ~을 털다, 약탈하다, 도둑질하다.
(= Voler quelqu'un tout en abîmant les affaires laissées, en les cassant, en les renversant, en créant le désordre)

On a mis mon salon à sac.   내 거실에 도둑이 들었어.
오 나 미 몽 쌀롱 아 싹

Mettre de côté
매트흐   드   꼬떼

 옆에 별도로 두다.

 따로 떼어 놓다, 저축하다.
(= Mettre en réserve ou garder pour plus tard)

Je mets une bouteille de vin de côté pour une grande occasion.
즈 매 윈 부떼이으 드 뱅 드 꼬떼 뿌호 원 그헝 도까지옹

나는 특별한 날을 위해 와인 한 병을 따로 보관해.

Mettre de l'eau dans son vin
매트흐 드 로 덩 쏭 뱅

 와인에 물을 타다.

 자신의 의견을 굽히다, 온건한 태도를 취하다.
(= Être plus moderé(e))

 15세기 중반에 생겨난 "mettre de l'eau dans son vin(포도주에 물을 타다)"라는 표현은 기본적으로 '자신의 분노가 지나가게 한다(faire passer sa colère)'는 의미로 사용되었지만, 오늘날에는 '자신의 의견을 굽히다'라는 의미로 사용되고 있다.

Tout le monde devrait mettre de l'eau dans son vin.
뚜 르 몽드 드브해 매트흐 드 로 덩 쏭 뱅

모두가 의견을 절충해야 해.

Mettre des bâtons dans les roues
매트흐 데 바똥 덩 레 후

직역 바퀴에 막대기를 놓다.

 일을 더 어렵게 만들다.
(= Rendre une tâche plus difficile)

 "Un baston en la roue(바퀴에 막대기)"라는 형태로 14세기부터 사용되어 온 이 표현은 19세기에 이르러서야 오늘날 우리가 알고 있는 형태로 사용되기 시작했다. 바퀴에는 바큇살이 있고, 우리가 두 바큇살 사이에 막대기를 끼워 넣으면 바퀴는 멈추게 되는데, 이러한 비유를 통해서 그 의미를 비교적 쉽게 이해할 수 있다.

J'ai l'impression qu'on lui met exprès des bâtons dans les roues.
재 랭프해씨옹 꽁 뤼 매 액쓰프해 데 바똥 덩 레 후

누군가 일부러 그의 일을 더 어렵게 하는 것 같아.

Mettre l'eau à la bouche
매트흐 로 아 라 부슈

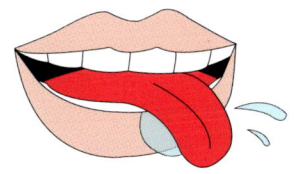

 입에 물을 적시다.

 군침이 돌다.
(= Attiser l'envie)

배가 고픈 상태에서 당신이 특히 좋아하는 요리를 마주했을 때 나타나는 일반적인 신체 반응으로 침이 분비되는데, 15세기부터 다양한 형태로 사용된 이 표현은 모두가 잘 알고 있는 이러한 현상에서 비롯된 것이다.

Ce plat me met l'eau à la bouche. 이 음식 맛있겠다.
쓰 쁠라 므 매 로 아 라 부슈

Mettre la clef sous la porte
매트흐 라 끌레 쑤 라 뽀흐뜨

 문 아래에 열쇠를 두다.

조용히 떠나다, 파산하다.
(= Faire faillite)

15세기에 나타난 표현으로, "Mettre la clef sous la porte(문 아래에 열쇠를 두다)"라는 것은 여러 가지 이유로 '아무도 모르게 조용히 사라진다'라는 것을 의미한다. 시간이 흘러 이 표현이 상업 분야에 사용되면서 '파산으로 인해 가게를 닫다'라는 의미를 가지게 되었다.

Ce petit magasin a fini par mettre la clef sous la porte.
쓰 쁘띠 마가쟁 아 피니 빠흐 매트흐 라 끌레 쑤 라 뽀흐뜨

이 작은 가게는 결국 파산했어.

● "la clef"와 "la clé" 둘 다 사용 가능하며, "la clé"라는 단어가 더 현대적인 표현이다.

 ### Mettre la corde au cou
매트흐 라 꼬흐드 오 꾸

 목에 밧줄을 놓다.

 위험한 상황에 있다. 더는 원하는 대로 할 수 없다.
(= Être à la merci de quelqu'un, être dans une situation périlleuse, être marié(e), ne plus pouvoir faire ce qu'on veut)

 이 표현의 첫 번째 의미는 셔츠를 입고 목에 올가미가 씌워진 채 항복하는 패배자를 나타내는 은유적 표현으로 15세기 초에 등장했으며, 또 다른 의미는 죄수가 목에 올가미를 맨 채로 처형되는 순간에 밧줄의 사용에서 비롯된 은유적 표현이다.

Je n'ai pas envie de me mettre la corde au cou dans ce travail.
즈 내 빠 엉비 드 므 매트흐 라 꼬흐드 오 꾸 덩 쓰 트하바이으

이 일에 발목 잡히긴 싫어.

 ### Mettre la gomme
매트흐 라 곰

 고무를 두다.

 (자동차) 가속하다, (행동이나 일 따위) 박차를 가하다.
(= Accélérer, activer ou d'augmenter l'allure, se dépêcher)

Je n'ai pas assez de temps. Je dois mettre la gomme.
즈 내 빠 아쎄 드 떵 즈 드와 매트흐 라 곰

나는 시간이 별로 없어. 속도를 내야 해.

Mettre la puce à l'oreille
매트흐 라 쀠쓰 아 로해이으

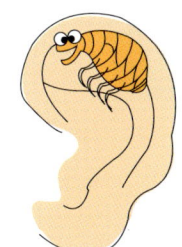

 귀에 벼룩을 두다.

 무언가를 알아채다, 누군가를 의심하다.
(= Se douter de quelque chose, se méfier de quelqu'un)

Son comportement lui a permis de mettre la puce à l'oreille.
쏭 꽁뽀흐뜨멍 뤼 아 빼흐미 드 매트흐 라 쀠쓰 아 로해이으

그의 행동 때문에 그녀가 눈치챘어.

Mettre le couteau sous la gorge
매트흐 르 꾸또 쑤 라 고흐쥬

 목에 칼을 들이대다.

 위협하다, 협박하다.
(= Menacer, contraindre)

이전에 이 표현은 "mettre le couteau sur la gorge(목에 칼을 들이대다)" 또는 "mettre le pied sur la gorge(목에 발을 들이대다)"라는 형태로 처음 사용되었다. 여기에서 사용된 이미지는 한 남자가 승리의 표시로 적을 발로 짓밟는 이미지로, 이는 목에 칼을 들이댄 것과 같은 매우 위협적인 행동이다.

Il me met le couteau sous la gorge parce qu'il connaît mon secret.
일 므 매트르 꾸또 쑤 라 고흐쥬 빠흐쓰 낄 꼬내 몽 쓰크해

그가 내 비밀을 알아채고 나를 위협하고 있어.

Mettre le doigt dessus
매트흐 르 드와 드쒸

직역 그 위에 손가락을 갖다 대다.

의미 무언가를 알아맞히다, 무언가를 찾아내다.
(= Deviner quelque chose ou trouver quelque chose)

 일상적인 언어표현에 속하는 이 표현은 20세기에 등장했으며, '어떠한 것을 발견하거나 추측한다'라는 의미를 지닌다.

Je n'ai pas réussi à mettre le doigt dessus. 난 알아맞히지 못했어.
즈 내 빠 헤위씨 아 매트흐 르 드와 드쒸

Mettre le grappin dessus
매트흐 르 그하뺑 드쒸

직역 그 위에 닻을 두다.

의미 무언가를 장악하다, 누군가를 독차지하다.
(= S'emparer de quelque chose, accaparer quelqu'un, tenir quelqu'un contre sa volonté)

Comme je me suis absentée un instant, quelqu'un a mis le
꼼 즈 므 쒸 압썽떼 애 냉쓰떵 깰깽 아 미 르

grappin dessus. 내가 잠시 자리를 비워서 누군가가 그것을 차지해 버렸어.
그하뺑 드쒸

Mettre le nez dehors
매트흐 르 네 드오흐

 코를 밖에 두다.

 외출하다.
(= Sortir dehors)

Il met le nez dehors pour se divertir.
일 매 르 네 드오흐 뿌흐 쓰 디배흐띠흐

그는 바람 쐬러 나간다.

Mettre le paquet
매트흐 르 빠깨

 상자를 두다.

 전력을 다하다, 최선을 다하다.
(= Faire son maximum)

Pour réussir, je mets le paquet.
뿌흐 헤위씨흐 즈 매 르 빠깨

나는 성공하기 위해 최선을 다하고 있어.

Mettre les bouchées doubles
　　매트흐　　레　　부쉐　　　두블르

 두 입 거리를 한 번에 넣다.

 더 빨리 진행하다, 행동을 가속하다.
(= Aller plus vite)

어원 여기에서 "Une bouchée(한 입)"는 '입속에 넣는 음식의 양'을 말한다. 만약 음식을 두 배로 한 번에 넣으면 더 빨리 먹게 되기 때문에 오늘날 이 표현은 '자기 일의 속도를 높이거나 (더 일반적으로) 어떠한 일을 매우 빨리 한다'라는 것을 의미한다.

J'ai pu mettre les bouchées doubles grâce à son aide.
재　뛰　매트흐　레　　부쉐　　　두블르　　그하쓰　아　쏘　　내드

나는 그의 도움으로 일을 빨리 끝낼 수 있었어.

350

Mettre les pieds dans le plat
　　매트흐　　레　삐예　　덩　르　쁠라

 음식에 발을 갖다 대다.

 (무의식적으로) 해서는 안 될 이야기를 하다, 생각없이 이야기하다.
(= Aborder maladroitement un sujet à éviter sans s'en rendre compte)

어원 19세기에 "plat"는 "얕은 물이 있는 넓은 지역"이었다. 평지의 바닥은 흔히 진흙탕이었고, 거기에 발을 내디디면 그 맑은 물은 탁해졌는데, 이러한 현상과 관련이 있는 이 표현은 어떤 사람이 피해야 할 어떤 주제에 선불리 접근해서 그 주제에 대해서 오랫동안 이야기함으로써 '자신의 청자를 불편하게 한다'라는 것을 의미한다. 무엇보다 이 표현의 지닌 첫 번째 의미는 '분별없이 행동하다(agir sans aucune discrétion)'라는 것이다.

Il met les pieds dans le plat n'importe quand.
일　매　레　삐예　　덩　르　쁠라　　냉뽀흐뜨　　껑

그는 언제나 생각없이 이야기를 해.

 ## Mettre les points sur les i
매트흐 레 뽀앵 쉬흐 레 이

 'i' 위에 점을 찍다.

 상황을 명확히 하다.
(= Apporter un éclaircissement à une situation confuse dans le but de dissiper un doute)

 두 개의 알파벳 'i'를 알파벳 'u'와 혼동하지 않도록 'i'에 점을 찍을 정도로 특히 엄격한 사람들을 지칭하기 위해 17세기에 사용되기 시작한 프랑스어 표현이다.

Il vaudrait mieux mettre les points sur les i pour dissiper des malentendus.
일 보드해 미으 매트흐 레 뽀앵 쉬흐 레 이 뿌흐 디씨뻬 데 말렁떵뒤

오해의 소지를 없애기 위해 명확히 하는 게 나아.

 ## Mettre les voiles
매트흐 레 브왈

 돛을 올리다.

 떠나다, 도망가다.
(= S'en aller, s'échapper)

 1900년에 등장한 이 표현은 '조용히 가버리다'라는 의미가 있으며, 17세기 말에 이와 비슷한 의미로 "bander ses voiles(자신의 돛을 올리다)"라는 표현이 이미 사용되고 있었다.

J'ai fini tout ce que j'avais à faire et j'étais sur le point de mettre les voiles.
재 피니 뚜 쓰 끄 자배 아 패흐 에 제때 쉬흐 르 뽀앵 드 매트흐 레 브왈

난 할 일을 다 끝내고 가려던 참이었어.

Mettre quelque chose dans la tête de quelqu'un
매트흐   깰끄   쇼즈   덩   라 떼뜨   드   깰껭

 누군가의 머릿속에 무언가를 넣다.

 누군가에게 무언가를 설득하다.
(= Persuader quelqu'un de quelque chose)

 이 표현은 '어떠한 사람이 수동적이며 다른 누군가가 머릿속에 생각들을 넣도록 내버려 둔다'는 것을 나타낸다. 따라서 이 표현은 '마치 심사숙고 할 시간도 없이 어떠한 생각이 바로 머릿속에 자리 잡은 것처럼 문제가 되는 주제에 대해서 한 치의 물러섬 없이 누군가가 무언가를 설득하는 것을 허용한다'는 것을 의미한다.

Il m'a mis cette chanson dans la tête.   그 사람 때문에 이 노래가 내 머릿속에 맴돌아.
일 마 미 쎋   셩송   덩 라 떼뜨

Mettre quelque chose sur le dos de quelqu'un
매트흐   깰끄   쇼즈   쒸흐 르   도   드   깰껭

 누군가의 등에 무언가를 두다.

 무언가를 누군가의 탓으로 돌리다, 누군가에게 책임을 지우다.
(= Imputer quelque chose à quelqu'un, reporter la responsabilité sur quelque chose à quelqu'un)

Ne me mets rien sur le dos!   나에게 어떠한 책임도 떠넘기지 마!
느 므 매 히앵 쒸흐 르 도

355 Mettre quelque chose sur le tapis
매트흐 껠끄 쇼즈 쉬흐 르 따삐

 러그 위에 무언가를 놓다.

 무언가를 화제에 올리다, 도마 위에 올리다.
(= Mettre quelque chose en discussion)

C'est une histoire que tu pourrais mettre sur le tapis.
쎄 뛴 니쓰트와흐 끄 뛰 뿌해 매트흐 쉬흐 르 따삐

이건 네가 꺼내도 되는 이야기야.

356 Mettre quelqu'un dans le bain
매트흐 껠껭 덩 르 뱅

 누군가를 욕조에 두다.

 누군가를 어려운 상황에 처하게 하다, 누군가를 새로운 환경에 익숙하게 하다.
(= Mettre quelqu'un dans une situation difficile, habituer quelqu'un à une situation nouvelle)

 20세기 초에 "bain"은 비유적으로, 그리고 속어로 '혐의'를 의미했다. 따라서 이 용어는 넓은 의미로 '누군가를 위험하거나 해로운 상황에 처하게 하는 행동'을 나타내는데 사용되었다.

Il faut du temps pour se mettre dans le bain.
일 포 뒤 떵 뿌흐 쓰 매트흐 덩 르 뱅

새로운 것에 익숙해지는 데 시간이 필요해.

Mettre quelqu'un dans sa poche
매트흐 껠껭 덩 싸 뽀슈

 누군가를 자신의 주머니에 넣다.

 누군가를 마음대로 다루다.
(= Avoir le contrôle sur quelqu'un, s'assurer de la bienveillance ou du soutien de quelqu'un)

 이 표현을 이해하기 위해서는 "poche(주머니)"라는 용어의 본래 의미를 파악할 필요가 있는데, 이 주머니는 옷(흔히 바지)의 일부분으로, 이 안에 작은 물건들을 보관할 수 있다. 20세기 초부터 비유적으로 사용된 이 표현은 "누군가와 동반자적 관계를 맺고, 그 사람을 통제하며, 지배한다"라는 개념을 나타내며 '우리가 그 사람을 원하는 대로 하고, 주머니의 작은 구멍 속으로 그를 넣을 수 있다'라는 것을 암시한다.

Il est tellement fort qu'il met tout le monde dans sa poche.
일 래 땔멍 포흐 낄 매 뚜 르 몽드 덩 싸 뽀슈

그에겐 막강한 힘이 있어서 모든 사람을 자신 마음대로 다뤄.

Mettre quelqu'un en boîte
매트흐 껠껭 엉 브와뜨

 누군가를 상자 안에 넣다.

 누군가를 놀리다, 비웃다.
(= Se moquer de la naïveté d'une personne)

 19세기 말에 누군가를 조롱하거나 특히 연극배우에게 휘파람을 불 때 "emboîter (상자에 넣다)"라는 동사가 사용되었고, 20세기 초, 1910년경에 오늘날의 형태로 사용되기 시작한 이 표현은 넓은 의미로 '누군가의 순진함을 조롱하고 그를 괴롭히는 것'을 말한다.

Tu veux vraiment me mettre en boîte? 네가 정말 날 웃음거리로 만들고 싶은 거야?
뛰 브 브해멍 므 매트흐 엉 브와뜨

Mettre son grain de sel
매트흐 쏭 그행 드 쌜

직역 자신의 소금을 뿌리다.

의미 대화에 끼어들다, 방해하다, 참견하다.
(= S'immiscer dans une conversation sans en avoir été convié)

어원 20세기의 이 표현에서 "grain de sel(소금 알갱이)"는 '기여(contribution)'를 표현하기 위한 은유적 표현으로, 누군가가 자신의 의견을 나타내거나 무언가를 덧붙여 말할 때 경멸적인 어조로 빈번하게 사용된다.

Elle aime vraiment bien mettre son grain de sel.
앨 램 브해멍 비앵 매트흐 쏭 그행 드 쌜

그녀는 대화에 끼어드는 걸 정말 좋아해.

Mettre son nez (quelque part)
매트흐 쏭 네 깰끄 빠흐

직역 어딘가에 자신의 코를 넣다.

의미 간섭하다, 참견하다.
(= Se mêler de)

Il ne cesse pas de mettre son nez dans les affaires des autres.
일 느 쌔쓰 빠 드 매트흐 쏭 네 덩 레 자패흐 데 조트흐

그는 끊임없이 남의 일에 참견해.

= Fourrer son nez (quelque part)

# 361 Mettre sur les rails
매트흐   쒸흐   레   하이으

 무언가를 레일 위에 두다.

 올바른 방향에 두다, 실행하다.
(= Mettre dans une bonne direction, dans un bon sens, réaliser)

Il faudrait terminer notre programme afin de le mettre sur les rails.
일   포드해   때흐미네   노트흐   프호그함   아팽   드   르   매트흐   쒸흐   레   하이으

우리의 프로그램을 실행하기 위해서 그것을 끝내야 해.

 # 362 Monter sur ses grands chevaux
몽떼   쒸흐   쎄   그헝   슈보

 자신의 큰 말 위에 오르다.

 쉽게 격분하다, 발끈하다.
(= S'emporter très vite)

 과거에 말이 전쟁에 쓰였을 당시, "destriers(군마)"라고 불리던 "전투용 말 (chevaux de bataille)"을 사용했는데, 이 군마들은 매우 크고 강했기 때문에 자신의 적을 더 쉽게 이길 수 있었다. 이러한 "충성스러운 자신의 군마"를 타고 "자신의 이익 또는 조국의 이익을 지키기 위해 떠나는 용감한 기사"의 이미지가 이 표현에 남아 있으며, 16세기 이후에 들어서 어떠한 사람이 화를 내며, 때로는 자신의 견해를 옹호하기 위해 공격적으로 변할 때 "monter sur ses grands chevaux(쉽게 격분하다)"라는 표현이 사용되기 시작했다.

Je monte souvent sur mes grands chevaux.   나는 종종 쉽게 화를 내.
즈   몽뜨   쑤벙   쒸흐   메   그헝   슈보

 **Montrer de quel bois on se chauffe**
몽트헤 드 깰 브와 옹 쓰 쇼프

 어떤 나무로 불을 때는지 보여주다.

 혼을 내다, 본때를 보여주다.
(= Montrer de quoi on est capable)

Attends! Je vais te montrer de quel bois je me chauffe.
아떵 즈 배 뜨 몽트헤 드 깰 브와 즈 므 쇼프

기다려! 내가 본때를 보여주겠어.

 **Montrer patte blanche**
몽트헤 빠뜨 블렁슈

 하얀 발을 보여주다.

 어떠한 장소에 들어갈 수 있는 표식을 보여주다.
(= Donner un signe de reconnaissance pour être autorisé à entrer dans un lieu)

 이 표현은 "늑대, 염소와 아기 염소(Le loup, la chèvre et le chevreau)"라는 라퐁텐(La Fontaine)의 우화를 통해서 대중화된 것으로 보인다. 이 우화에서 엄마 염소는 아기 염소를 혼자 내버려 둔 채 잠시 외출을 하면서 아기 염소에게 아무에게도 문을 열어주지 말 것과 자신이 돌아와서 특정한 문장을 말할 때까지 문을 열어주지 말고 기다릴 것을 당부했고, 아기 염소가 문 두드리는 소리를 들었을 때 그 문장을 말할 것과 "하얀 발을 보여줄 것(montrer patte blanche)"을 요청했다. 모두가 알다시피, 문 뒤에 있었던 것은 엄마 염소가 아니라 바로 늑대였다. 라퐁텐(La Fontaine)의 사망 후 2세기가 지난 19세기까지는 이 표현에 대한 어떠한 흔적도 발견되지 않았지만, 어떤 사람들은 학교에서 이 우화를 가르쳤기 때문에 대중화되었을 것으로 생각한다.

Il est interdit d'entrer sans montrer patte blanche.
일 래 앵때흐디 덩트헤 썽 몽트헤 빠뜨 블렁슈

표식 없이는 출입이 금지되어 있어.

Mordre à l'hameçon
모흐드흐   아   람쏭

 낚싯바늘을 물다.

 함정에 빠지다, 속다.
(= Se faire prendre en acceptant une proposition qui dissimulait un piège)

 20세기 상반기에 나타난 일상적인 표현으로, 낚싯바늘에 끼워진 미끼에 이끌려 낚싯바늘을 물고 있는 물고기의 이미지를 기반으로 한다.

Il ne va pas mordre à l'hameçon si facilement.
일 느 바 빠 모흐드흐 아 람쏭 씨 파씰멍

그가 그렇게 쉽게 속아 넘어가지는 않을 거야.

Motus et bouche cousue!
모뛰쓰   에   부슈   꾸쥐

 쉿! 꿰맨 입.

비밀을 지키세요!
(= Gardez un secret!)

C'est un secret. Motus et bouche cousue!
쌔 떵 쓰크헤 모뛰쓰 에 부슈 꾸쥐

이건 비밀이야. 쉿, 조용히 해!

 ## N'avoir ni queue ni tête
나브와흐 니 끄 니 때뜨

 꼬리도 머리도 없다.

 논리적이지 않다, 이치에 맞지 않다.
(= N'avoir aucun sens, il n'y a pas de logique.)

Il n'y a ni queue ni tête dans ses paroles.
일 니 야 니 끄 니 때뜨 덩 쎄 빠홀

그의 말은 앞뒤가 안 맞아.

 ## Ne faire qu'une bouchée
느 패흐 뀐 부쉐

 한 입 거리밖에 안되다.

 무언가를 쉽게 차지하다.
(= Dominer facilement quelque chose, manger d'un coup)

Ça ne fait qu'une bouchée. Toi aussi, tu peux le faire.
싸 느 패 뀐 부쉐 트와 오씨 뛰 쁘 르 패흐

이건 쉽게 할 수 있는 거야. 너도 할 수 있어.

Ne pas arriver à la cheville de quelqu'un
느 빠 아히베 아 라 슈비이으 드 깰깽

 누군가의 발목에도 못 미치다.

 누구보다 열등하다.
(= Être très inférieur(e) à quelqu'un)

 18세기의 이 표현은 땅과 매우 가까이에 있는 인체의 일부와 관련이 있는데, 우리는 여기에 내포된 다소 경멸적인 의미를 이해할 수 있다. 이는 '어떤 사람이 다른 어떤 사람보다 못하다'라는 것을 의미하는데, 다른 사람에 비해서 그 사람이 '열등하다'라는 것을 말한다. 한편, "cheville(발목)"이라는 용어는 과거에 허리 부근의 신체의 부위를 지칭했기 때문에 그 당시에 '누군가가 다른 사람보다 키가 더 작다'라는 의미를 가졌던 이 표현이 '누군가의 허리에도 못 미친다'라는 의미로 쓰이게 되었다고 추정할 수 있다.

Il n'arrive pas à ma cheville malgré ses efforts.
일 나히브 빠 아 마 슈비이으 말그헤 쎄 재포흐

그가 노력해도 날 따라오지는 못해.

Ne pas avoir froid aux yeux
느 빠 아브와흐 프화 오 지으

 눈에 차가움이 없다.

 두려움이 없다, 대담하다.
(= Ne pas avoir peur)

 16세기에 나타난 표현으로, "avoir froid(춥다)"라는 것은 늘 신체의 일부와 연관되어 '느낌, 감각'을 의미했다. 이 경우에 "눈"은 부정적인 형태로 사용되어 "두려움"과 관련이 있었으며, 따라서 "ne pas avoir froid aux yeux(눈에 두려움이 없다)"라는 표현은 '대담한 사람'을 의미한다.

Je n'ai pas froid aux yeux pour faire quelque chose.
즈 내 빠 프화 오 지으 뿌흐 패흐 깰끄 쇼즈

나는 어떤 일을 하는데 두려움이 없어.

 ## Ne pas avoir la langue dans sa poche
느 빠 아브와흐 라 렁그 덩 싸 뽀슈

 주머니 속에 혀를 가지지 않다.

 쉽게 말하다.
(= Parler facilement)

 우리는 "ne pas avoir la langue dans sa poche(주머니 속에 혀를 가지고 있지 않다)"라고 흔히 말하는데, 이는 '어떤 사람이 전혀 수줍어하지 않고 모든 사람과 매우 쉽게 대화하는 경향이 있다'라는 것을 의미한다. 19세기 초에 나타난 이 표현은 특히 '누군가가 자신과 상관없는 일에 대해 쉽게 대답하거나 말하는 것'을 표현하는 데 사용된다.

Il n'a pas sa langue dans sa poche. 그는 말을 쉽게 해.
일 나 빠 싸 렁그 덩 싸 뽀슈

 ## Ne pas être chaud pour faire quelque chose
느 빠 애트흐 쇼 뿌흐 패흐 껠끄 쇼즈

 무언가를 하는데 뜨겁지 않다.

 무언가를 하는데 열정이 없다, 하고 싶지 않다.
(= Ne pas avoir de l'enthousiasme)

Je ne suis pas chaude pour aller en montagne.
즈 느 쒸 빠 쇼드 뿌흐 알레 엉 몽따뉴

나 등산가는 거 별로야.

Ne pas être dans son assiette
느 빠 애트흐 덩 쏘 나씨애뜨

 자신의 접시에 있지 않다.

 몸이나 마음이 편하지 않다.
(= Ne pas être dans son état normal)

 "Assiette"는 단순히 '사물이나 사람의 신체적인 자세나 정신 상태'를 의미한다. 따라서 "ne pas être dans son assiette"라는 표현은 '사람이 정신적으로나 육체적으로 평소와 같지 않다'라는 것을 의미한다.

Elle ne va pas être dans son assiette.   그녀의 마음이 편치 않을 거야.
앨 느 바 빠 애트흐 덩 쏘 나씨애뜨

Ne pas faire long feu
느 빠 패흐 롱 프

 긴 불을 지피지 않다.

 오랫동안 지속하지 않다.
(= Rester moins longtemps que prévu à un endroit, être rapide)

 이 표현은 덧없고 순식간에 일어나는 불덩이, 즉 "짚불"의 이미지를 기반으로 한다. 그리고 이에 대한 또 다른 설명은 그리스 신화 속의 멜레아그로스라는 인물과 관련이 있는데, 이 위대한 사냥꾼의 삶은 화로의 불타는 장작불과 관련이 있으며, 이 장작불이 완전히 타면 멜레아그로스에 의해 숨을 거두게 되리라는 것이었다. 바로 우리는 여기에서 이러한 "덧없음"의 의미가 다시 강조되는 것을 볼 수 있다.

Notre relation n'a pas fait long feu.   우리의 관계는 오래가지 않았어.
노트흐 흘라씨옹 나 빠 패 롱 프

Ne pas fermer l'oeil
느 빠 패흐메 뤠이으

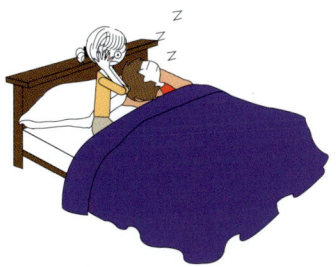

 눈을 감지 않다.

 잠이 오지 않다.
(= Ne pas arriver à dormir)

Je n'ai pas pu fermer l'oeil car il a ronflé fort.
즈 내 빠 쀠 패흐메 뤠이으 꺄흐 일 라 홍플레 포흐

그가 코를 심하게 골아서 나는 한숨도 못 잤어.

Ne pas mâcher ses mots
느 빠 마쉐 쎄 모

 자신의 말을 씹지 않다.

 솔직하게 말하다.
(= S'exprimer crûment, parler franchement)

 "Ne pas mâcher ses mots(자신의 말을 씹지 않는다)"라는 표현은 '우회하지 않고 매우 솔직하게 말한다' 라는 것을 의미한다. 또한 "ne pas mâcher(씹지 않는다)"라는 것은 '음식을 삼키기 전에 씹지 않는 사람', 즉 '갑자기 모든 것을 삼키는 사람'을 의미한다. 따라서 이 표현은 우리가 생각하는 것을 '단번에(d'un seul coup)', 때로는 있는 '있는 그대로 말하는 것'을 의미한다.

Je préfère ne pas mâcher mes mots.   난 솔직하게 말하는 게 더 좋아.
즈 프헤패흐 느 빠 마쉐 메 모

Ne pas manquer d'air
느 빠 멍께 대흐

 공기가 부족하지 않다.

 무례하다, 대담하다.
(= Être à la limite de l'insolence, voire insolent)

 "Ne pas manquer d'air(공기가 부족하지 않다)"라는 표현은 "être gonflé à bloc(완전히 부풀려졌다)"라는 표현에서 파생된 농담으로, '무례하다(être insolent)'라는 의미가 있다.

Tu ne manques pas d'air de parler comme ça.
뛰 느 멍끄 빠 대흐 드 빠흘레 꼼 싸

네가 그렇게 말하다니 무례해.

Ne pas payer de mine
느 빠 빼이예 드 민

 외모 값을 하지 않다.

 외모가 볼품없다.
(= Avoir un aspect extérieur qui n'inspire pas confiance)

 1835년경에 나타난 것으로 추정되는 이 표현은 '어떤 사물이나 사람이 겉모습으로 인해 신뢰감을 주지 않는다'라는 것을 의미한다. 이미 17세기에 '증명하다'라는 의미로 "payer(지불하다)"라는 동사가 사용되었으며, "mine(용모)"라는 명사는 '부리, 주둥이'를 의미하는 브르타뉴 방언 "min"에서 파생되었을 것으로 보인다. 따라서 "ne pas payer de mine(외모 값을 하지 않다)"라는 표현은 '어떤 것이 매력적이지 않다'라는 것을 의미한다.

C'est un bon restaurant bien qu'il ne paie pas de mine.
쎄 땅 봉 헤쓰또헝 비앵 낄 느 빼 빠 드 민

외관은 볼품없어도 좋은 레스토랑이야.

379 Ne pas porter quelqu'un dans son coeur
느 빠 뽀흐떼 껠깽 덩 쏭 꿰흐

 누군가를 자신의 마음에 담지 않다.

 누군가를 좋아하지 않다.
(= Ne pas aimer)

Je ne porte pas Pierre dans mon coeur. 난 피에르를 좋아하지 않아.
즈 느 뽀흐뜨 빠 삐애흐 덩 몽 꿰흐

380 Ne pas pouvoir être au four et au moulin
느 빠 뿌브와흐 애트흐 오 푸흐 에 오 물랭

 오븐과 제분기에 동시에 있을 수 없다.

 동시에 여러 가지 일을 할 수 없다.
(= Ne pas pouvoir être partout à la fois, ne pas pouvoir faire plusieurs choses en même temps)

 이 표현은 17세기에 등장한 표현으로, 봉건 시대에 농민들은 먼저 제분기를 사용한 다음에 오븐을 사용하여 빵을 구웠다. 이러한 이유로 그들은 동시에 두 장소에 있을 수 없었는데, 따라서 이 표현은 '각각의 일은 적시에 이루어져야 한다'라는 것을 의미한다.

On ne peut pas être au four et au moulin. Attends, j'arriverai dans
옹 느 쁘 빠 애트흐 오 푸흐 에 오 물랭 아떵 자히브해 덩

10 minuites.   동시에 여러 가지 일을 할 수는 없어. 기다려, 10분 후에 갈게.
디 미뉘뜨

 ### Ne pas pouvoir voir quelqu'un (en peinture)
느 빠 뿌브와흐 브와흐 껠껭 엉 뻥뛰흐

 누군가를 볼 수가 없다.

 누군가를 견딜 수 없다.
(= Ne pas pouvoir supporter quelqu'un)

Il est trop méchant. Je ne peux pas le voir.
일 래 트호 메셩 즈 느 쁘 빠 르 브와흐

그는 너무 못됐어. 나는 그를 견딜 수가 없어.

= **Ne plus pouvoir voir quelqu'un**

 ### Ne pas valoir un clou
느 빠 발르와흐 앵 끌루

 못 한 개의 가치도 안 되다.

 별로 가치가 없다.
(= Ne pas valoir grand-chose)

 19세기에 등장한 표현으로, 우리는 못이 두 개의 물체를 고정하는 데 사용되는 저렴한 금속 부품이라는 사실을 잘 알고 있다. 바로 이러한 이유에서 '별로 중요하지 않고 가치가 없는 것'을 표현하는 데 이 단어가 사용되었다.

Laisse tomber! Ça ne vaut pas un clou.   그만해! 그건 별로 가치 없는 일이야.
래쓰 똥베 싸 느 보 빠 앵 끌루

383 Ne plus savoir sur quel pied danser
느 쁠뤼 싸브와호 쒸호 꺨 삐에 덩쎄

직역 어느 발에 춤을 춰야 할지 더는 알지 못하다.

의미 주저하다, 난처하다, 어느 장단에 맞춰 춤을 춰야 할지 모르다.
(= Ne pas savoir comment réagir)

어원 이 표현은 15세기의 "ne savoir de quel pié danser(어느 발로 춤을 춰야 할지 알지 못하다)"라는 표현에서 생겨난 것으로 보인다. 그리고 그 후 16세기 초에 "ne savoir de quel pié aller(어느 발로 가야 할지 알지 못하다)"라는 표현이 사용되었는데, 이와 같은 시기에 오늘날의 형태가 사용되기 시작하였으며, '누군가에게 어떤 행동을 취해야 할지 모른다'라는 의미를 지닌다.

Comment je fais ça? Je ne sais plus sur quel pied danser.
꼬멍 즈 패 싸 즈 느 쌔 쁠뤼 쒸호 꺨 삐에 덩쎄

어떻게 하지? 이젠 어느 장단에 맞춰 춤을 춰야 할지 모르겠어.

384 N'être jamais sorti de son trou
내트호 자매 쏘흐띠 드 쏭 트후

직역 자신의 굴에서 결코 나온 적이 없다.

의미 세상 물정을 알지 못하다, 우물 안 개구리.
(= S'ouvrir)

Elle n'est jamais sortie de son trou.
앨 내 자매 쏘흐띠 드 쏭 트후

그녀는 세상 물정을 잘 몰라.

Nez à nez
네 아 네

 코를 맞대고

 누군가를 우연히 만나다.
(= Rencontrer quelqu'un par hasard)

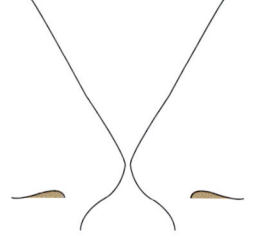

Je suis tombée nez à nez avec Sébastien.
즈 쒸 똥베 네 아 네 아벡 쎄바스띠앵

나 우연히 세바스티앙을 만났어.

Noyer le poisson
느와이예 르 쁘와쏭

 물고기를 잠기게 하다.

 감언이설로 누군가를 속이다. 누군가를 혼란스럽게 하다.
(= Embobiner quelqu'un)

 20세기에 나타난 이 표현은 '누군가를 굴복시키거나 무언가를 잊게 만들기 위해 그 사람을 혼란스럽게 한다' 라는 것을 의미하는데, 낚시 분야와 관련되어 '물 안팎에서 낚싯바늘을 물은 물고기를 잘 잡고 있음으로써 그 물고기를 지치게 하려는 것'을 뜻한다.

On essaie de noyer le poisson pour vendre ses produits aux consommateurs.
오 내쌔 드 느와이예 르 쁘와쏭 뿌흐 벙드흐 쎄 프호뒤 오 꽁쏘마뙤흐

사람들은 자신의 상품을 팔기 위해 소비자를 속이려고 한다.

 ## Noyer son chagrin dans l'alcool
느와이예 쏭 샤그행 덩 랄꼴

 자신의 슬픔을 술에 잠기게 하다.

 (슬픔을) 잊기 위해 술을 마시다.
(= S'enivrer pour oublier)

 "Noyer(익사시키다)"라는 동사는 첫 번째로 '물속에서 질식해서 죽는다'라는 것을 의미하지만 이 표현에서 이 용어는 그 의미를 우회하여 비유적 의미로 사용되었다. 이는 '자신의 고통을 잊기 위해 술에 취하고 슬픔을 잊기 위해 술에 의지하는 것'을 의미한다.

Je noie mon chagrin dans l'alcool tous les jours.
즈 느와 몽 샤그행 덩 랄꼴 뚜 레 주흐

난 잊으려고 매일 술 마셔.

 ## On n'est pas sorti de l'auberge.
옹 내 빠 쏘흐띠 드 로배흐쥬

 우리는 여관에서 나오지 않았다.

 어려운 상황에 직면해 있다.
(= On se trouve confronté à une situation dont il n'est pas aisé de se dépêtrer.)

 이 표현에는 두 가지 어원이 있다. 그 첫 번째는 19세기 초에 나타난 "붉은 여관(auberge rouge)"과 관련된 것으로, 페르베이으(Peyrebeille)의 한 여관에서 투숙객들이 여관 주인들에 의해 살해되었다는 의혹이고, 그 두번째는 19세기에 "auberge(여관)"이 속어로 '감옥'(들어가면 나오기 어려운 곳)을 의미했다는 것이다.

On a un rapport à soumettre. On n'est pas encore sorti de l'auberge.
오 나 앵 하뽀흐 아 쑤매트흐 옹 내 빠 정꼬흐 쏘흐띠 드 로배흐쥬

제출해야 할 보고서가 있는데, 아직 안 끝났어.

389

On ne fait pas d'omelette sans casser des oeufs.
옹   느   패   빠   도믈렡   씽   까쎄   데   즈

직역 계란을 깨지 않고 오믈렛을 만들 수 없다.

의미 최소한의 희생 없이는 어떠한 것도 얻지 못한다.
(= Pour obtenir quelque chose, il faut accepter certains sacrifices.)

어원 19세기에 발자크(Balzac)가 처음으로 인용하여 사용한 표현으로, '희생 없이는 아무것도 얻을 수 없다'라는 것을 의미하는데, 즉 '무언가를 얻기 위해서는 언제나 피할 수 없는 위험이 존재한다'라는 것을 의미한다.

Il y a toujours des risques. Mais, on ne fait pas d'omelette sans
일리야   뚜주흐   데   히쓰끄   매   옹   느   패   빠   도믈렡   씽

casser des oeufs.   위험은 언제나 있어. 하지만 희생을 감수하지 않는다면 그 어떠한 것도 얻을
까쎄   데   즈   수 없어.

390

On peut compter sur les doigts de la main.
옹   쁘   꽁떼   쒸흐   레   드와   드   라   맹

직역 손가락으로 셀 수 있다.

의미 조금 있다.
(= Il y en a peu.)

On a combien de clémentines?   우리 귤 몇 개있어?
오   나   꽁비앵   드   끌레멍띤

-On peut compter sur les doigts de la main.   조금 있어.
옹   쁘   꽁떼   쒸흐   레   드와   드   라   맹

391 On se tire?
옹 쓰 띠흐

직역 우리 떠날까?

의미 우리 갈까?
(= On s'en va, On se casse dans le but d'échapper à quelque chose ou à quelqu'un, en essayant d'agir sans se faire remarquer, sans marque de courage.)

On se tire? Prends tes affaires!   우리 갈까? 네 짐 챙겨!
옹 쓰 띠흐 프헝 떼 자패흐

---

392 Ouvrir les yeux à quelqu'un sur quelque chose
우브히흐 레 지유 아 깰깽 쒸흐 깰끄 쇼즈

 직역 무언가에 대하여 누군가의 눈을 뜨게 하다.

 의미 누군가에게 무언가를 보여주다.
(= Démontrer quelque chose à quelqu'un)

 어원 "Ouvrir les yeux à quelqu'un(누군가의 눈을 뜨게 한다)"라는 것은 '믿고 싶어 하지 않는 것을 그에게 증명하거나 인정하고 싶지 않은 진실을 그에게 보여주는 것'을 말한다. 이 표현에서 누군가에 의해서 눈이 떠지는 사람은 수동적이고, 약한 사람이며, 실제로 그 사람이 인정하지 않는 사실을 강요하듯 그의 눈꺼풀을 벌리고 있는 모습을 상상할 수 있다.

Je lui ai ouvert les yeux sur ses fautes.   그가 뭘 잘못했는지 내가 알려줬어.
즈 뤼 애 우베흐 레 지으 쒸흐 쌔 포뜨

Ouvrir son coeur
우브히흐　쏭　꿰흐

 마음을 열다.

 자기 생각, 감정들을 누군가에게 이야기하다.
(= Dévoiler ses pensées, ses sentiments à quelqu'un)

J'ai commencé à lui ouvrir mon coeur.　난 그에게 마음을 열기 시작했어.
재　꼬멍쎄　아　뤼　우브히흐　몽　꿰흐

Parler comme un livre
빠흘레　꼬　맹　리브흐

 책처럼 말하다.

 유식하게 말하다. 학식 있게 말하다.
(= Parler avec facilité et en employant des mots compliqués)

 이 표현은 17세기에 생겨나 오늘날까지도 여전히 사용되는 일상적인 표현으로, 아름다운 화법과 세련된 언어가 담긴 책에 대한 비유를 기반으로 한다.

Il parle comme un livre.　그는 유식하게 말해.
일　빠흘르　꼬　맹　리브흐

Parler dans le vide
빠흘레 덩 르 비드

 허공에 대고 말하다.

 헛되이 말하다, 혼자 떠들어대다.
(= Parler inutilement)

Personne ne fait attention à lui. Il parle dans le vide.
빼흐손 느 패 아떵씨옹 아 뤼 일 빠흘르 덩 르 비드

아무도 그의 말을 듣지 않아. 혼자 떠들고 있어.

Parler du nez
빠흘레 뒤 네

 코로 말하다.

 콧소리를 내다.
(= Avoir un parler nasalisé)

 이 표현은 19세기 말 1889년에 처음으로 사용되기 시작했다. 우리가 감기에 걸렸을 때 코가 막히고 목소리의 음색이 바뀌는 증상들을 느끼게 되는데, 따라서 이 표현은 '비음으로 말하는 것', 즉 '콧소리를 내는 것'을 의미한다.

Je crois qu'il a pris un rhume. Il parle du nez.   그가 감기에 걸린 것 같아. 콧소리를 내.
즈 크화 낄 라 프히 앵 휨 일 빠흘르 뒤 네

397 Passer l'arme à gauche
빠쎄 라흐므 아 고슈

 직역 무기를 왼쪽으로 넘기다.

 의미 죽다.
(= Mourir)

 어원 이 표현은 군사용어에서 비롯된 표현으로, 17세기에 군사들은 왼손으로 총을 들고 손 사용이 더 편한 오른손으로 총에 실탄을 장전했다. 그러나 수행해야 할 동작이 길고 많았기 때문에 군사들은 매우 위험한 상황에 있었고, 따라서 이러한 경우에 "passer l'arme à gauche(무기를 왼쪽으로 넘기다)"라는 표현은 '죽는다'는 것을 의미하기도 한다. 또한 명예로운 군 장례식에서 고인에 대한 애도와 존경의 표시로 자신의 총을 왼쪽으로 넘기고 총구를 땅으로 향하게 했는데, 말하자면 "gauche(왼쪽)"이라는 단어에는 늘 부정적인 의미가 있었다.

Son grand père a passé l'arme à gauche après la bataille.
쏭 그헝 빼흐 아 빠쎄 라흐므 아 고슈 아프해 라 바따이으

그의 할아버지는 전쟁에서 돌아가셨어.

398 Passer l'éponge
빠쎄 레뽕쥬

 직역 스펀지로 문지르다.

 의미 용서하다.
(= Pardonner)

 어원 이 표현은 해저에서 유래된 표현으로, 사실 "éponge"는 '기관이 없는 원시 해양 동물'을 의미하는데, 이 해양 동물은 놀라운 정도의 유연성을 드러내며 많은 물을 흡수할 수도 있다. 이 표현은 그 의미가 확장되면서 비유적으로 "용서한다"라는 개념을 내포하고 있으며, '잘못은 흡수되었고, 유연성은 불쾌한 행동에 대한 기억을 잊게 한다'라는 것을 의미한다.

C'est déjà oublié. J'ai passé l'éponge il y a longtemps.
쌔 데자 우블리에 재 빠쎄 레뽕쥬 일 리 야 롱떵

벌써 잊었어. 난 오래전에 용서했어.

Passer la main
빠쎄 라 맹

 손을 건네다.

 어떠한 활동을 위임하다, 포기하다.
(= Déléguer une activité, abandonner)

 이 표현은 카드 용어에서 유래한 것으로 보이며, 여기에서 "main(손)"은 게임을 할 수 있는 '힘'을 의미한다. 따라서 손은 '어떠한 활동'을 상징하는데, 이러한 관점에서 "Passer(넘기다)"라는 용어는 '진행 중인 어떠한 일을 그만두거나 책임 또는 일을 다른 사람에게 위임한다'라는 것을 의미한다.

Je passe la main pour me mettre à une autre activité.
즈 빠쓰 라 맹 뿌흐 므 매트흐 아 윈 노트흐 악띠비떼

다른 일 하려고 하던 일을 다른 사람에게 넘기고 있어.

Passer un sale/mauvais quart d'heure
빠쎄 앵 쌀 모배 꺄흐 뒈흐

 더러운/힘겨운 15분을 보내다.

일시적인 어려움에 처하다.
(= Être temporairement dans une mauvaise situation)

17세기 중반부터 널리 사용된 이 표현은 '일시적으로 불쾌한 순간을 보내거나 안 좋은 상황에 있다'라는 것을 의미하며, 고문을 당하거나 살해당하는 것을 완곡하게 표현한 것이다.

Pourquoi est-ce que tu es en retard?   너 왜 늦었어?
뿌흐끄와 애 쓰 끄 뛰 애 엉 흐따흐

- Je viens de passer un sale quart d'heure.   문제가 좀 있었어.
즈 비앵 드 빠쎄 앵 쌀 꺄흐 뒈흐

Passer un savon à quelqu'un
빠쎄 앵 싸봉 아 껠깽

 누군가에게 비누를 건네다.

 질책하다, 야단치다.
(= Réprimander, moraliser, remettre quelqu'un en place)

 18세기에 시작된 이 표현은 과거에 여성들은 마을의 공동 세탁장에서 비누로 빨래를 하면서 이야기도 나누고 뒤 담화도 하던 17세기의 삶에서 영감을 받은 것이다.

Je vais lui passer un savon pour l'arrêter. 그가 그만하도록 내가 혼내 줄게.
즈 배 뤼 빠쎄 앵 싸봉 뿌흐 라헤떼

Pendre au nez de quelqu'un
뻥드흐 오 네 드 껠깽

 누군가의 코에 매달다.

 어떠한 일이 일어날 위험이 있다.
(= Risquer d'arriver)

 13세기에 '같은 일이 그에게 일어날 위험이 있다(il risque de lui arriver la même chose)'라는 의미의 "autretant lui en pend sor le nez"라는 표현이 있었는데, 그 후에 "pendre au nez(코에 매달다)"라는 표현으로 변화되었으며, 이는 여전히 '어려운 일이 발생할 가능성이 매우 크다'라는 것을 의미한다. 또한 그 변이형으로 "ça lui pend au nez(그 일이 그의 코앞에 닥쳤어)!"라는 표현이 존재한다.

J'ai un problème qui me pend au nez. 문제가 내 코앞에 닥쳤어.
재 앵 프호블램 끼 므 뻥 오 네

Perdre la boule
빼흐드흐 라 불

 직역   공을 잃어버리다.

 의미   이성을 잃다, 미칠 지경이다.
(= Être affolé(e))

 어원   19세기 중반에 등장한 이 표현은 "perdre le nord(북쪽을 잃다)"라는 표현과 비슷하다. 북쪽은 방향을 잡는 데 사용되는 기준점으로, "북쪽을 잃다(perdre le nord)"라는 것은 결국 '방향 감각을 잃게 되는 것'을 의미한다. 그리고 여기에서 "boule(공)"은 다름 아닌 '머리'를 의미하며, 더 나아가 '지구'를 의미한다고도 말할 수 있다. 따라서 이 표현도 마찬가지로 '방향감각을 잃어버리고, 그로 인해 혼란스럽고 몹시 흥분한 상태에 빠지게 된다'라는 것을 의미한다.

J'essaie de ne pas perdre la boule.   난 이성을 잃지 않으려고 노력하고 있어.
제쌔 드 느 빠 빼흐드흐 라 불

= Péter un plomb
= Péter une durite

Perdre la face
빼흐드흐 라 파쓰

 직역   얼굴을 잃어버리다.

 의미   체면을 잃다.
(= Se couvrir de ridicule, perdre toute dignité)

J'ai failli perdre la face.   나 하마터면 망신당할 뻔했어.
재 파이 빼흐드흐 라 파쓰

Perdre le nord
빼흐드흐   르   노흐

북쪽을 잃다.

방향(길)을 잃다, 혼란스럽다.
(= Être troublé(e), désorienté(e))

16세기 중반부터 사용된 이 표현은 '혼란스럽고 방향감각을 잃어버린 상태에 있다'라는 의미를 지닌다. 사실 "북쪽"은 항상 나침반 바늘이 가리키는 방향이기 때문에 올바른 길을 알려주는 나침반의 바늘, 즉 "북쪽을 잃어버린다"는 것은 '방향감각을 잃어버리는 것'을 의미하며, 비유적으로 '혼란스럽다'는 것을 의미한다.

Où est-ce que je suis? Je crois que je perds le nord.
우 애쓰 끄 즈 쒸 즈 크화 끄 즈 빼흐 르 노흐

여기가 어디지? 나 길을 잃은 것 같아.

Perdre les pédales
빼흐드흐   레   뻬달

페달을 잃어버리다.

이성을 잃다, 미칠 지경이다.
(= Perdre le fil de son raisonnement, devenir fou)

이는 일상적인 구어체 표현으로, '스트레스나 혼란으로 인해 자신감과 능력을 잃어버린 사람'을 의미하는데, 이러한 상태에 있게 되면 자신의 말이나 행동이 혼란스러워진다. 또한 이 표현은 누군가의 정신이 온전한지에 대해서 의심이 들 때도 사용되는데, 빈정대는 어조로 사용되기도 한다.

Je commence à perdre les pédales.   나는 이성을 잃기 시작한다.
즈   꼬멍쓰   아   빼흐드흐   레   뻬달

Peser ses mots
쁘제 쎄 모

 자신의 말의 무게를 재다.

 신중하게 말을 하다.
(= Prendre considération de chaque mot prononcé)

Je pèse mes mots à chaque instant.
즈 뻬즈 메 모 아 샤끄 앵쓰떵

난 매 순간 신중하게 말을 해.

Péter le feu
뻬떼 르 프

 불을 토하다.

 기운이 넘치다, 불을 내뿜다.
(= Être plein d'énergie, péter des flammes)

 이 표현은 20세기 이후에 널리 사용되기 시작했으며, 여기에서 "péter(방귀 뀌다)"라는 단어는 '폭발하다(exploser)' 또는 '터지다(éclater)'의 의미로 해석된다. 이는 '에너지가 넘치는 사람'을 나타내기 위해 사용되는 표현으로, "tout feu, toute flamme(모든 불, 모든 불꽃)"이라는 표현과 같은 의미를 지닌다.

Je n'arrive pas à la suivre car elle pète le feu.
즈 나히브 빠 아 라 쒸브흐 꺄흐 앨 뻬뜨 르 프

그녀의 에너지가 넘쳐서 난 못 따라가겠어.

Péter un câble
뻬떼 앵 꺄블르

 케이블을 끊다.

 화가 폭발하다, 통제력을 잃다.
(= S'énerver de manière subite)

Je ne peux plus le supporter. Je vais péter un câble.
즈 느 쁘 쁠뤼르 르 쒸뽀흐떼 즈 배 뻬떼 앵 꺄블르

이젠 그를 못 참겠어. 폭발해 버릴 것 같아.

Pipi de chat
삐삐 드 샤

 고양이 오줌

 하찮은 것, 맛없는 음료
(= Chose insignifiante, ridicule, se dit aussi d'une boisson insipide)

 이 표현은 19세기에 시작된 표현으로, 사실 "pisser(오줌 싸다)"라는 용어는 그 당시에 저속한 표현이었기 때문에 사람들은 "faire pipi(쉬를 하다)"라는 용어를 선호했다. 그러나 "pipi de chat(고양이 오줌)"은 종종 소량이었기 때문에 그다지 중요하지 않았고, 따라서 고양이 오줌은 "하찮은 것"에 비유되었다.

Ce film, c'est du pipi de chat.   이 영화 시시해.
쓰 필므 쌔 뒤 삐삐 드 샤

Piquer du nez
삐께 뒤 네

 코를 박다.

 참을 수 없을 만큼 졸리다. 꾸벅꾸벅 졸다.
(= Avoir sommeil, avoir une envie irrépressible de dormir, somnoler, souvent à un moment inapproprié)

Après manger, il pique du nez.   그는 식사 후에 그는 졸아.
아프해 멍제 일 삐끄 뒤 네

Pistonner quelqu'un
삐쓰또네 깰깽

 누군가를 밀어주다.

 자신의 영향력이나 지위를 이용하여 누군가 무언가를 얻도록 돕다.
(= Appuyer, recommander quelqu'un en vue de lui procurer un avantage)

On m'a pistonné pour ce poste.   내가 이 자리를 얻을 수 있도록 누가 도와주었어.
옹 마 삐쓰또네 뿌흐 쓰 뽀쓰뜨

 **Poireauter**
뽀와호떼

 파가 되다.

 누군가를 오래 기다리게 하다.
(= Attendre longtemps une personne, généralement parce que son rendez-vous est en retard)

Tu m'as fait poireauter.   너 오래 기다렸어.
뛰 마 패 뽀와호떼

 **Pomper l'air**
뽕뻬 래흐

 공기를 빼내다.

 성가시게 하다, 귀찮게 하다.
(= Importuner, ennuyer quelqu'un)

Je suis fatiguée. Arrête de me pomper l'air.   나 피곤해. 귀찮게 하지 마.
즈 쒸 파티게 아해뜨 드 므 뽕뻬 래흐

415 Porter la culotte
뽀흐떼 라 뀔로뜨

 짧은 바지를 입고 있다.

 여자가 남편 또는 남자친구에 대해 강한 권위를 행사하다.
(= Exercer une forte autorité sur son mari ou son copain dans le couple)

 이 표현은 18세기 말에 나타난 표현으로, '부인이 남편을 지배하며 그 대신에 결정을 내린다'는 것을 의미한다.

Dans le couple, c'est moi qui porte la culotte.
덩 르 꾸쁠르 쌔 므와 끼 뽀흐뜨 라 뀔로뜨

우리 커플 사이에서 주도권은 내가 쥐고 있어.

---

416 Poser un lapin à quelqu'un
뽀제 앵 라뺑 아 껠깽

 누군가에게 토끼를 두다.　　 약속 장소에 안 나오다, 바람맞히다.
(= Ne pas se rendre à un rendez-vous)

 "Poser un lapin(토끼를 두다)"라는 표현은 오늘날 '기다리는 사람에게 아무런 말도 없이 약속 장소에 가지 않는다'라는 것을 의미한다. 하지만 예전에는 그 의미가 달랐다. 예를 들면, 이는 1880년에 '젊은 여인의 호의에 대한 보수를 지불하지 않다(ne pas rétribuer les faveurs d'une jeune fille)'라는 의미를 지니고 있었고, 실제로 그 당시에 "lapin(토끼)"는 '지급거부'를 의미했으며, 그 후에 '밀항자'를 의미하기도 했다. 이 표현은 1890년경 학생들 사이에서 현재의 형태로 사용되기 시작한 것으로 보이며, '누군가를 기다리게 하다(faire attendre quelqu'un)'라는 의미를 지닌 "laisser poser(놓아두다)"라는 표현에서 비롯되었을 것으로 추정된다.

Elle m'a posé un lapin sans rien me dire.
엘 마 뽀제 앵 라뺑 썽 히앵 므 디흐

그녀가 연락도 없이 날 바람맞혔어.

Poser une colle
뽀제 윈 꼴

직역 접착제를 두다.

의미 대답하기 어려운 질문을 하다.
(= Poser une question difficile à répondre)

Je ne voulais pas te poser une colle.
즈 느 불래 빠 뜨 뽀제 윈 꼴

너에게 어려운 질문을 하려던 건 아니야.

Pousser comme un champignon
뿌쎄 꼼 맹 셩삐뇽

직역 버섯처럼 자라다.

의미 빠르게 발전하다, 성장하다.
(= Se développer rapidement)

어원 이 표현의 어원은 "croistre en façon de champignon(버섯처럼 성장하다)"라는 표현이 사용되던 16세기 말로 거슬러 올라간다. 이는 '권력을 가지게 되고 부유해진다'라는 의미로 사용되었으며, 오늘날에는 '무언가가 빠르게 성장하고 있다'라는 것을 의미한다.

Tu pousses comme un champignon. C'est super!
뛰 뿌쓰 꼼 맹 셩삐뇽 쌔 쉬빼흐

넌 정말 빠르게 성장하는구나, 훌륭해!

419 Pousser le bouchon (un peu loin)
뿌쎄 르 부숑 앵 쁘 로앵

 마개를 (약간 멀리) 밀어 넣다.

 과장하다, 선을 넘다, 너무 멀리 가다.
(= Éxagérer, dépasser les bornes)

 이는 20세기 중반에 나타난 표현으로, 코르크 마개 위에 올려진 동전을 떨어뜨리는 "마개 놀이(jeu du bouchon)" 또는 '마개'를 표적 공으로 하는 "페탕크 놀이(jeu de la pétanque)"를 암시한다.

Arrête! Tu as poussé le bouchon un peu plus loin.
아해뜨 뛰 아 뿌쎄 르 부숑 앵 쁘 쁠뤼 로앵

그만해! 너 선 넘었어.

420 Prendre à coeur
프헝드흐 아 꿰흐

 무언가를 마음에 두다.

 무언가에 전념하다, 열중하다.
(= S'appliquer à quelque chose)

 15세기에 나타난 "prendre quelque chose à cœur(무언가를 마음에 두다)"라는 표현은 그때부터 지금까지 여전히 같은 의미로 사용되고 있으며, '어떤 일을 하는 데 최선을 다하고 큰 중요성을 부여한다'라는 것을 의미한다.

Je prends mon nouveau travail à coeur.   나는 나의 새로운 일에 열중한다.
즈 프헝 몽 누보 트하바이으 아 꿰흐

= **Tenir à coeur**

 **Prendre au mot**
프헝드호   오   모

 말속에 간직하다.

 누군가의 제안을 받아들이다.
(= Accepter une proposition de quelqu'un qui ne pensait pas être pris au sérieux.)

 이 표현은 15세기에 나타난 표현으로 원래는 "mot(낱말)"이라는 용어는 '가격 제안'을 의미했다. 그러나 시간이 지나면서 이는 '중대하지 않기 때문에 우리가 빨리 수용하는 제안'을 뜻하는 "말(parole)"을 의미하게 되었다.

Ton activité me semble intéressante. Je te prends au mot, je viens.
또   낙띠비떼   므   썽블르   앵떼해썽뜨   즈 뜨 프헝 오 모 즈 비앵

네가 하는 활동이 재미있어 보여. 좋아, 나 갈게.

 **Prendre en main quelque chose**
프헝드호   엉   맹   껠끄   쇼즈

 무언가를 손으로 잡다.

 자신이 직접 무언가를 하다.
(= Faire quelque chose soi-même)

 이 표현은 아주 오래된 표현으로, 사실상 12세기부터 사용된 것으로 확인되며, '자신이 직접 무언가를 하다'라는 것을 의미한다.

Je prends ma vie en main.   내 삶은 내 스스로 만든다.
즈   프헝   마 비 엉   맹

Prendre la porte
프헝드흐   라   뽀흐뜨

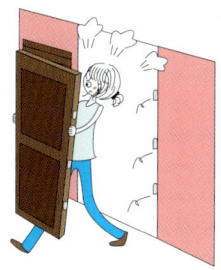

 문을 취하다.

 자리를 떠나다.
(= Quitter une pièce)

18세기 말에 나타난 이 표현은 일반적으로 '강압에 의해서 어떠한 장소를 떠난다'라는 것을 의미하며, '(누군가에게) 나가주세요'라는 의미로 "faire prendre la porte à quelqu'un(누군가에게 문을 취하도록 하다)"라는 표현이 사용된다.

Je viens de prendre la porte après m'être disputée avec ma soeur.
즈 비앵 드 프헝드흐 라 뽀흐뜨 아프해 매트흐 디쓰쀠떼 아백 마 쒜흐

나는 언니와 막 싸우고 그 자리를 떠났어.

Prendre la tangente
프헝드흐   라   떵졍뜨

 접선을 타다.

 도망가다, 어려움에서 벗어나다.
(= S'esquiver, se tirer d'affaire)

 19세기부터 사용되기 시작한 표현으로, 기하학에서는 직선이 한 지점에서 원과 만날 때 이 직선을 "접선"이라고 불렀다. 이 표현은 '수업을 땡땡이치다(s'enfuir de l'école)'라는 의미로 폴리 테크닉 학교 학생들 사이에서 사용되었는데, 그들의 유니폼인 검은 바지의 띠에 칼이 접선을 이루고 있었던 데서 비롯된 것이다.

Je me dépêche de prendre la tangente.   나는 서둘러서 도망간다.
즈 므 데빼슈 드 프헝드흐 라 떵졍뜨

Prendre le taureau par les cornes
프헝드흐   르   또호   빠흐   레   꼬흔느

 황소의 뿔을 잡다.

 어려움에 맞서다.
(= Faire face aux difficultés)

 조상들이 남긴 동굴 벽화에 따르면, 아주 먼 옛날부터 "황소"는 "힘"의 상징이자 "위험"의 상징이었다. 따라서 17세기에 나타난 "prendre le taureau par les cornes(황소의 뿔을 잡다)"라는 표현은 조상이 황소의 뿔을 피하지 않고 이에 맞서기로 한 것처럼 도망치기보다는 '어려움에 직면하는 것'을 의미한다.

Je suis courageuse. Je vais prendre le taureau par les cornes sans hésiter.
즈   쒸   꾸하쥬즈   즈   배   프헝드흐   르   또호   빠흐   레   꼬흔느   성   제지떼

난 용감해. 주저 없이 어려움에 맞설 거야.

Prendre le train en marche
프헝드흐   르   트행   엉   마흐슈

 달리는 기차를 타다.

 도중에 참여하다, 편승하다.
(= Arriver au milieu d'une action, sans avoir assisté à son commencement)

 이 표현은 은유적 표현으로, 대화 도중에 와서 그 이전의 내용에 대해서는 전혀 알지 못한 채 개입하려고 하는 사람은 "기차가 출발한 후에 올라타는 사람"에 비유된다.

Je vais prendre le train en marche.   나는 도중에 참여할게.
즈   배   프헝드흐   르   트행   엉   마흐슈

Prendre quelqu'un sous son aile
프헝드흐   껠껭   쑤   쏘   낼

 누군가를 자신의 날개 아래 품다.

 누군가를 보호하다, 지켜주다.
(= Veiller sur quelqu'un)

새가 날개로 자신의 새끼를 보호하는 것처럼, "누군가를 자신의 날개 속에 품는다"라는 것은 '그 사람을 돌보아주고 보호한다'라는 것을 말한다. 따라서 이 표현에서 "자신의 날개 속에 품어주는 사람"은 분명 '경험을 가지고 있다'라는 것을 의미한다.

Je vais te prendre sous mon aile. Je te le promets.
즈 배 뜨 프헝드흐 쑤 모 낼 즈 뜨 르 프호매

내가 널 지켜줄게. 약속해.

Prendre ses cliques et ses claques
프헝드흐   쎄   끌리끄   에   쎄   끌라끄

 자신의 다리와 보호용 샌들을 챙기다.

 자신의 짐을 싸서 떠나다.
(= Rassembler ses affaires et s'en aller)

 이 표현은 1830년부터 사용되었으며, 여기에서 "cliques"는 '다리'를 의미했고, "claques"는 18세기에 신발을 더럽히지 않도록 신발을 덮는데 사용했던 '보호용 샌들'을 의미했다. 따라서 다리에 신발이 더해지면서, '떠나다'라는 의미를 가지게 되었다.

Je prends tranquillement mes cliques et mes claques.
즈 프헝 트헝낄멍 메 끌리끄 에 메 끌라끄

나는 조용히 짐을 싸서 떠난다.

Prendre son courage à deux mains
프헝드흐   쏭   꾸하쥬   아   드   맹

 두 손으로 자신의 '용기'를 들다.

 어떤 일을 시작하기 위해서 자신의 온 힘을 기울이다.
(= Rassembler toutes ses forces pour entreprendre quelque chose)

 19세기 중반에 나타난 이 표현은 "용기"의 이미지를 기반으로 하며, 이 "용기"는 다루기 쉬운 어떠한 것처럼 우리가 그 용기를 사용하기 위해 자신의 두 손으로 잡는 것을 연상할 수 있다.

Je dois me prendre mon courage à deux mains pour atteindre mon but.
즈 드와 므 프헝드흐 몽 꾸하쥬 아 드 맹 뿌호 아땡드흐 몽 뷔

내 목적을 달성하기 위해서는 온 힘을 기울여야 해.

Prendre son pied
프헝드흐   쏭   삐예

 자신의 발을 잡다.   기쁨을 느끼다.
(= Avoir du plaisir)

 19세기에 시작된 표현으로, 그 당시에 "pied"는 해적의 전리품을 공평하게 분배하기 위한 측정 단위였으며, 보다 더 일반적으로는 누군가가 자신의 몫에 만족할 때 이 표현이 사용된다.

Comme j'ai gagné, je prends mon pied.   내가 이겨서 기뻐.
꼼   재   갸녜   즈   프헝   몽   삐예

Prendre un coup de vieux
프헝드흐 앵 꾸 드 비으

 노화의 한 방을 맞다.

 갑자기 많이 늙다, 구식이 되다.
(= Vieillir brutalement, devenir démodé)

 이 표현의 어원은 불분명하지만 그 의미를 이해하는 것은 어렵지 않다. 이 표현은 '어떠한 사람이나 물체에 갑자기 나타난 깊은 변화'를 나타내며, "coup(타격)"이라는 단어는 이러한 변화에서 '급작스러움'의 의미를 더 한다. 사람이 단시간에 "노화의 한 방을 맞아서(pris un coup de vieux)" 갑자기 늙어 보이는 것처럼 오래 전부터 보지 않는 영화도 우리에게 오래된 것처럼 보일 수 있고, 그래서 그 영화를 다시 보게 되었을 때, 우리는 영화가 "노화의 한 방을 맞았다"라고 말할 수 있다.

Tu l'as vu? Il a pris un coup de vieux en une semaine.
뛰 라 뷔 일 라 프히 앵 꾸 드 비으 엉 윈 스맨

너 그 사람 봤어? 그가 일주일 만에 훅 갔어.

Prendre un râteau
프헝드흐 앵 하또

 갈퀴에 맞다.

 거절당하다, 차이다.
(= Échouer dans une tentative pour séduire quelqu'un)

 90년대에 나타난 이 표현은 갈퀴를 발로 밟고 그 손잡이가 얼굴에 닿은 사람의 이미지를 연상시키는데, 이 우스꽝스럽고 고통스러운 모습은 누군가에게 차였을 때 느끼는 감정과 같다.

Il vient de se prendre un râteau par cette fille. 그는 방금 그녀에게 차였어.
일 비앵 드 쓰 프헝드흐 앵 하또 빠흐 쌛 피이으

 ## Presser quelqu'un comme un citron
프해쎄 꺨깽 꼬 맹 씨트홍

 누군가를 레몬처럼 짜내다.

 누군가를 완전히 착취하다.
(= Exploiter quelqu'un complètement)

 이 표현은 "모든 것을 다 착취한 후, 버려진 사람"을 "마지막 한 방울까지 힘차게 착즙을 해서 주스로 만들어 낸 후 버려진 과일"에 비유한 것이다.

Il se fait presser comme un citron toute la journée.
일 쓰 패 프해쎄 꼬 맹 씨트홍 뚜뜨 라 주흐네

그는 온종일 머리를 쥐어 짜내고 있어.

 ## Qui aime bien châtie bien.
끼 앰 비앵 샤띠 비앵

 좋아하는 사람이 괴롭힌다.

 누군가에게 엄하게 대하거나 잘못을 지적하는 것은 애정의 증거이다.
(= C'est une preuve d'affection que d'être dur avec quelqu'un, de souligner ses défauts.)

Qui aime bien châtie bien. C'est la preuve qu'il t'aime.
끼 앰 비앵 샤띠 비앵 쌔 라 프훼브 낄 땜

좋아하는 사람이 괴롭히는 법이야. 그건 바로 그가 너를 좋아한다는 증거야.

Raconter des salades
하꽁떼   데   쌀라드

 샐러드를 말하다.

 거짓말하다, 허풍 치다.
(= Raconter des mensonges)

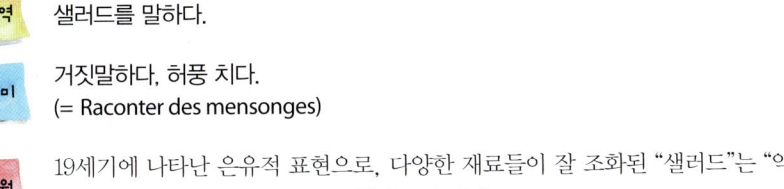

19세기에 나타난 은유적 표현으로, 다양한 재료들이 잘 조화된 "샐러드"는 "약간의 유머와 거짓이 섞여 진실로 여겨질 수도 있는 험담의 총체"에 비유된다.

Ne me raconte plus de salades!   더는 나에게 뻥치지 마!
느 므   하꽁뜨 쁠뤼 드   쌀라드

= Quelle salade!

Ramener sa fraise
하므네   싸   프해즈

 자신의 딸기를 가지고 오다.

 불쑥 끼어들다, 참견하다.
(= Intervenir souvent et de façon injustifiée)

 토론 중에 그 주제가 자신과 상관없거나 자신의 의견을 묻지 않았는데도 종종 개입하는 경우가 있다. 우리는 이러한 사람에 대해서 "ramener sa fraise(자신의 딸기를 가져온다)"라고 말하는데, 여기에서 "fraise(딸기)"는 다름 아닌 '머리'를 의미하며, 사실상 속어로 '얼굴'을 의미한다. 실제로 "ramener sa fraise(자신의 딸기를 가져오다)"라는 표현은 단순히 '다가오다(s'approcher)'라는 것을 의미하며, "딸기를 가져오다(la ramener)"라는 표현이기도 하다.

Pourquoi tu ramènes toujours ta fraise?   너는 왜 항상 불쑥 끼어드는 거야?
뿌흐꾸와   뛰   하맨   뚜주흐   따 프해즈

Rapide comme l'éclair
하삐드 꼼 레끌래흐

 번개처럼 빠르다.

 매우 빠르다.
(= Extrêmement rapide)

Je suis rapide comme l'éclair. 나 엄청나게 빨라.
즈 쒸 하삐드 꼼 레끌래흐

Recharger ses batteries
흐샤흐제 쎄 바트히

 자신의 배터리를 충전하다.

 기력을 재충전하다.
(= Reprendre des forces)

 일상적으로 사용되는 이 표현은 배터리와 관련이 있으며, 이는 마치 전기 기구가 작동하도록 해주는 배터리가 다 소진되면 재충전해야 하는 것과 같다.

Je suis complètement épuisée. J'ai besoin de recharger mes
즈 쒸 꽁쁠래뜨멍 에쀠제 재 브조앵 드 흐샤흐제 메
batteries. 나 완전히 지쳤어. 재충전이 필요해.
바트히

Recoller les morceaux
흐꼴레 레 모흐쏘

 조각을 다시 붙이다.

 화해하다.
(= Se réconcilier, s'entendre de nouveau)

On essaie de recoller les morceaux.
오 내쌔 드 흐꼴레 레 모흐쏘

우리는 다시 화해하려고 노력하고 있어.

Remettre les compteurs à zéro
흐매트흐 레 꽁뙤호 아 제호

 계량기를 '0'으로 다시 맞추다.

 처음부터 다시 시작하다.
(= Repartir du début, sans ressentiment)

 이 표현의 어원은 비교적 모호하다. 실제로 이 표현이 어떤 "계량기(compteurs)"와 관련이 있는지에 대해서는 말할 수 없지만, "0"이 당연히 이에 부여되는 '무효 값'에서 비롯되었다는 것만은 확실하다. 또한 "0"은 '기초, 처음'을 상징하기 때문에 "remettre les compteurs à zéro(계량기를 "0"으로 맞추다)"라는 표현은 '어떠한 관계에 있어서 처음부터 다시 시작하고, 건실한 토대 위에서 다시 잘 시작하기 위해 자신의 기억 속에서 불협화음을 지워내고자 하는 것'을 의미한다.

Il faut remettre les compteurs à zéro.
일 포 흐매트흐 레 꽁뙤호 아 제호

처음부터 다시 시작해야 해.

 ### Remonter la pente
흐몽떼　라　뻥뜨

 비탈길을 다시 오르다.

 나쁜 길(궁지)에서 점점 빠져나오다.
(= Sortir d'une mauvaise situation de manière progressive)

 맨바닥에 이르렀을 때 다시 올라갈 수밖에 없는 "비탈길"의 이미지를 기반으로 하는 20세기의 프랑스어 표현으로, "remonter la pente(비탈길을 다시 오르다)"라는 이 표현은 '어려운 상황 속에서 점진적으로 벗어나고 있다'라는 것을 의미한다.

Je suis en train de remonter la pente.　　나는 궁지에서 점점 벗어나고 있어.
즈 쒸 엉 트행 드 흐몽떼 라 뻥뜨

 ### Rendre la pareille
헝드흐　라　빠해이으

 같은 것을 돌려주다.

 누군가에게 동일한 방식(좋든 안 좋든)으로 행동하다.
(= Agir avec quelqu'un de la même manière qu'il a lui-même agi
(en bien ou en mal))

이 표현은 19세기 상반기부터 사용되기 시작한 일상적인 표현으로, 오늘날에도 여전히 본래의 의미로 사용되고 있다.

Comme il m'a donné un coup de main, je vais lui rendre la pareille.
꼼 일 마 도네 앵 꾸 드 맹 즈 배 뤼 헝드흐 라 빠해이으

그가 나를 도와줬던 것처럼 나도 그를 도와줄 거야.

= **Rendre l'appareil**

 ## Rendre son tablier
헝드흐　쏭　따블리에

 자신의 앞치마를 돌려주다.

 일을 그만두다, 무언가를 포기하다.
(= Démissionner, abandonner quelque chose)

어원　19세기에 시작된 표현으로, 과거에 하녀들은 앞치마를 입었고 이들이 일을 그만두고 싶을 때 노동에 대한 거부의 의사 표시로 앞치마를 자신의 고용주에게 되돌려 주고 떠났다. 오늘날 이 표현은 어떤 종류의 일이든지 자기 일을 그만두고 떠날 때 사용될 수 있다.

Je compte rendre mon tablier pour réaliser mon rêve.
즈　꽁뜨　헝드흐　몽　따블리에　뿌흐　헤알리제　몽　헤브

내 꿈을 위해 일을 그만둘 생각이야.

 ## Rentrer dans sa coquille
헝트헤　덩　싸　꼬끼으

 자신의 조가비 속으로 들어가다.

 자신을 돌아보다, 혼자만의 시간을 가지다.
(= Se refermer sur soi, faire preuve de timidité)

 이 표현은 겁에 질렸을 때 자신의 조가비 속으로 움츠러드는 "연체동물"과 관련이 있으며, '두려움이나 수줍음 때문에 스스로 자기 안에 갇혀 자신의 내면에 머무르는 사람'을 의미한다.

Je rentre dans ma coquille quand j'ai besoin de réfléchir.
즈　헝트흐　덩　마　꼬끼으　껑　재　브조앵　드　헤플레쉬흐

나는 생각이 필요할 때 혼자만의 시간을 가져.

 ## Repartir comme en quarante
호빠흐띠흐　　꼬　　멍　　꺄헝뜨

 40년처럼 다시 출발하다.

 열심히 다시 시작하다.
(= Recommencer avec enthousiasme)

 이 표현은 "repartir comme en 14(14년처럼 다시 시작하다)"라는 표현의 변이형으로, '매우 열정적인 병사들의 전쟁 참전'을 의미한다. 이들은 전쟁이 빨리 끝날 것으로 생각했고, 1940년에 발발한 제2차 세계대전처럼 자신들이 겪게 될 참혹한 학살을 상상조차 하지 못했다.

Quiconque repart comme en quarante.　누구나 열정을 가지고 다시 시작해.
끼꽁끄　　호빠흐　　꼬　　멍　　꺄헝뜨

 ## Reprendre des couleurs
흐프헝드르　　데　　꿀뭬흐

 색을 되찾다.

 혈색을 되찾다. 햇빛에 그을리다.
(= Bronzer, avoir la peau hâlée par le soleil, aller mieux)

 이 표현은 일반적으로 '누군가의 안색이 좋아진 것을 기뻐하거나 단순히 햇볕에 그을려 아름다운 얼굴빛을 가지게 되었음'을 나타내기 위해 사용된다. 여기에서 "색"은 건강 상태가 좋지 않음을 나타내는 "얼굴의 창백함"과 대조된다.

Je suis en train de reprendre mes couleurs.　내 몸이 회복되고 있어.
즈　쒸　엉　트행　드　흐프헝드흐　메　꿀뭬흐

Reprendre du poil de la bête
흐프헝드르   뒤   쁘왈   드 라 배뜨

 짐승의 털을 다시 잡다.

 원기를 회복하다.
(= Reprendre de l'énergie)

 민간 신앙에 따르면, 사람들은 자신을 물은 동물의 털을 상처에 바르면 그 상처가 치유된다고 믿었다. 따라서 이 표현은 보다 비유적인 의미로 '특정한 사건으로 인해 침착성을 잃었다가 다시 냉정을 되찾고 앞으로 나아가며 자신의 근심 원인에 맞서는 것을 주저해서는 안 된다'라는 것을 의미한다.

Je pars en vacances pour reprendre du poil de la bête.
즈 빠흐 엉 바껑쓰 뿌흐 흐프헝드흐 뒤 쁘왈 드 라 배뜨

나는 재충전을 위해 휴가를 떠난다.

Rester de marbre
해스떼   드   마흐브흐

 대리석처럼 있다.

 냉담하다.
(= Être froid(e), fermé(e), dépourvu(e) de toute émotion)

 이 표현은 차갑고 단단하고 견고한 돌에 빗대어 17세기에 "froid comme marbre(대리석처럼 차다)"라는 형태로 나타났다가 18세기에 "rester de marbre(대리석처럼 있다)"라는 형태로 사용되기 시작하였는데, 이는 '아무런 감정이 없는 사람의 차갑고 딱딱한 모습'을 나타내기 위해 사용된다.

Je suis restée de marbre pendant le dîner.
즈 쉬 해쓰떼 드 마흐브흐 뻥덩 르 디네

저녁 식사를 하는 동안 나는 냉담한 태도를 취했다.

Rester les bras croisés
해스떼 레 브하 크화제

 팔짱을 끼고 있다.

 방관하다.
(= Rester sans rien faire)

 이는 17세기 초에 나타난 표현으로 "가슴 위에 팔짱을 낀다"는 것은 문화적인 상징성을 지니는데, 이는 '행동하지 않거나, 행동하는 것을 거절한다'는 것을 나타낸다. 따라서 "rester les bras croisés(팔짱을 끼고 있다)"라는 표현은 '방관하다'라는 의미를 지닌다.

Comment pourrait-il rester les bras croisés sans rien faire?
꼬멍 뿌해 띨 해쓰떼 레 브하 크화제 썽 히앵 패흐

어떻게 그가 아무것도 안 하고 방관할 수가 있어?

Rester scotché quelque part
해스떼 스코췌 깰끄 빠흐

 어딘가에 스카치테이프로 붙여진 채로 있다.

 무언가에 몰두하다, 꼼짝 못 하다.
(= Être fasciné(e), être coincé(e))

Je reste scotchée à mon téléphone depuis ce matin.
즈 해스뜨 스꼬췌 아 몽 뗄레폰 드쀠 쓰 마땡

나는 아침부터 핸드폰을 붙들고 있어.

Rester sur sa faim
해스떼   쒸흐   싸   팽

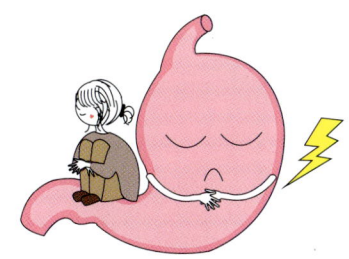

 허기진 상태에 있다.

 불만스럽다, 실망스럽다.
(= Voir nos attentes déçues alors qu'on espérait beaucoup de quelque chose)

 이 표현이 많이 사용되기 시작한 것은 중세 시대로, 실제로 그 당시에 모든 종류의 사건을 축하하기 위해 연회가 열렸고, 이러한 연회에서 귀족들의 식욕을 채우기 위한 음식으로 가득한 식탁을 보는 것은 너무나 당연한 일이었다. 그래서 귀족들이 식사를 마치고 자리를 떠날 때 여전히 허기가 남아있으면 그 연회는 실패한 것으로 여겨지기도 했다.

Son comportement m'a fait rester sur ma faim.
쏭   꽁뽀흐뜨멍   마   패   해쓰떼   쒸흐   마   팽

그의 행동이 나를 실망스럽게 했어.

Retomber en enfance
흐똥베   어   넝펑쓰

 어린 시절로 되돌아가다.

 어린아이처럼 생각 없이 행동하다.
(= Se comporter comme un enfant, de manière inconsciente)

 이 표현은 '인간의 일생'에 대한 은유를 기반으로 한 20세기의 표현이다. 따라서 "retomber en enfance(어린 시절로 돌아가다)"라는 표현은 '비이성적이고 아무런 걱정이 없는 시절로 되돌아가는 것'을 의미한다.

Il est retombé en enfance.
일   래   흐똥베   어   넝펑쓰

그가 어린아이처럼 행동해.

Retomber sur ses pieds
흐똥베   쒸흐   쎄   삐에

 자신의 발 위로 다시 떨어지다.

 어려운 상황에서 원상으로 회복하다, 어려운 상황을 해결하다.
(= Parvenir à rétablir une situation mal engagée)

Il m'aide à retomber sur mes pieds.
일   매드   아   흐똥베   쒸흐   메   삐에

내가 어려운 상황에서 벗어날 수 있도록 그가 날 도와주고 있어.

= **Retomber sur ses pattes**

Retrousser ses manches
흐트후쎄   쎄   멍슈

 소매를 걷어 올리다.

 일을 시작하다.
(= Se mettre au travail)

 이 표현은 옷이 도구에 끼어 일에 방해가 되지 않도록 하기 위해 힘든 일을 준비하는 과정에서 자신의 소매를 걷어 올리는 것을 주저하지 않는 사람들에게서 비롯된 것으로, '일할 준비를 하는 것'을 의미한다.

Je finis mon café. Et ensuite, je me retrousse les manches.
즈 피니 몽 까페 에 엉쒸뜨 즈 므 흐트후쓰 레 멍슈

나는 커피를 마신 후 일을 시작한다.

● 실제로 말할 때는 대명동사를 사용하여 "se retrousser les manches"라고 말한다.

Réveiller les vieux démons
헤배이예   레   비으   데몽

 옛날 망령을 일깨우다.

과거의 안 좋은 일을 들추다.
(= Réveiller de vieux sujets de désaccord)

Tu ne comptes pas réveiller les vieux démons par hasard?
뛰 느   꽁뜨   빠   헤배이예   레 비으   데몽   빠흐   아자흐

너 설마 과거의 일을 들추려고 하는 건 아니지?

Revenir sur ses pas
흐브니흐   쒸흐   쎄   빠

 자신의 발자취를 따라 되돌아오다.

 되돌아오다/가다, 처음의 결정으로 되돌아 가다.
(= Revenir après s'être éloigné(e), retour en arrière, remettre une décision en question)

J'ai bien l'intention de revenir sur mes pas n'importe quand.
재   비앙   랭떵씨옹   드   흐브니흐   쒸흐   메   빠   냉뽀흐뜨   껑

나는 언제든 되돌아올 생각이야.

457 Revenons à nos moutons!
호브농 아 노 무똥

 우리 양에게로 돌아가자! 본론으로 돌아가자!
(= Revenir au sujet dont on parlait)

 이 표현은 저자 미상의 15세기 희극 "파틀랭 선생의 희극(La Farce du Maître Pathelin)"에서 그 어원을 찾는다. 영웅 파틀랭은 상인 기욤(Guillaume)을 속여서 저렴한 가격으로 시트를 사고, 그가 돈을 내야 할 때가 되면 죽어가는 척하거나 정신이 이상한 척 행동을 한다. 그래서 기욤은 자신의 정신이 온전한지, 실제로 거래가 이루어진 것이 맞는지 자신에게 되묻는다. 그 이후 기욤은 또다시 목동 티보(Thibault)에게 속아 자신의 모든 양을 도둑맞게 되는데, 그는 이 두 사건을 판사에게 제소하기로 했지만, 결국 그는 시트와 양을 혼동하게 되었고, 이에 짜증이 난 판사는 기욤에게 "그의 양에게로 돌아가라(revenir à ses moutons)"고 단호하게 말한다. 그 이후로 이 표현은 그 의미를 간직한 채 오늘날까지도 여전히 사용되고 있다.

On en était où? Maintenant, revenons-en à nos moutons!
오 너 네때 우 맹뜨넝 호브농 정 아 노 무똥

우리 무슨 얘기 했었지? 이제 본론으로 돌아가자!

458 Rire comme une baleine
히흐 꼬 뮌 발랜

 고래처럼 웃다. 매우 크게 웃다.
(= Rire la bouche grande ouverte)

 이 표현은 고래의 거대한 입과 관련이 있는데, 고래는 지구상에서 가장 큰 포유류이며, 매우 큰 입을 가지고 있기 때문에 "입을 크게 벌려 웃는다"라는 개념이 부여된 것이다.

Je le vois rire comme une baleine pour la première fois.
즈 르 브와 히흐 꼬 뮌 발랜 뿌흐 라 프호미애흐 프와

나는 그가 매우 크게 웃는 걸 처음 봐.

≠ **Pleurer comme une baleine**

Rouler quelqu'un dans la farine
훌레 껠껑 덩 라 파힌

 누군가를 밀가루에 굴리다.

 누군가를 속이다.
(= Duper quelqu'un)

 19세기 초에 "rouler(굴리다)"라는 동사는 '기만하다, 속이다(duper, tromper)'라는 의미가 있었으며, "farine(밀가루)"는 거짓된 말, 즉 "감언이설(belles paroles)"을 상징했다. 따라서 "se faire rouler dans la farine(밀가루 속에서 구르다)"라는 표현은 '누군가의 거짓된 말에 속다'라는 것을 의미한다.

On continue de le rouler dans la farine. 누군가 계속 그를 속이고 있어.
옹 꽁띠뉘 드 르 훌레 덩 라 파힌

Rouler sa bosse
훌레 싸 보쓰

 자신의 밧줄을 굴리다.

 여행을 많이 하다, 모험을 떠나다.
(= Mener une existence aventureuse, voyager et voir beaucoup de choses)

이 표현의 어원은 아마도 해양 분야에서 비롯되었을 것으로 보인다. 여기에서 "bosse(고정용 밧줄)"는 선원들이 사용하던 "매듭진 밧줄"로, 선원들은 떠돌아다니며 여기저기 여행을 하는 것으로 잘 알려져 있었다. 따라서 이 표현은 넓은 의미로 '어떤 분야에서 광범위한 경험을 가진 사람'을 의미한다.

Je passe beaucoup de temps à rouler ma bosse.
즈 빠쓰 보꾸 드 떵 아 훌레 마 보쓰

나는 여행을 많이 해.

Rouler sur l'or
훌레   쒸흐   로흐

 금 위에서 구르다.

 매우 부유하다.
(= Être riche, ne pas manquer d'argent)

J'imagine parfois que je roule sur l'or.
지마진   빠흐프와   끄 즈 훌 쒸흐 로흐

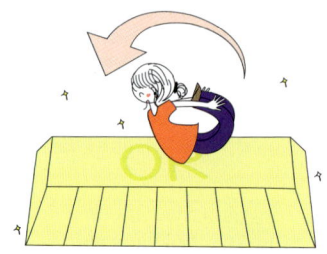

나는 가끔 부자가 되는 상상을 해.

S'arracher les cheveux
싸하쉐   레   슈브

 머리를 쥐어뜯다.

 불안해하다, 괴로워하다.
(= Être angoissé(e), être dans un état de grand stress)

 19세기에 나타난 이 표현은 일부 고통을 겪는 사람들이 무의식적으로 자신의 머리카락을 잡아당기려는 경향이 있다는 사실에 근거하고 있다.

Je m'arrache les cheveux à cause de ce problème.
즈 마하슈   레   슈브 아 꼬즈 드 쓰   프호블렘

나는 이 문제로 골치가 아파.

S'en laver les mains
성 라베 레 맹

 손을 씻다.

 어떠한 것을 완전히 무시하다.
(= Se moquer totalement de quelque chose, décliner toute responsabilité)

"S'en laver les mains(…에서 손을 씻다)"라는 표현은 성경에 기술된 본디오 빌라도(Ponce Pilate)의 행동과 관련이 있는데, 그는 예수 그리스도가 십자가에 못 박힐 당시 로마 유대인 지방의 총독이었다. 이 구절은 유대인들이 예수 그리스도를 위험한 반역자로 고발하여 본디오 빌라도에게 넘겼다는 것을 말한다. 유대인들은 빌라도에게 예수를 심판할 것과 사형선고를 내릴 것을 요구했으며, 빌라도는 예수를 심문했지만, 그에게서 어떠한 죄도 찾을 수가 없었다. 그런데 그 당시에는 유월절을 맞이하여 죄수 한 명을 석방하는 것이 관례였다. 그래서 빌라도는 살인죄로 기소되었던 바라바를 생각했고, 그는 유대인들이 범죄자 빌라도가 아닌 예수를 석방할 것을 선택하리라 생각했기 때문에 누구를 석방할 것인지 그들에게 물었다. 그러나 그들은 여전히 예수에게 사형 선고를 내릴 것을 요구하며, 바라바를 석방할 것을 선택했다. 그래서 빌라도는 폭동이 일어날 것을 예상하고, 예수를 군중에게 넘긴 후 그 앞에서 손을 씻고 선언했다; "나는 이 의로운 자의 피에 대해 결백하다, 너희가 그것을 알 것이다(Je suis innocent du sang de ce juste, vous, vous y aviserez)". 이는 '예수의 죽음이 자신과는 무관하고, 자신이 책임에서 벗어났음'을 의미하며, 오늘날에도 이 표현은 여전히 '우리가 어떤 것에 전혀 개의치 않고, 그것에 관심이 없다'라는 의미로 사용되고 있다.

J'ai un problème, mais, je m'en lave les mains.
재 앵 프호블램 매 즈 멍 라브 레 맹

문제가 있긴 한데, 별거 아니야.

S'emmeler les pinceaux
썽믈레   레   뺑쏘

 붓을 엉클다.

 착각하다, 혼동하다.
(= S'embrouiller)

 이 표현은 회화 분야와는 아무런 관련이 없으며, 실제로 "pinceaux"는 다름 아닌 '발(pieds)' 또는 '다리 (jambes)'를 의미한다. 따라서 이 표현은 "s'emmêler les jambes"라는 표현이 변이된 것으로, 이 두 표현은 '우리는 서로 얽혀있다', '우리는 혼란스럽다'라는 것을 의미한다.

Tu dois bien l'écouter pour ne pas t'emmeler les pinceaux.
뛰   드와   비앵   레꾸떼   뿌흐   느   빠   떵믈레   레   뺑쏘

네가 실수하지 않으려면 그의 말을 잘 들어야 해.

S'endormir sur ses lauriers
썽도흐미흐   쒸흐   쎄   로히예

 자신의 월계수 위에서 잠들다.

 첫 성공에 만족하고 더 이상 노력하지 않다.
(= S'endormir sur ses acquis, ne plus fournir les mêmes efforts)

 '처음의 성공이나 성과로 인해서 일할 때에 더는 꾸준히 노력하지 않는다'라는 것을 나타내기 위한 일상적인 표현으로, 이 표현에서 "월계수"는 "영광" 또는 "성공"의 상징이었으며, "인정"의 표식으로 여겨졌다.

Je m'endors sur mes lauriers et je ne fais plus d'efforts.
즈   멍도흐   쒸흐   메   로히예   에즈   느   패   쁠뤼   데포흐

나는 첫 성공에 만족해서 더는 노력하지 않는다.

S'ennuyer comme un rat mort
썽뉘이에   꼬   맹   하   모흐

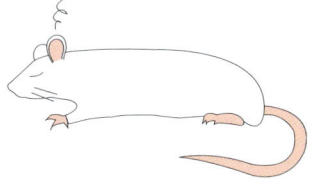

 죽은 쥐처럼 지루하다.

 극도로 지루하다.
(= S'ennuyer extrêment)

 "Un rat mort(죽은 쥐)"는 '어둡고 먼지가 많은 다락방에서 아무도 모르게 죽었을 쥐'의 이미지를 의미한다. "être comme un rat mort(죽은 쥐 같다)"라는 표현에는 정확히 "유기"와 "방치"의 개념이 포함되어 있으며, '혼자 있으며 지루하다'라는 것을 의미한다.

J'attends ici depuis des heures. Je m'ennuie comme un rat mort.
자떵   이씨   드쀠   데   훼호   즈   멍뉘   꼬   맹   하   모흐

여기에서 몇 시간째 기다리고 있는데, 지루해 죽겠어.

Saigner à blanc
쌔녜   아   블렁

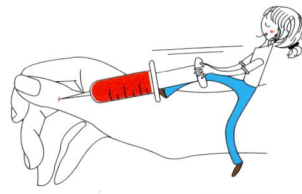

 피부가 하얘질 정도로 피를 뽑다.

 누군가의 고혈을 짜내다. 착취하다.
(= Soutirer à quelqu'un tous ses biens, épuiser les ressources vitales de quelqu'un)

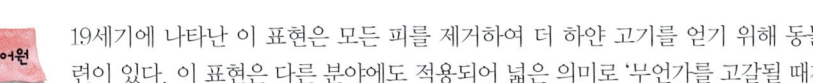 19세기에 나타난 이 표현은 모든 피를 제거하여 더 하얀 고기를 얻기 위해 동물의 피를 뽑는다는 사실과 관련이 있다. 이 표현은 다른 분야에도 적용되어 넓은 의미로 '누언가를 고갈될 때까지 빼내는 것'을 의미한다.

Certains riches saignent les pauvres à blanc.
쌔흐땡   히슈   쌔뉴   레   뽀브흐   아   블렁

어떤 부유한 사람들은 가난한 사람들을 착취한다.

Sauter aux yeux
쏘떼 오 지으

 눈앞에서 뛰어오르다.

 명백하다. 쉽게 이해가 되거나 알아채다.
(= Apparaître évident, être facile à comprendre ou à remarquer)

 우리는 눈으로 정보를 보고 분석할 수 있기 때문에 눈에 보이면 그 정보는 명확해지고 즉시 이해가 된다. 이와 더불어 이 표현은 '우리가 놓친 무언가'를 의미하기도 한다.

Elle aime les gâteaux. Ça saute aux yeux.
앨 램 레 갸또 싸 쏘뜨 오 지으

그녀는 케이크를 좋아해. 그건 명백한 사실이야.

Sauter le pas
쏘떼 르 빠

 한 걸음 뛰어넘다.

 위험을 감수하고 결단을 내리다.
(= Après avoir pesé le pour et le contre, se décider d'agir même si la situation est risquée)

On a besoin de courage pour sauter le pas.
오 나 브조앵 드 꾸하쥬 뿌흐 쏘떼 르 빠

위험을 감수하고 결단을 내리는 데는 용기가 필요해.

 **470** ## Sauter sur l'occasion
쏘떼 쉬흐 로까지옹

 기회 위에 올라타다.

 기회를 잡다.
(= Saisir une occasion, faire en sorte de ne pas la rater)

Je n'ai pas peur de sauter sur l'occasion.
즈 내 빠 뻬흐 드 쏘떼 쉬흐 로까지옹

나는 기회를 잡기 위해 도전하는 것을 두려워하지 않아.

 **471** ## Sauver la face
쏘베 라 파쓰

 얼굴을 구하다.

 체면을 살리다.
(= Sauver les apparences)

J'ai pu à peine sauver la face.   난 간신히 체면을 살렸어.
재 쀠 아 뺀 쏘베 라 파쓰

Sauver les meubles
쏘베 레 뮈블르

 가구를 구하다.

 필수품을 보전하다.
(= Préserver l'essentiel, limiter les pertes)

 이 표현의 의미는 "meuble"라는 단어에서 찾을 수 있는데, 12세기에 이 단어가 가졌던 첫 의미는 '이동시킬 수 있다'라는 것이었다. 예를 들어 홍수나 화재가 발생했을 때 '위험으로부터 옮길 수 있는 모든 것을 다른 곳으로 옮겼다'라는 것을 말하기 위해 "sauver les meubles(가구를 구하다)"라는 표현을 사용했다.

Heureusement, j'ai eu la chance de sauver les meubles.
으흐즈멍 재 위 라 셩쓰 드 쏘베 레 뮈블르

그래도 다행히 필수품은 보전할 수 있었어.

Sauver sa peau
쏘베 싸 뽀

 자신의 피부를 구하다.

 목숨을 구하다. 죽음을 면하다.
(= Sauver sa vie, échapper à la mort)

 이 표현은 "peau"라는 단어에서 그 의미를 찾을 수 있는데, 이 단어는 12세기 이후에 "동물" 뿐만 아니라 "인간"에게도 사용이 되었으며, 점차 '생명'이라는 비유적 의미로 쓰이게 되었다.

J'ai couru à toute vitesse pour sauver ma peau.
재 꾸휘 아 뚜뜨 비떼쓰 뿌흐 쏘베 마 뽀

난 살기 위해 죽을힘을 다해 뛰었어.

Savoir ce que quelqu'un a dans le ventre
싸브와흐 쓰 끄 껠깽 아 덩 르 벙트흐

 누군가의 배 속에 있는 것이 무엇인지 알다.

 누군가의 속내를 알다.
(= Savoir ce que vaut quelqu'un)

 이 표현은 15세기 당시에 '계획이 있다(avoir des projets)'라는 의미의 "avoir quelque chose dans le ventre(배 속에 무언가를 가지다)"라는 표현에서 파생되었으며, 점차 '야망에 대한 신체적, 정신적 능력을 가지다'라는 의미를 가지게 되었다.

Je sais bien ce qu'il a dans le ventre.
즈 쌔 비앵 쓰 낄 라 덩 르 벙트흐

나는 그의 속내가 무엇인지 잘 알아.

Se casser le nez
쓰 꺄쎄 르 네

 코가 깨지다.   찾아갔다가 못 만나다, 실패하다.
(= Subir un échec)

 17세기에 "donner le nez en terre(코를 땅에 주다)"라는 표현은 말 그대로, '땅에 얼굴을 대고 넘어지다'라는 것을 의미했는데, 비유적으로는 '사업에 실패하다'라는 것을 암시한다. 오늘날에는 이 표현이 "se casser le nez(코가 깨지다)"라는 표현으로 변화되었지만, 그 의미는 여전히 그대로 남아있으며, 19세기의 "tomber sur le dos(거꾸로 넘어지다)"라는 표현과 함께 "최악의 불운(le comble de la malchance)"을 상징했다.

J'ai voulu faire réparer ma caméra. Mais, je me suis cassé le nez.
재 불뤼 패흐 헤빠헤 마 꺄메하 매 즈 므 쒸 꺄쎄 르 네

카메라를 수리하려고 갔는데 허탕 쳤어.

Se cogner la tête contre les murs
쓰 꼬녜 라 떼뜨 꽁트흐 레 뮈흐

 벽에 머리를 부딪치다.

 쓸데없이 노력하다, 헛수고하다.
(= Faire de gros efforts inutilement)

 17세기 상반기에 "donner de la tête contre les murs(벽에 머리를 주다)"라는 표현이 사용되었다. "머리"와 "타격"이라는 두 단어의 결합은 과격하고 어리석은 행동을 연상시키는데, 따라서 "se cogner la tête contre les murs(벽에 머리를 부딪치다)"라는 표현은 '쓸데없이 큰 노력을 기울인다'라는 것을 의미한다.

Ça n'avance pas. Je dois arrêter de me cogner la tête sur le mur.
싸 나방쓰 빠 즈 드와 아해떼 드 므 꼬녜 라 떼뜨 쒸흐 르 뮈흐

일이 진척이 안 돼. 쓸데없는 노력 그만해야겠어.

= Se taper la tête contre les murs

Se coucher avec les poules
쓰 꾸쉐 아벡 레 뿔

 암탉과 함께 자다.

 매우 일찍 자다.
(= Aller dormir très tôt)

 이 표현은 "닭이 태양과 동시에 잠든다"라는 사실과 관련이 있는 반어적 표현으로, 겨울철에는 암탉이 어쩔 수 없이 아주 이른 시간에 잠이 들 것이기 때문에 "누군가"를 일찍 잠자리에 드는 "닭과 동물(gallinacé)"에 비유하는 것은 어렵지 않다.

Comme je suis très fatiguée, je vais me coucher avec les poules.
꼼 즈 쒸 트해 파티게 즈 배 므 꾸쉐 아벡 레 뿔

나 너무 피곤해서 일찍 잘래.

Se faire alpaguer
쓰 패흐 알빠게

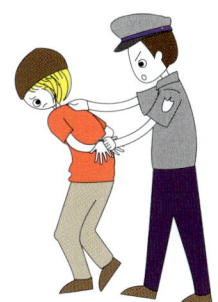

 체포당하다.

 붙잡히다, 체포되다.
(= Saisir vivement quelqu'un contre sa volonté, se faire arrêter)

Je l'ai vu se faire alpaguer ce matin. Qu'est-ce qu'il a fait?
즈 래 뷔 쓰 패흐 알빠게 쓰 마땅 깨 쓰 낄 라 패

그가 아침에 붙잡혀 가는 걸 봤는데, 그가 무슨 일을 저질렀어?

Se faire avoir
쓰 패흐 아브와흐

 스스로 가지다.

 속다, 함정에 빠지다.
(= Se faire rouler dans la farine, piéger)

C'est juste là où l'on se fait avoir souvent.
쌔 쥐쓰뜨 라 우 롱 쓰 패 아브와흐 쑤벙

우리가 종종 실수하는 부분이 바로 여기야.

Se faire de la bile
쓰 패흐 드 라 빌

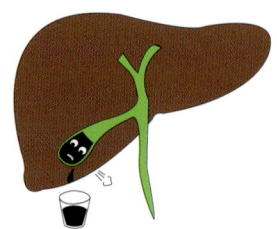

 담즙을 내다.

 누군가 또는 무엇에 대해 많이 걱정하다.
(= S'inquiéter terriblement, se faire beaucoup du souci pour quelqu'un ou quelque chose)

히포크라테스가 언급한 19세기의 이 표현은 사람이 걱정하거나 우울할 때 분비되는 "담즙"과 관련이 있다.

Ça ne sert à rien de se faire de la bile comme ça.
싸 느 쌔흐 아 히앵 드 쓰 패흐 드 라 빌 꼼 싸

그렇게 걱정해 봐야 아무 소용 없어.

Se faire la belle
쓰 패흐 라 밸

 자신을 아름답게 하다.

 탈옥하다.
(= S'évader, s'échapper de manière furtive d'un endroit où l'on était retenu prisonnier)

Tu as appris qu'elle s'était fait la belle? 너 그녀가 탈옥한 거 알아?
뛰 아 아프히 깰 쎄때 패 라 밸

482 Se faire rouler dans la farine
쓰 패흐 훌레 덩 라 파힌

직역 밀가루 속에서 구르다.

의미 속다.
(= Se faire tromper)

J'étais inconsciente de m'être fait rouler dans la farine.
제때 앵꽁씨엉뜨 드 매트흐 패 훌레 덩 라 파힌

나는 내가 속았는지도 몰랐어.

---

483 Se fendre la poire
쓰 펑드흐 라 쁘와흐

 배를 쪼개다.

 크게 웃다, 폭소하다.
(= Rire aux éclats, rire franchement)

 이 표현의 어원은 1832년 샤를 필리퐁(Charles Philipon)이 머리를 배 모양으로 그린 루이 필리프(Louis Philippe)의 캐리커처를 그렸던 그 시대로 거슬러 올라간다. 그 후로 "배"는 속어로 '얼굴'이라는 의미를 가지게 되었고, 이 표현은 '얼굴이 웃음으로 쪼개진 모습'을 나타낸다.

Il est trop marrant. On s'est vraiment fendus la poire.
일 래 트호 마헝 옹 쌔 브해멍 펑뒤 라 쁘와흐

그 사람 너무 웃겨. 우리 엄청나게 웃었어.

Se jeter à l'eau
쓰 즈떼 아 로

직역 물속에 뛰어들다.

의미 결단을 내리다, 위험을 감수하다, ~을 시도하다.
(= Se forcer à prendre une décision importante et à prendre des risques)

어원 이 표현의 어원은 누군가가 죽으려는 의도로 호수나 강에 단숨에 뛰어드는 행동에서 비롯되었으며, 비유적 의미로 사용되는 이 표현은 '비겁한 행동 대신에 용기를 가지고 선택할 준비가 되었음'을 나타낸다.

Je me suis jetée à l'eau pour lui dire mes sentiments.
즈 므 쒸 즈떼 아 로 뿌흐 뤼 디흐 메 썽띠멍

나는 그에게 내 마음을 고백했어.

Se jeter dans la gueule du loup
쓰 즈떼 덩 라 괠 뒤 루

직역 늑대의 입속으로 몸을 던지다.

의미 무모하게 모험을 하다.
(= Prendre des risques inconsidérés sans prendre conscience du danger qui en découle)

어원 전통적으로 늑대는 사납고 위험한 동물로 여겨져 나쁜 평판을 지니는데, 15세기 이후로 이 표현은 '위험에 너무 가까이 다가가려는 사람의 무모한 행동'을 설명하기 위해 사용되었다.

Parfois, on a besoin de se jeter dans la gueule du loup. Si non, rien n'arrive.
빠흐프와 오 나 브조앵 드 쓰 즈떼 덩 라 괠 뒤 루 씨 농 히앵 나히브

때로는 모험을 할 필요가 있어. 그렇지 않으면 아무 일도 일어나지 않아.

 ## Se la couler douce
쓰 라 꿀레 두쓰

 달콤한 삶을 보내다.

 별 노력 없이 조용한 삶을 살다.
(= Vivre agréablement, tranquillement, sans effort)

 19세기에 등장한 이 표현은 "couler une vie douce(달콤한 삶을 보내다)"라는 표현이 생략된 형태로, '큰 노력 없이 조용한 삶을 산다'라는 것을 의미한다.

Je rêve de me la couler douce. 나는 별 노력 없이 조용한 삶을 살기를 꿈꾼다.
즈 해브 드 므 라 꿀레 두쓰

 ## Se lever du mauvais pied
쓰 르베 뒤 모배 삐에

 안 좋은 발로 일어나다.

 기분이 안 좋다, 하루를 안 좋게 시작하다.
(= Être de mauvaise humeur, mal commencer sa journée)

프랑스어에서 "gauche(왼쪽)"이라는 단어는 흔히 부정적인 의미를 지닌다. 예를 들어 어떤 사람이 '매우 서툴다'라는 것을 표현하기 위해 "두 개의 왼손(deux mains gauches)을 가지고 있다"라고 말한다. 따라서 여기에서 "pied gauche(왼발)"은 '안 좋은 발(mauvais pied)'이라는 의미를 가지며, "se lever du pied gauche(왼발로 일어나다)"라는 표현은 '하루가 안 좋게 시작되었고 그래서 기분이 좋지 않다'라는 것을 의미한다.

Je te demande pardon. Je crois que je me suis levée du mauvais pied.
즈 뜨 드멍드 빠흐동 즈 크화 끄 즈 므 쒸 르베 뒤 모배 삐에

미안해! 나 오늘 기분이 별로인 것 같아.

= Se lever du pied gauche
≠ Se lever du bon pied

Se mettre au vert
쓰 매트흐 오 배흐

 녹지에 위치하다.

 휴식을 취하러 가다, 시골에서 휴식을 취하다.
(= S'isoler, se mettre au calme)

 이 표현은 이미 많은 사람이 시골의 "녹지(vert)"을 찾던 16세기에 나타났으며, 운동 선수들 사이에서 매우 잘 알려진 "mise au vert(전원에서의 휴식)"이라는 표현은 실제로 시골의 평온함을 추구하며 도시를 떠나고 싶어 하는 모든 사람에게 적용된다.

Je vais me mettre au vert pour un temps. 나는 한동안 쉬러 시골에 갈 거야.
즈 배 므 매트흐 오 배흐 뿌흐 앵 떵

Se mettre en boule
쓰 매트흐 엉 불

 몸을 웅크리다.

 화내다.
(= Se mettre en colère, se fâcher très fort)

 이 표현은 20세기에 나타난 일상적인 표현이다.

C'est normal qu'elle se mette en boule. 그녀가 화내는 것은 당연해.
쌔 노흐말 깰 쓰 매뜨 엉 불

Se mettre en quatre
쓰 매트흐 엉 꺄트흐

 4등분으로 놓이다.

 할 수 있는 모든 것을 다하다. 최선을 다하다.
(= Se donner du mal, déployer des efforts importants, faire tous ses efforts)

 17세기 중반에 나타난 "se mettre en quatre(4등분으로 놓이다)"라는 표현은 '큰 노력을 한다'라는 것을 의미한다. 우리는 몸을 4등분으로 접으려고 노력하는 자신의 모습을 쉽게 상상할 수 있으며, 목표를 달성하는 데 필요한 어려움과 노력을 빠르게 연상할 수 있다. 특히 이 표현은 "사람"에 대해 노력한다는 것을 나타내기 위해 사용된다.

Il se met en quatre pour m'apprendre une nouvelle chose.
일 쓰 매 엉 꺄트흐 뿌흐 마프헝드흐 윈 누밸 쇼즈

그는 새로운 것을 배우는데 최선을 다해.

Se mettre en rogne
쓰 매트흐 엉 호뉴

 화난 상태에 놓이다.

 화를 내다.
(= Se mettre en colère, être de mauvaise humeur)

On a cassé mon ordinateur. Ça m'a mise en rogne.
오 나 까쎄 모 노흐디나뙤흐 싸 마 미즈 엉 호뉴

누가 내 컴퓨터를 망가뜨렸어. 그래서 화가 나.

Se mettre le doigt dans l'oeil
쓰 매트흐 르 드와 덩 뤠이으

 손가락을 눈에 넣다.

 큰 실수를 하다. 완전히 바보 같은 짓을 하다.
(= Se tromper grossièrement)

 이 표현은 누군가가 서투른 몸짓으로 십자 표시를 하려다가 손으로 눈을 찌른 어처구니없는 사실에 대한 언급일 수 있다. 하지만 "눈"은 "속임수"를 상징하는 "항문"의 또 다른 명칭일 수도 있다. 따라서 "se mettre le doigt dans l'œil(눈에 손가락을 넣다)"라는 표현은 '우리가 완전히 속았다'라는 것을 의미하며, '우리가 잘못된 길로 들어섰다'라는 것을 의미한다.

Je viens de me mettre le doigt dans l'oeil.
즈 비앵 드 므 매트흐 르 드와 덩 뤠이으

나 조금 전에 완전히 바보 같은 짓을 했어.

Se mettre quelqu'un à dos
쓰 매트흐 껠껭 아 도

 누군가와 등을 맞대다.

 적이 되다.
(= Se faire un ennemi)

 "누군가와 등을 맞대고 있다"라는 것은 '그 사람이 우리 뒤에 있다'라는 것을 말하며, 이는 '누군가와 등지다(se mettre quelqu'un à dos)'라는 뜻으로, 예를 들어 의견에 있어서 '우리와 같은 방향으로 가지 않는 사람'을 의미한다. 따라서 '누군가를 우리의 적대적으로 만드는 것', 즉 '적으로 만드는 것'을 의미한다.

Je me suis mise Pierre à dos.
즈 므 쒸 미즈 삐애흐 아 도

나는 피에르와 적이 되었어.

494   Se mettre sur son 31
쓰 매트흐 쒸흐 쏭 트헝떼앵

 자신의 31위에 있다.

 격식을 차려입다.
(= Mettre ses plus beaux vêtements)

Je vais me mettre sur mon 31 pour aller à une soirée.
즈 배 므 매트흐 쒸흐 몽 트헝떼앵 뿌흐 알레 아 윈 쓰와헤

난 잘 차려입고 파티에 참석할 거야.

---

495   Se planter
쓰 쁠렁떼

 스스로 박다.

 착각하다.
(= Se tromper)

Désolée! Je me suis plantée.   미안해! 내가 착각했어.
데졸레 즈 므 쒸 쁠렁떼

Se regarder en chien de faïence
쓰　흐갸흐데　엉　쉬앵　드　파이영쓰

 도자기 개처럼 서로 마주 보다.

 말없이 서로 노려보다.
(= Se dévisager, se regarder mutuellement avec animosité ou méfiance, tout en gardant le silence)

 과거에 위협적인 모습을 한 개 조각상을 비롯하여 도기 장식을 벽난로 양쪽에 배치하여 서로를 뚫어지게 응시하는 듯한 인상을 주었는데, 이 표현은 그 조각상의 "부동성"과 "대칭적인 위치"와 관련이 있다.

Ça fait des heures qu'ils se regardent en chien de faïence.
싸　패　데　줴흐　낄　쓰　흐갸흐드　엉　쉬앵　드　파이영쓰

그들은 몇 시간째 서로 말도 없이 노려보고 있어.

Se serrer la ceinture
쓰　쌔헤　라　쌩뛰흐

 허리띠를 졸라매다.

 아껴 쓰다, 절약하다, 거의 먹지 않고 지내다.
(= S'alimenter peu, faute de moyens. se priver pour économiser de l'argent)

 이 표현은 우리가 먹을 것이 부족하여 충분히 먹지 못했을 때, 체중이 감소한다는 사실을 연상시키는데, 즉 '뱃살이 빠져서 바지를 고정하려면 벨트를 여러 번 조여야 한다'는 것을 의미한다.

Je me serre la ceinture pour l'avenir.　　내 미래를 위해 아끼고 있어.
즈　므　쌔흐　라　쌩뛰흐　뿌흐　라브니흐

Se tourner les pouces
쓰 뚜흐네 레 뿌쓰

 엄지손가락을 돌리다.

 무료하게 시간을 보내다. 아무것도 하지 않다.
(= Ne rien faire)

 17세기부터 "les poulces à la ceinture(벨트에 엄지손가락)"이라는 표현은 '비활동적인 사람'을 나타내는데 사용되었다. 그 후 1834년에 "tourner ses pouces(자신의 엄지손가락을 돌리다)"라는 표현이 사용되었으며, 19세기 말에 이르러 "se tourner les pouces(엄지손가락을 돌리다)"라는 현재의 형태를 가지게 되었다. 그 당시에 대중 언어는 "엄지손가락"과 "무료함"을 연관시켰고, 따라서 "se tourner les pouces(엄지손가락을 돌리다)"라는 표현은 '아무것도 하지 않고 있다'라는 것을 의미한다.

Dépêche-toi! On n'a pas le temps de se tourner les pouces.
데빼슈 트와 오 나 빠르 떵 드 쓰 투흐네 레 뿌쓰

서둘러! 낭비할 시간 없어.

Sécher les cours
쎄쉐 레 꾸흐

 강의를 말리다.

 수업을 땡땡이치다.
(= Ne pas aller en classe)

 이 표현은 아주 최근의 것으로, 잉크병이 학교 책상에 붙어 있던 시대에서 비롯되었으며, 학생이 수업이 없는 기간 동안 말라붙은 잉크의 이미지를 나타낸다.

Je n'aurais pas dû sécher les cours.
즈 노해 빠 뒤 쎄쉐 레 꾸흐

나는 수업을 빼먹지 말았어야 했어.

500 Sens dessus dessous
썽쓰   드쒸   드쑤

직역 위아래가 뒤바뀌어

의미 매우 혼란스러운, 뒤죽박죽인
(= De façon très désordonnée)

어원 과거에는 "devant derrière(반대로)"라는 표현이 '거꾸로(à l'envers)'라는 의미가 있었지만, 이 표현은 점차 사라지게 되었고 오늘날에는 "sens dessus dessous(위아래가 뒤바뀌어)"라는 표현으로 대체되었다. 이는 어떠한 것도 제자리에 있지 않은 "엄청난 무질서함"을 상징하며, 또한 '어떠한 소식이나 사건으로 인해서 매우 흥분해 있으며 강한 충격을 받은 사람'을 지칭하는 데 사용되기도 한다.

Elle n'a pas rangé sa chambre. Elle est sens dessus dessous.
앨   나   빠   헝제   싸   셩브흐   앨 래 썽쓰   드쒸   드쑤

정리하지 않아서 그녀의 방이 뒤죽박죽이야.

501 Serrer la vis
쌔헤   라   비쓰

직역 나사를 조이다.

의미 더 엄격하게 하다.
(= Être plus sévère, plus dur(e))

Je vais serrer la vis sur les aliments pour perdre du poids.
즈 배   쌔헤   라 비쓰 쒸흐 레   잘리멍   뿌흐   빼흐드흐 뒤 쁘와

나는 살을 빼기 위해서 더 엄격하게 식단 조절을 할 거야.

Sonner les cloches à quelqu'un
쏘네 레 끌로슈 아 껠껭

 누군가에게 종을 울리다.

 누군가를 엄하게 질책하다.
(= Réprimander quelqu'un sévèrement)

Je lui ai sonné les cloches pour ses mensonges.
즈 뤼 애 쏘네 레 끌로슈 뿌흐 쎄 멍쏭쥬

그가 거짓말해서 내가 호되게 야단쳤어.

Sortir de ses gonds
쏘흐띠흐 드 쎄 공

 자신의 경첩에서 벗어나다.

 격분하다, 화를 내다.
(= S'emporter, avoir un accès d'humeur, de colère ou d'impatience)

 16세기에 화를 잘 내는 사람을 나타내기 위해 "se mettre hors de ses gonds(자신의 경첩에서 벗어나다)"라는 표현을 사용했다. 문지도리(charnière de porte: 문짝을 여닫을 때 문짝이 달려 있게 하는 물건)의 일부인 "경첩(gond)"은 세로축이어서 안정적이었기 때문에 그 당시에 균형 잡힌 사람을 "자신의 경첩 위에 있다(se tenait sur ses gonds)"라고 말했다. 따라서 "sortir de ses gonds(자신의 경첩에서 벗어나다)"라는 표현은 정신적 균형과 관련하여 사회적인 규범이 요구하는 만큼 '어떠한 사람이 침착하지 않다'라는 것을 의미한다.

Il est sorti de ses gonds au bout de la discussion.
일 래 쏘흐띠 드 쎄 공 오 부 드 라 디쓰뀌씨옹

토론이 끝날 무렵 그가 격분했어.

Sortir des sentiers battus
쏘흐띠흐   데   썽띠에   바뛰

직역 통행이 잦은 길에서 벗어나다.

의미 새로운 시도를 하다, 모험하다.
(= Innover, explorer, tenter une nouvelle approche, sortir de la norme)

어원 19세기에 시작된 이 표현은 "작은 길"의 이미지를 기반으로 하며, "그 길이 밟아서 다져졌다는 것"은 그만큼 '통행량이 아주 많다'는 것을 의미하기 때문에 이 표현은 '새로운 시도를 한다'라는 것을 의미한다.

J'ai décidé de sortir des sentiers battus.　　나는 모험을 하기로 결심했어.
재   데씨데   드   쏘흐띠흐   데   썽띠에   바뛰

≠ **Suivre les sentiers battus**

Taper dans le mille
따뻬   덩   르   밀

직역 천 개 가운데에서 두드리다.

의미 정확하게 알아맞히다, 성공하다.
(= Deviner juste ou tomber juste, avoir une intuition exacte au sujet de quelque chose)

어원 20세기에 나타난 이 표현의 어원은 "표적 사격"이라는 스포츠를 기반으로 하며, 이 경기에서 이기기 위해서는 각 선수가 자신의 화살을 표적의 정중앙에 맞혀야만 한다.

C'est génial de taper dans le mille dès le premier coup.
쌔   제니얄   드   따뻬   덩   르   밀   대   르   프흐미에   꾸

단번에 알아맞히다니 대단해.

506 Taper sur les nerfs
따뻬 쒸흐 레 내흐프

 신경을 두드리다.

 신경을 건드리다, 짜증 나게 하다.
(= Énerver)

 신경은 제일 먼저 큰 피로감을 느끼고 그로 인한 증상들을 느끼게 한다. 그래서 "taper sur les nerfs(신경을 두드리다)"라는 표현은 어떠한 사람을 "피곤하게 (fatigue)"하고, "강렬하게 자극"해서 결과적으로 '짜증 나게 한다'라는 것을 의미한다.

Elle pourrait te taper sur les nerfs.   그녀가 네 신경을 건드릴 수도 있어.
앨 뿌해 뜨 따뻬 쒸흐 레 내흐프

507 Tâter le terrain
따떼 르 때행

 땅을 살피다.

 무슨 일이든 하기 전에 상황을 신중하게 검토하다.
(= Évaluer une situation avant d'agir)

 17세기 말에 시작된 이 표현은 위험을 무릅쓰고 질주하기 전에 잘 알지 못하는 땅을 자신의 말발굽으로 살피는 "말"과 관련이 있다. 따라서 "tâter le terrain(땅을 살피다)"라는 표현은 '어떠한 일이든 시작하기 전에 상황을 신중하게 살펴본다'라는 것을 의미한다.

Il faut tâter le terrain avant d'agir.   행동하기 전에 상황을 신중하게 검토해야 해.
일 포 따떼 르 때행 아벙 다지호

Tenir la chandelle
뜨니흐 라 셩댈

 초를 들고 있다.

 커플 가운데 혼자 있다. 마음이 편하지 않다.
(= Être seul(e) au milieu d'un couple)

 침대 옆 전등이 존재하지 않던 시대에 시종과 시녀들은 자신의 주인들에게서 등을 돌린 채 그들이 즐거운 시간을 보내는 동안 초를 들고 있어야만 했다. 그 후로 이 표현은 지속적으로 사용되어 어떤 사람이 커플 사이에서 혼자 있을 때 "tenir la chandelle(초를 들고 있다)"라고 표현하는데, 대부분의 경우 이 표현은 '마음이 불편한 상황에 있다'라는 것을 의미한다.

Il ne veut pas tenir la chandelle.   그는 커플 사이에 끼어 있고 싶어 하지 않아.
일 느 브 빠 뜨니흐 라 셩댈

Tenir la route
뜨니흐 라 후뜨

 도로를 지탱하다.

 신뢰할 만하다, 실현 가능하다, 자신의 지위를 명예롭게 유지하다.
(= Être crédible, donner confiance, tenir honorablement son rang, sa place)

 "Tenir la route(도로를 지탱하다)"라는 표현은 '그가 하는 활동이나 일, 그리고 삶에 있어서 신뢰할만하며, 자신의 높은 지위와 임무를 명예롭게 유지하고 있다'라는 것을 의미한다. 여기에서 "se maintenir(유지하다)"의 동의어인 "tenir(유지하다)"라는 동사의 광범위한 의미와 "여정, 길, 임무(parcours, voie, fonction)"의 동의어인 "길(route)"이라는 용어의 비유적 의미에 주목해야 한다.

Ce projet semble tenir la route.   이 계획은 실현 가능해 보여.
쓰 프호제 썽블르 뜨니흐 라 후뜨

Tenir le bon bout
뜨니흐 르 봉 부

 좋은 끝을 잡다.

 성공하려는 찰나에 있다.
(= Être en train de réussir une mission, un parcours, arriver au terme d'un projet entrepris)

 "Tenir le bon bout(좋은 끝을 잡다)"라는 표현은 '어떤 사람이 수행 중인 임무나 프로젝트, 직업적인 과정 등이 마침내 끝에 도달했음'을 나타내는 데 사용되며, 장기간의 노동이 끝났을 때의 만족감의 개념을 내포하고 있다. 여기에서 우리는 "fin, extrémité(마지막, 말단)"의 동의어인 "bout(끝)"라는 용어의 광범위한 의미뿐만 아니라, 정신적 측면에서의 '기대하고 바라던 결과, 만족'의 의미에도 주목해야 한다.

Je tiens le bon bout et je suis sur le point de l'obtenir.
즈 띠앵 르 봉 부 에 즈 쒸 쒸흐 르 뿌앵 드 롭뜨니흐

일이 잘 마무리되어 가고 있어. 나는 곧 좋은 결과를 얻게 될 거야.

Tenir le coup
뜨니흐 르 꾸

 타격을 견디다.

 정신적 또는 육체적 고통을 견뎌내다.
(= Résister sur le plan moral ou physique)

Il faut bien tenir le coup même si c'est dur.
일 포 비앵 뜨니흐 르 꾸 맴 씨 쌔 뒤흐

힘들더라도 잘 견뎌내야 해.

Tenir le crachoir
뜨니흐 르 크하슈와호

 타구를 들고 있다.

 오랫동안 말하다.
(= Parler longtemps)

 이 표현은 아주 간단히 "수다스럽다(bavard)" 또는 "침을 흘리다(baver)"라는 단어가 동일시되는 것처럼 "말(parole)"과 "침(salive)"이라는 단어가 동일시된 것으로 보인다.

Je tiens le crachoir une fois que je commence à parler.
즈 띠앵 르 크하슈와호 윈 프와 끄 즈 꼬멍쓰 아 빠흘레

나는 한번 말을 시작하면 오랫동안 말해.

513 Tenir le haut du pavé
뜨니흐 르 오 뒤 빠베

 포석의 윗부분을 차지하다.

 높은 사회적 지위에 있다.
(= Être de la haute société)

 중세 시대 도시의 거리에는 포석이 깔려있었는데, 일반적으로 오목했으며, 중앙의 수로에는 주민들이 창문으로 내다 버린 구정물이 흐르고 있었다. 그래서 그 길 가운데를 걸었던 사람들은 더러운 물을 흠뻑 맞아 발이 젖기도 했다. 하지만 귀족과 부르주아들은 집을 따라, 즉 포석의 윗부분으로 걸었기 때문에 안전했다.

Tout le monde veut tenir le haut du pavé.
뚜 르 몽드 브 뜨니흐 르 오 뒤 빠베

모든 사람이 높은 사회적 지위에 있기를 원해.

Tenir parole
뜨니흐   빠홀

 말을 지탱하다.

 약속을 지키다.
(= Respecter les engagements que l'on a pris)

Je suis quelqu'un qui tient parole.
즈 쒸 껠깽   끼 띠앵 빠홀

나는 약속을 잘 지키는 사람이야.

Tenir quelqu'un à l'oeil
뜨니흐   껠깽   아 뢰이으

 누군가에게 시선을 고정하다.

 누군가를 주시하다.
(= Surveiller quelqu'un)

 이 표현은 15세기에 '감시하다(surveiller)'를 의미했던 "tenir l'œil(눈을 떼지 못하다)"라는 표현을 다시 사용한 것이며, "avoir quelqu'un à l'œil(누군가를 눈에 가지다)"라는 표현은 '누군가가 상처를 주는 것을 막기 위해 그 사람을 감시한다'라는 것을 의미한다.

J'ai l'impression qu'on me tient à l'oeil.
재   랭프헤씨옹   꽁 므 띠앵 아 뢰이으

누군가가 나를 주시하는 듯한 느낌이 들어.

= Avoir quelqu'un à l'oeil

Tirer au clair
띠헤 오 끌래흐

 밝은 곳으로 끌어내다.

 무언가를 밝히다.
(= Comprendre et résoudre quelque chose)

15세기에 포도밭에서 비롯된 이 표현은, '액체를 정화하는 것'을 의미했고, 더 정확히는 '포도주 윗면의 맑은 부분을 옮겨 담는 것'을 의미했다. "éclaircir(밝게 하다)"라는 동사와 유사하다고 할 수 있는데, 이는 어떤 일에 적용되어, 예를 들면, 일단 '밝은 곳에 놓이면 해명될 수 있다'라는 것을 의미한다.

Enfin, je suis arrivée à tirer cette question au claire.
엉팽 즈 쒸 자히베 아 띠헤 쎁 께쓰띠옹 오 끌래흐

나는 결국 이 문제를 밝혀냈어.

Tirer des plans sur la comète
띠헤 데 쁠렁 쒸흐 라 꼬매뜨

 혜성에 대한 계획을 세우다.

 터무니없는 공상을 하다.
(= Projeter des choses irréalistes)

아주 먼 옛날부터 별이 항상 사람들을 매료했다면, 혜성은 오히려 두려움을 주는 존재였다. 그러나 실제로 이러한 현상을 설명할 방법이 없었으며, 사람들은 "혜성"을 "불운의 전조"라고 말했었다. 따라서 모두가 "혜성에 대한 계획을 세웠다", 즉 다음에 닥칠 불행이 무엇인지 예측하려고 했다. 오늘날 이 표현은 주어진 상황 속에서(일반적으로 부정적인) 어떤 일을 상상하지만 '일어날 가능성이 거의 없다'라는 것을 의미한다.

Je m'amuse de temps en temps à tirer des plans sur la comète.
즈 마뮈즈 드 떵 정 떵 아 띠헤 데 쁠렁 쒸흐 라 꼬매뜨

난 가끔 터무니없는 공상을 즐겨.

 ## Tirer le diable par la queue
띠헤 르 디야블르 빠흐 라 끄

 악마의 꼬리를 잡아당기다.

 생활에 어려움이 있다.
(= Vivre dans la précarité)

 17세기에 나타난 이 표현은 악마에게 도움을 요청하면서 자신의 요청을 들어주기 전까지는 떠날 수 없도록 그 꼬리를 붙잡고 있는 가난한 사람의 이미지를 기반으로 한다.

Je tire le diable par la queue parce que j'ai perdu mon travail.
즈 띠흐 르 디야블르 빠흐 라 끄 빠흐쓰 끄 재 빼흐뒤 몽 트하바이

나는 직장을 잃어서 생활이 어려워.

 ## Tirer les marrons du feu
띠헤 래 마홍 뒤 프

 불 속에서 밤을 꺼내다.

 주어진 상황을 이용하다. 다른 사람을 위해서 수고하다.
(= Profiter d'une situation donnée)

 이 구어체의 표현은 처음에 '다른 사람의 이익만을 위해 노력하는 것'을 의미했지만, 오늘날에는 이와 상반된 태도를 의미한다. 이는 주어진 상황을 이용하여 모든 이점을 끌어내려는 기회주의적인 행동으로 '자신의 이익을 위해서 노력한다'는 것을 말한다. "tirer les marrons du feu(불 속에서 밤을 꺼내다)"라는 표현은 라 퐁텐(La Fontaine)의 우화 "원숭이와 고양이(Le singe et le chat)"와 관련이 있으며, 원래의 표현은 "tirer les marrons du feu avec la patte du chat(고양이 발로 불에서 밤을 꺼내다)"로, 더 긴 형태를 가지고 있었다.

Je tire les marrons du feu sans me plaindre.
즈 띠흐 레 마홍 뒤 프 썽 므 쁠랭드흐

나는 불평 없이 주어진 상황을 이용한다.

520. Tirer les vers du nez

띠헤 레 배흐 뒤 네

 코에서 벌레를 끄집어 내다.

 원하는 정보를 빼내다, 누군가의 입을 열게 하다.
(= Faire parler quelqu'un)

 적어도 15세기에 시작된 이 표현은 그 당시 상당히 널리 퍼져있던 질병인 콧속의 기생충, "비강 벌레(vers rinaires)"에서 비롯되었을 것이다. 그러나 대다수의 사람은 자신이 감염되었다는 사실을 의사에게 말하는 것을 수치스럽게 여겼다. 그래서 의사는 이들이 말을 하도록 유도하기 위해 그들에게 질문해야만 했고, 사람들은 의사가 이들의 "코에서 벌레를 끄집어냈다(tirait les vers du nez)"라는 표현을 사용했다.

Il est vraiment doué pour tirer les vers du nez aux autres.
일 레 브헤멍 두에 뿌흐 띠헤 레 배흐 뒤 네 오 조트흐

그는 다른 사람의 입을 열게 하는데 정말 탁월한 소질이 있어.

---

521. Tirer par les cheveux

띠헤 빠흐 레 슈브

 머리채를 잡아당기다.

 믿을 수 없다.
(= Être difficile à croire en raison d'un manque de logique ou complexité)

 "Tirer quelque chose par les cheveux(머리채로 무언가를 잡아당기다)"라는 표현은 17세기에 등장하였으며, '강제하다(forcer)'라는 의미를 지니고 있었다. 오늘날 우리는 추론이 "확실하지"않고, 복잡하거나 그다지 논리적이지 않은 것처럼 보일 때 "머리채가 잡아당겨졌다(tiré par les cheveux)"라는 표현을 사용한다.

Ton histoire, c'est un peu tiré par les cheveux.
또 니쓰트와흐 쌔 땡 쁘 띠헤 빠흐 레 슈브

네 이야기는 좀 믿기가 어려워.

Tirer quelqu'un d'affaire
띠헤 껠꺙 다페흐

누군가를 문제에서 끌어내다.

누군가를 문제나 어려움에서 벗어나게 하다.
(= Sortir d'un problème, d'une difficulté)

19세기에 시작하여 여전히 흔히 사용되고 있는 이 표현에는 누군가가 어려움에 처해 있고, 그를 도와서 그 사람을 진흙탕에서 끌어내는 이미지가 사용된다.

Tu verras bien comment je vais me tirer d'affaire.
뛰 배하 비앵 꼬멍 즈 배 므 띠헤 다페흐

내가 어떻게 어려움에서 벗어나는지 잘 지켜봐.

Tirer son épingle du jeu
띠헤 쏘 네빵글르 뒤 즈

자신의 게임 핀을 빼내다.

손해를 입지 않고 어떠한 일이나 어려움에서 빠져나오다.
(= Récupérer ce que l'on a mis en jeu)

"Tirer son épingle du jeu(자신의 게임 핀을 빼내다)"라는 표현은 15세기부터 시작되었다. 예전에 소녀들은 벽 근처에 그려진 원 안에 핀을 넣는 게임을 했는데, 그러고 나서 공을 벽에 맞춘 다음 원안으로 튕겨서 핀이 원 밖으로 나오게 해야 했다. 적어도 자신이 게임에 걸었던 것을 되찾아야 했다. 따라서 이 표현은 '자신의 대의와 원래 자신이 걸었던 이익을 구하는 데 성공했다'는 것을 의미한다.

J'ai pu tirer mon épingle du jeu grâce à lui.
재 뛰 띠헤 모 네빵글르 뒤 즈 그하쓰 아 뤼

그 사람 덕분에 나는 손해를 입지 않고 빠져나올 수 있었어.

524 Toi et moi, ça fait deux.
트와 에 므와 싸 패 드

 너와 나는 둘이야.

 다르다.
(= Être différent(e))

On est trop différentes. Toi et moi, ça fait deux.   우린 너무 달라.
오 내 트호   디페헝뜨   트와 에 므와 싸 패 드

---

525 Tomber à l'eau
똥베 아 로

 물에 빠지다.

 버려지다, 수포로 되돌아가다, 물거품이 되다.
(= Être abandonné(e))

 이 표현의 어원은 "lac"이 '동물 함정'을 의미하던 12세기로 거슬러 올라가며, 일반적으로 한번 잡힌 사람은 다시 발견되지 않았다. 그리고 그 의미는 변화되어 '실패하다', 즉 '수포로 되돌아간다(tomber à l'eau)'는 것을 의미한다.

Mon projet risque de tomber à l'eau.   내 계획이 물거품이 될 수도 있어.
몽   프호제   히쓰끄 드 똥베 아 로

526. Tomber à pic
똥베 아 삑

 수직으로 떨어지다.

 적시에 일어나다.
(= Survenir au moment opportun, dans un timing idéal, exactement au moment nécessaire)

J'avais besoin de son aide et il est tombé à pic.
자배 브조앵 드 쏘 내드 에일래 똥베 아 삑

그의 도움이 필요했는데, 때마침 그가 왔어.

527. Tomber dans le panneau
똥베 덩 르 빠노

 표시판에 떨어지다.

 함정에 빠지다, 속다.
(= Se faire piéger)

 15세기에 "panneau"는 작은 야생 동물이 지나가는 곳에 뻗어 있는 그물로 동물에게 다가가지 않고, 즉 겁을 주지 않고도 이들을 포획할 수 있었다. 그 이후 이 표현은 자기도 모르게 함정에 빠진 사람에게 사용되기 시작했다.

On va t'aider à ne pas tomber dans le panneau.
옹 바 때데 아 느 빠 똥베 덩 르 빠노

네가 함정에 빠지지 않도록 우리가 도와줄게.

Tomber dans les pommes
똥베   덩   레   뽐

 사과 더미 속에 넘어지다.

 기절하다, 정신을 잃다.
(= S'évanoir)

1889년에 나타난 이 표현은 그 어원이 확실하지 않다. 이 표현이 "pâmer(기절하다)"라는 동사에서 비롯되었을 것이며, 먼저 "paumer(잃다)"로 변형되었다가, "pommes(사과)"로 바뀌었을 것이라는 설명이 있다. 한편, 다른 사람들은 이 표현이 조르주 상드(George Sand)의 "M. 뒤팽(M. Dupin) 부인에게 보내는 편지"에서 '매우 피곤한 상태'를 말하기 위해 작가가 사용한 표현 "être dans les pommes cuites(익은 사과 속에 있다)"에서 유래된 것이라고 주장한다.

Je suis tombé dans les pommes tout d'un coup.
즈 쒸   똥베   덩   레   뽐   뚜   댕 꾸

나는 갑자기 정신을 잃었어.

Tomber de haut
똥베   드 오

 높은 데서 떨어지다.

 현실로 되돌아오다, 환상을 버리다, 실패하다, 매우 놀라다.
(= Revenir à la réalité, subir un échec, être très surpris(e))

Si tu attends quelque chose, tu pourrais tomber de haut.
씨 뛰   아떵   껠끄   쇼즈   뛰 뿌해   똥베 드 오

네가 무언가를 기대한다면 실망할 수도 있어.

Tomber sur quelqu'un
똥베　쒸흐　껠꽹

 누군가 위로 떨어지다.

 누군가를 우연히 만나다.
(= Rencontrer quelqu'un par hazard)

Je suis tombée sur quelqu'un de bien à Paris.
즈　쒸　똥베　쒸흐　껠꽹　드　비앵 아　빠히

나 파리에서 좋은 사람 만났어.

Tomber sur un os
똥베　쒸흐　애　노쓰

 뼈 위에 떨어지다.

 예상치 못한 어려움에 직면하다.
(= Rencontrer une difficulté inattendue)

Je ne m'attendais pas à tomber sur un os.
즈　느　마떵대　빠 아　똥베　쒸흐　애　노쓰

내가 힘들어질 거라고는 생각도 못 했어.

Toucher du bois
뚜쉐   뒤   브와

 나무를 만지다.

 불운을 막고 행운을 불러일으키기 위한 미신적인 제스처
(= Pour se porter chance, pour conjurer le sort)

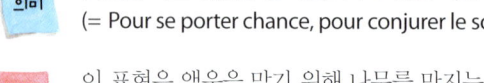 이 표현은 액운을 막기 위해 나무를 만지는 미신적인 행위를 기술하는 표현으로, 이러한 행동은 나무가 자성을 확산시킨다고 믿었던 이집트인이나, 역경으로부터 자신을 보호하기 위해 이러한 행동을 재연했던 기독교인(나무 십자가에 못 박힌 그리스도)에게서 유래되었을 것이다.

Je touche du bois pour lui.   나는 그에게 행운을 빌어준다.
즈 뚜슈   뒤 브와 뿌흐 뤼

= Toucher du singe

Toucher en plein coeur
뚜쉐   엉   쁠랭   꿰흐

 심장 한가운데를 건드리다.

 누군가에게 상처가 되는 말을 하다.
(= Blesser quelqu'un par des mots, médire sur un sujet qui la touche particulièrement)

Ne fais pas ça. Tu vas le toucher en plein coeur.
느 패 빠 싸 뛰 바 르 뚜쉐   엉 쁠랭   꿰흐

그러지 마! 그가 상처받을 거야.

Tourner autour du pot
뚜흐네   오뚜흐   뒤   뽀

 냄비 주위를 돌다.

의미 무언가를 말하는 것을 주저하다. 말을 빙빙 돌리다.
(= Hésiter à dire les choses)

어원 여기서 "pot"는 우리가 식사를 제공하던 '솥(marmite)'을 의미하며, 어려운 시기에는 여기에다 식사하는 것을 주저하지 않았다. 따라서 냄비 주변을 맴돌지 않았다.

Qu'est-ce que tu as? Pourquoi est-ce que tu tournes autour du pot?
깨   쓰   끄   뛰   아   뿌흐꾸와   애   쓰   끄   뛰   뚜흔느   오뚜흐   뒤   뽀

무슨 일이야? 무슨 얘긴데 말을 빙빙 돌려?

Tourner la page
뚜흐네   라   빠쥬

 페이지를 넘기다.

 과거를 잊다. 삶의 고통스러운 일을 뒤로 한 채 새로운 막을 열다.
(= Passer à autre chose, laisser derrière soi un épisode douloureux de sa vie ou une mésentente)

 "Tourner la page(페이지를 넘기다)"라는 표현은 '자신의 삶에서 고통스러운 일을 잊거나 오해를 그냥 넘겨 버린다는 것'을 의미한다. 우리는 단순히 책을 읽으면서 나쁜 구절을 잊는 것을 상상할 수 있으며, 따라서 이 표현은 그저 '다른 것으로 넘어가거나(passer à autre chose)', '용서하는(pardonner)' 것을 의미한다.

Désormais, je vais tourner la page.   이제부터 난 새로운 삶을 시작할 거야.
데조흐매   즈   배   뚜흐네   라   빠쥬

Traîner quelqu'un dans la boue
트해네 껠꽹 덩 라 부

 누군가를 진흙탕에 굴리다.

 누군가에 대해 심한 모욕, 명예 훼손을 하다.
(= Dénigrer, calomnier quelqu'un, souvent publiquement, le couvrir d'insultes infamantes)

 19세기의 이 표현은 더럽히고, 얼룩지게 하는 진흙의 이미지를 기반으로 한다. 따라서 '누군가의 명예를 훼손하고 수치스러운 말로 모욕한다'라는 것을 의미한다.

Il traîne Pierre dans la boue devant les gens.
일 트핸 삐애흐 덩 라 부 드벙 레 정

그가 사람들 앞에서 피에르를 모욕했어.

Trier sur le volet
트히예 쒸흐 르 볼레

 체로 고르다.

 골라내다, 엄선하다.
(= Sélectionner et garder le meilleur)

 중세 시대에 "volet"는 씨앗을 걸러내기 위한 체로 사용되던 보일(voile: 성기게 짜서 비쳐 보이는 얇고 가벼운 직물)이었으며, 이러한 체는 15세기에 완두콩과 잠두콩을 걸러내는 나무판으로 바뀌었다. 따라서 "Trier sur le volet(체로 고르다)"라는 표현은 '차근차근 골라내다', 즉 '선별하는 것'을 의미한다.

Je suis allée à une soirée où les invités étaient triés sur le volet.
즈 쒸 잘레 아 윈 쓰와헤 우 레 쟁비떼 에때 트히예 쒸흐 르 볼레

나는 특별한 손님들이 초대된 파티에 참석했어.

538. Tronche de cake
트홍슈   드   께이끄

 케이크 얼굴

 어리석은 사람
(= Un individu stupide)

 이 표현은 "케이크(gâteau)"와 전혀 관련이 없으며, 여기에서 말하는 "cake"는 '매듭(nœud)'을 의미하는 오크어에서 유래된 것으로, 기분 나쁜 말장난으로 "매듭 머리(tête de nœud)", 즉 "마을의 바보(idiot du village)"에 대해서 말할 때 이 표현을 사용한다.

Il est nul. Il a une tronche de cake.   그는 형편없어. 어리석은 사람이야.
일   래 뉠 일라 윈   트홍슈   드 께이끄

539. Trouver son maître
트후베   쏭   매트흐

 자신의 스승을 찾다.

 강자(멘토)를 만나다. 이길 수 없는 적수를 만나다.
(= Trouver plus fort que soi, tomber face à un adversaire qu'on ne peut pas battre)

Il est important de trouver son maître dans son domaine.
일   래 땡뽀흐떵   드   트후베   쏭   매트흐   덩   쏭   도맨

자기 분야에서 멘토를 찾는 건 중요해.

Tu m'enlèves le(s) mot(s) de la bouche.
뛰   멍래브   르(레)   모   드   라   부슈

 네가 내 입에서 단어를 없앤다.

 그건 바로 내가 하려던 말이야.
(= Dire ce que l'interlocuteur voulait justement dire)

On va terminer ici?   우리 여기서 끝낼까?
옹 바   때흐미네 이씨

-D'accord, tu m'enlèves les mots de la bouche.
다꼬흐   뛰   멍래브   레   모   드   라   부슈

좋아, 바로 내가 하려던 말이야.

Tuer le temps
뛰에   르   떵

 시간을 죽이다.

 무료함을 달래기 위해 무언가를 하다, 그냥저냥 시간을 보내다.
(= Tenter de s'occuper pour ne pas s'ennuyer)

Je fais de la pêche pour tuer le temps.
즈   패   드   라   빼슈   뿌흐   뛰에 르   떵

나는 시간을 보내기 위해 낚시를 해.

542 Un chouïa

앵   슈이야

직역 조금

의미 약간, 아주 조금
(= Très peu de, une petite quantité de quelque chose)

Tu veux du gâteau? – Oui, un chouïa.
뛰 브 뒤 갸또   위 앵 슈이야

케이크 먹을래? – 응, 아주 조금

543 Un coup d'épée dans l'eau

앵 꾸 데뻬 덩 로

직역 칼로 물 베기

의미 쓸데없는 행동
(= Un acte qui ne produit aucun effet)

C'était un coup d'épée dans l'eau. Je n'ai perdu que mon temps.
쎄때 앵 꾸 데뻬 덩 로 즈 내 빼흐뒤 끄 몽 떵

그건 쓸데없는 짓이었어. 시간만 버렸어.

544. Un grand garçon/une grande fille
앵 그헝 갸흐쏭 윈 그헝드 피으

 큰 소년/큰 소녀

 성숙한 소년 또는 소녀
(= Un garçon ou une fille qui est plus responsable, plus maturé(e))

Maintenant, je suis un grand garçon. 나 이제 다 컸어.
맹뜨넝 즈 쒸 쟁 그헝 갸흐쏭

545 Un temps de chien
앵 떵 드 쉬앵

 개의 날씨

 매우 나쁜 날씨
(= Un très mauvais temps)

 20세기 초에 나타난 이 표현은 '과도함'을 의미하는 "Un temps de chien(개의 날씨)"라는 수식어가 결합한 것으로, 여기에서 "chien(개)"는 경멸적인 것으로 여겨진다. 따라서 "Un temps de chien(개의 날씨)"라는 표현은 '나쁜 날씨'를 의미한다.

Je ne vais pas sortir. Il fait un temps de chien, aujourd'hui.
즈 느 배 빠 쏘흐띠흐 일 패 앵 떵 드 쉬앵 오주흐뒤

나 밖에 안 나갈 거야. 오늘 날씨가 너무 안 좋아.

= **Un temps de merde**

 ## Un(e) rabat-joie
앵(윈)　　하바　　조와

 흥을 깨는 것

 분위기를 망치는 사람, 남의 기분을 망치는 사람
(= Quelqu'un qui empêche la joie des autres)

Il est un rabat-joie. Il vaut mieux ne pas l'inviter au dîner.
일 래 땡　하바　조와　일 보　미으　느　빠　랭비떼　오　디네

그는 분위기를 망치는 사람이야. 그를 저녁 식사에 초대하지 않는 게 나아.

 ## Une histoire à dormir debout
윈　　니스트와흐　아　도흐미흐　　드부

 서서 잠이 들 이야기

 불가능한/믿기 어려운 이야기
(= Invraisemblable, difficile à croire)

 17세기에 나타난 이 표현은 오늘날과 동일한 의미를 지닌다. 우리는 잠을 잘 때 종종 꿈을 꾸는데, 이는 어떤 의미에서 우리가 비현실적인 세계로 들어간다는 것을 말한다. "Dormir debout(서서 자다)"라는 표현은 꿈속에 있는 것 같지만, 깨어서 '두 발로 서 있다(debout sur ses deux jambes)'라는 것을 의미하고, 따라서 "Une histoire à dormir debout(서서 자는 이야기)"라는 표현은 '그 이야기가 현실적이지 않고 꿈의 세계(monde des rêves)에 있다'는 것을 의미한다.

Il raconte une histoire à dormir debout.　　그가 믿을 수 없는 이야기를 해.
일　하꽁뜨　　윈　　니쓰트와흐　아　도흐미흐　　드부

 ## Va te faire cuire un oeuf!
바 뜨 패흐 뀌흐 애 뉘프

 네 계란이나 익히러 가!

 얼른 가서 네 일이나 해!
(= Laisser tranquille)

Ça ne te regarde pas. Va te faire cuire un oeuf!
싸 느 뜨 흐갸흐드 빠 바 뜨 패흐 뀌흐 애 뉘프

너랑 상관없어. 가서 네 일이나 해!

 ## Veiller au grain
베이예 오 그행

 곡물에 주의하다.   조심하다, 살피다.
(= Surveiller, être prudent(e))

19세기 중반에 만들어진 이 표현은 해양 분야와 관련이 있는데, "grain"은 '예측할 수 없는 폭풍우'를 의미했고, 또 이에 대한 특별한 주의가 필요했다. 그 이후로 우리에게 해가 될 수 있는 일에 대해 경계할 때 "veiller au grain(악천후에 주의하다)"라는 표현을 사용한다.

Je veille au grain pour ce qu'il va nous arriver.
즈 베이으 오 그행 뿌흐 쓰 낄 바 누 자히베

나는 우리에게 일어날 일을 대비하고 있어.

Vendre la peau de l'ours avant de l'avoir tué
벙드흐   라   뽀   드   루흐쓰   아벙   드   라브와흐   뛰에

 곰을 죽이기도 전에 그 가죽을 팔다.

 아직 성취하지 않은 일을 성취한 것으로 여겨서는 안 된다. 김칫국을 마시다.
(= Il ne faut pas utiliser ou considérer comme acquise une chose avant de l'avoir en sa possession.)

 이 표현은 "Il ne fault marchander la peau de l'ours devant que la beste soit morte(곰이 죽기 전에 그 가죽을 흥정해서는 안 된다)"라는 옛 속담에서 비롯된 것으로, '그것은 처분할 수 있다는 확신을 하기도 전에 이익 또는 어떤 것을 이미 얻은 것처럼 여겨서는 안 된다'라는 것을 의미한다.

Tu n'as pas encore le résultat. Ne vends pas la peau de l'ours
뛰   나   빠   정꼬흐   르   헤질따   느   벙   빠   라   뽀   드   루흐쓰
avant de l'avoir tué!   아직 결과도 안 나왔어. 김칫국 마시지 마!
아벙   드   라브와흐   뛰에

Vider son sac
비데   쏭   싹

 자신의 가방을 비우다.

 속내를 이야기하다.
(= Dire ce qu'on a sur le cœur)

 과거의 법정 문서는 돌돌 말린 단순한 종이 형태로, 이를 쉽게 운반하기 위해서는 가방을 사용해야만 했는데, 모든 변호사는 자신의 가방을 가지고 있었고, 이들이 판사 앞에 섰을 때 두루마리를 하나씩 꺼내 변론을 읽었다. 즉 "자신의 가방을 비웠다". 오늘날 이 표현은 '누군가가 자신의 마음속에 있는 모든 것', 즉 '그때까지 비밀로 간직해 온 모든 것'을 말할 때 사용된다.

Je vide mon sac à ma meilleure amie.   난 내 절친에게 속 얘기를 해.
즈   비드   몽   싹   아   마   매이웨흐   아미

Voir midi à sa porte
브와흐　미디　아　싸　뽀흐뜨

 자신의 문 앞에서 정오를 보다.

 자신의 관심사에 따라 사물 또는 상황을 판단하다.
(= Considérer en fonction de ses intérêts propres)

 "Chacun voit midi à sa porte(각자가 자신의 문 앞에서 정오를 본다)"라는 표현은 '자신의 관심사에 따라 어떠한 사물이나 문제를 본다는 것'을 의미하는 은유적 표현이다. 여기에서 "midi(정오)"는 "낮의 한가운데", 넓은 의미로는 "상황의 핵심"을 상징하고, "sa porte(자신의 문)"은 "자신의 집", 넓은 의미로 공적인 이익에 앞서 "사적인 이익"을 상징한다.

On a tendance à voir midi à sa porte.
오　나　떵덩쓰　아　브와흐　미디　아　싸　뽀흐뜨

우리는 자신의 관점에서 판단하려는 경향이 있어.

Voler de ses propres ailes
볼레　드　쎄　프호프흐　쟬

 자신의 날개로 날다.　　 독립적이다. 자립하다.
(= Être indépendant(e), être autonome)

 "Ailes(날개)"라는 용어는 "자유"를 상징하지만 이 표현에서는 '자립하다'라는 의미로 사용된다. 사실상, 19세기 중반 이후로 이 표현은 '무언가를 하는데 다른 사람의 도움이 필요하지 않다', 즉 '독립적이다'라는 것을 의미한다.

J'ai commencé à voler de mes propres ailes.
재　꼬멍쎄　아　볼레　드　메　프호프흐　쟬

나는 자립하기 시작했어.

Sommaire

№	표현	뜻	페이지
001	À la pelle	풍부하게, 많이	16
002	À vitesse grand V	전속력으로	16
003	Accorder ses violons	합의하다.	17
004	Aller à quelqu'un comme un gant	완벽하게 잘 어울리다.	17
005	Amuser la galerie	관중 또는 대중을 웃기다.	18
006	Appeler un chat un chat	직접적으로 이야기하다.	18
007	Apporter quelque chose à quelqu'un sur un plateau	요청하지 않은 서비스를 누군가에게 제공하다. (일반적으로) 이득이 되는 서비스를 제공하다.	19
008	Appuyer sur le champignon	(자동차의) 속도를 내다, 가속페달을 밟다.	19
009	Après la pluie, le beau temps.	슬픈 일 다음에는 기쁜 일이 일어난다.	20
010	Arrête ton cirque!	적당히 해! 허튼소리 그만해!	20
011	Arrêter les frais	손해가 되는 일을 그만두다, 불필요한 지출을 그만두다.	21
012	Arriver à bon port	목표를 달성하다, 목적지에 도착하다.	21
013	Arriver après la bataille	모든 일이 끝난 후에 도착하다, 너무 늦게 도착하다.	22
014	Arriver comme un cheveu sur la soupe	안 좋은 타이밍에 오다, 적절하지 않은 시기에 오다.	22
015	Attendre 107 ans	아주 오랫동안 기다리다.	23
016	Attendre au tournant	반격의 기회를 노리다, 복수할 기회를 엿보다.	23
017	Attention, je t'ai à l'oeil.	조심해, 내가 지켜보고 있어.	24
018	Au compte-gouttes	소량씩, 아주 조금씩	24
019	Avoir bon dos	어떤 일에 대해 부당하게 책임을 지다. 이상적인 책임자이다.	25
020	Avoir de la bouteille	나이를 먹다, 경험을 쌓다.	25
021	Avoir des antennes	직감을 가지다.	26
022	Avoir des fourmis dans les jambes	다리가 저리다, 실행에 옮기고 싶어 하다.	26
023	Avoir des papillons dans le ventre	사랑의 감정을 가지다.	27
024	Avoir des yeux de merlan frit	바보같은 눈빛으로 바라보다, 매우 놀라다.	27
025	Avoir deux mains gauches	서툴다.	28
026	Avoir du bol	운이 좋다.	28
027	Avoir du pain sur la planche	할 일이 많이 있다.	29
028	Avoir l'ouïe fine	귀가 좋다.	29
029	Avoir la chair de poule	소름 돋다, 닭살 돋다.	30
030	Avoir la cote	평판이 좋다, 인기가 있다.	30
031	Avoir la dalle	배고프다.	31
032	Avoir la flemme	귀찮다.	31

033	Avoir la frite 컨디션이 아주 좋다.	32	**051**	Avoir les boules 매우 신경질이 나다. 진절머리 나다.	41
034	Avoir la grosse tête 우쭐하다. 잘난 체하다. 거드름 피우다.	32	**052**	Avoir les quatre fers en l'air 혼란스러워 보이다.	41
035	Avoir la gueule de bois 전날에 술을 너무 많이 마셔서 몸이 좋지 않다.	33	**053**	Avoir les yeux plus gros que le ventre 자신을 과대평가하다.	42
036	Avoir la main verte 식물을 키울 줄 안다.	33	**054**	Avoir plusieurs casquettes 여러 가지 일을 하다.	42
037	Avoir la patate 컨디션이 좋다.	34	**055**	Avoir quelque chose sur le feu 무언가를 하고 있다.	43
038	Avoir la pêche 컨디션이 좋다.	34	**056**	Avoir quelqu'un à la bonne 누군가에게 호감을 느끼다. 누군가를 좋게 생각하다. 너그럽다.	43
039	Avoir la poisse 매우 불운하다. 재수가 없다. 문제를 일으키다.	35	**057**	Avoir quelqu'un dans le nez 누군가를 견딜 수 없다. 누군가를 좋아하지 않다.	44
040	Avoir la tête dans le cul 너무 피곤해서 일어나기 힘들다.	35	**058**	Avoir ses têtes 누군가를 편애하다. 누군가에게 좋고 싫음을 나타내다.	44
041	Avoir la tête dans les nuages 딴생각하다. 주의가 산만하다.	36	**059**	Avoir un (petit) goût de revenez-y 다시 먹고 싶다. 좋아했던 일을 다시 하고 싶다.	45
042	Avoir la tête sur les épaules 명석하다. 분별력이 있다.	36	**060**	Avoir un chat dans la gorge 목이 쉬다.	45
043	Avoir le beurre et l'argent du beurre 아무것도 주지 않고 모든 것을 갖기를 원한다.	37	**061**	Avoir un cheveu sur la langue 혀 짧은 소리를 내다. 발음이 새다.	46
044	Avoir le bras long 영향력이 있다.	37	**062**	Avoir un coeur d'or 매우 친절하다. 너그럽다.	46
045	Avoir le cafard 기분이 처지다. 우울하다.	38	**063**	Avoir un coeur d'artichaut 자주, 그리고 쉽게 사랑에 빠지다.	47
046	Avoir le coeur sur la main 인심이 좋다. 너그럽다. 따뜻한 마음을 가지다.	38	**064**	Avoir un coup de barre 급 피곤함을 느끼다.	47
047	Avoir le cul bordé de nouilles 운이 매우 좋다.	39	**065**	Avoir un coup de foudre 첫눈에 반하다.	48
048	Avoir le melon 자만하다. 우월감을 느끼다.	39	**066**	Avoir un métro de retard 이해하기 어렵다. 최신 소식에 뒤처지다.	48
049	Avoir le moral à zéro 처져 있다. 슬프다. 의기소침해 있다.	40	**067**	Avoir un mot sur le bout de la langue 단어가 생각날 듯 말 듯 하다. 단어가 생각나지 않다.	49
050	Avoir le pied au plancher (자동차의) 속도를 내다. 가속페달을 밟다.	40			

068	**Avoir un nom à coucher dehors** 발음하거나 기억하기 힘든 이름을 가지다.	50	086	**C'est du bidon.** 그건 사실이 아니야. 거짓이야.	59
069	**Avoir un poil dans la main** 매우 게으르다.	51	087	**C'est du gâteau.** 아주 쉬워. 식은 죽 먹기야.	60
070	**Avoir une idée derrière la tête** 머릿속에 있는 생각을 표현하지 않다. 딴 속셈이 있다.	51	088	**C'est du jus de chaussette.** (음료가) 아주 약해. 달짝지근해. 맛없어.	60
071	**Avoir une mémoire d'éléphant** 기억력이 매우 좋다.	52	089	**C'est du pareil au même.** 똑같아.	61
072	**Baisser les bras** 포기하다.	52	090	**C'est du pipeau.** 그건 거짓이야. 입에 발린 소리야. 장난이야.	61
073	**Battre le fer quand il est encore chaud** 기회는 왔을 때 잡아야 한다.	53	091	**C'est l'arbre qui cache la forêt.** 전체를 보지 않고 일부분에 집중하다.	62
074	**Battre son plein** 최고조에 이르다. 절정에 이르다.	53	092	**C'est la fin des haricots.** 이제 끝이야. 더는 희망이 없어.	62
075	**Boire comme un trou** 너무 많이 마시다.	54	093	**C'est le b.a.-ba.** b.a.는 ba다.	63
076	**Boire la tasse** 수영하다 물먹다.	54	094	**C'est le métier qui rentre.** 누구나 다 실수는 해. 당연한 거야.	63
077	**Boire les paroles de quelqu'un** 말을 멈추고 누군가의 말에 귀 기울이다.	55	095	**C'est le système D.** 이건 임시방편이야.	64
078	**Bourrer le crâne à quelqu'un** 거짓을 말하다. 속이다. 거짓을 세뇌해 믿게 하다.	55	096	**C'est mon petit doigt qui me l'a dit...** 짐작하고 있었어. 예상했어.	64
079	**Briser la glace** 냉담한 태도를 버리다. 긴장된 분위기를 풀어 주다.	56	097	**C'est mort.** 틀렸다.	65
080	**Broyer du noir** 비관하다. 낙심하다.	56	098	**C'est pas de la tarte.** 쉽지 않아.	65
081	**Brûler les étapes** 목표에 도달하기 위해 아주 빠른 속도로 진행하다.	57	099	**C'est pas la mer à boire.** 그렇게 어렵지 않아.	66
082	**C'est à pleurer de rire.** 엄청나게 웃겨.	57	100	**C'est pas tes oignons.** 너랑 상관없는 일이야.	66
083	**C'est casse-pieds.** 짜증 나.	58	101	**C'est son portrait craché!** 아주 많이 닮았어.	67
084	**C'est comme pisser dans un violon.** 쓸데없는 일이야.	58	102	**C'est un (sacré) numéro.** 눈에 띄는 사람이야. 남의 이목을 끄는 사람이야.	67
085	**C'est de la daube.** 버리기에 좋은 질 나쁜 물건이나 공연 등. 싸구려	59	103	**C'est un casse-tête.** 해결하기 어려운 일이야. 골칫거리야.	68

104	Ça craint! 염려스러워, 형편없어, 별로야, 위험해.	68		122	Ce n'est pas un cadeau. 기쁘게 하지 않다. 불쾌하게 하다.	77
105	Ça crève les yeux. 명백하다.	69		123	Changer d'avis comme de chemise 의견을 쉽게 바꾸다.	78
106	Ça douille. 너무 비싸다, 비용이 많이 든다.	69		124	Changer de crémerie 다니던 레스토랑 또는 다른 모든 장소를 바꾸다.	78
107	Ça fait des lustres. 오랜만이야.	70		125	Changer de disque 화제를 바꾸다.	79
108	Ça me fait ni chaud, ni froid. 나와 상관없어, 별 감흥이 없어.	70		126	Changer son fusil d'épaule 의견을 바꾸다.	79
109	Ça me fait une belle jambe. 아무 소용없는 일이야.	71		127	Chanter comme une casserole 음치이다.	80
110	Ça ne casse pas des briques. 별로 가치가 없다, 매우 흔하다.	71		128	Charger la barque 야망이 너무 크다, 과장하다.	80
111	Ça pue la merde. 형편없어, 마음에 안 들어.	72		129	Chercher la petite bête 지나치게 까다롭다.	81
112	Ça s'arrose! 축배를 들자!	72		130	Chercher midi à quatorze heures 간단한 것을 복잡하게 만들다.	81
113	Cacher son jeu 자신의 의도를 숨기다.	73		131	Cirer les pompes 아첨하다.	82
114	Caresser dans le sens du poil 누군가에게 아첨하다.	73		132	Clouer le bec à quelqu'un 누군가의 입을 다물게 하다.	82
115	Casser du sucre sur le dos de quelqu'un 뒷말하다, 뒤 담화하다, 험담하다.	74		133	Compter pour du beurre 중요하지 않다, 제외되다, 무시되다.	83
116	Casser les oreilles 매우 시끄럽게 하다, 주변 사람들을 불편하게 하다.	74		134	Connaître comme sa poche 누군가 또는 어떤 것에 대해 해박한 지식을 가지다.	83
117	Casser les pieds de quelqu'un 누군가를 성가시게 하다, 난처하게 하다.	75		135	Connaître la musique 어떻게 행동해야 하는지를 알다. 처세술에 능하다.	84
118	Casser sa croûte 간단히 먹다.	75		136	Connaître les ficelles 요령이 있다. 기지가 있다.	84
119	Casser sa pipe 죽다.	76		137	Connaître par coeur 완벽하게 알다.	85
120	Ce n'est pas de la petite bière. 중요하다.	76		138	Couper l'herbe sous le pied 누군가를 앞지르다, 능가하다, 이익을 가로채다.	85
121	Ce n'est pas ma tasse de thé. 내 취향이 아니야, 내가 좋아하는 게 아냐.	77		139	Couper la parole à quelqu'un 자신이 말하기 위해 다른 사람의 말을 끊다.	86

140	**Couper la poire en deux** 공평하게 나누다, 타협하다.	86
141	**Couper les ponts** 한 사람 또는 여러 사람과 연락을 단절하다.	87
142	**Courir sur le haricot** 성가시게 하다, 짜증 나게 하다.	87
143	**Coûter un bras** 매우 비싸다.	88
144	**Crever la dalle** 몹시 배고프다.	88
145	**Crier sur les toits** 정보를 공개하다.	89
146	**Croire au père Noël** 헛된 약속을 믿다.	89
147	**Croiser les doigts** 행운을 빌다.	90
148	**Cultiver son jardin** 다른 것들에 대한 걱정 없이 평화로운 삶을 누리다.	90
149	**De fil en aiguille** 점진적으로	91
150	**De l'eau est passée sous les ponts.** 시간이 흘렀다.	91
151	**Débarrasser le plancher** 쫓겨나다, 그 자리를 떠나다.	92
152	**Découvrir le pot aux roses** 비밀 또는 속임수를 발견하다.	93
153	**Décrocher la timbale** 탐내는 물건을 얻다, 목적을 달성하다, 고통을 겪다.	94
154	**Demander la lune** 불가능한 일을 요구하다.	94
155	**Dépasser les bornes** 지나치다, 도를 넘다.	95
156	**Des larmes de crocodile** (원하는 것을 얻기 위한) 거짓 눈물	95
157	**Dévorer des yeux** 누군가를 탐욕스러운 눈빛으로 보다.	96
158	**Dire qu'on a oublié!** 까마득하게 잊다.	96
159	**Donner carte blanche** 주도권을 주다, 모든 권한을 주다.	97
160	**Donner de la confiture aux cochons** 돼지에 진주 목걸이	97
161	**Donner du fil à retordre** 누군가를 애먹이다, 누군가에게 근심거리를 주다.	98
162	**Donner le feu vert** 허락하다.	98
163	**Donner sa langue au chat** (알아맞히는 것을) 단념하다, 포기하다.	99
164	**Donner un coup de main à quelqu'un** 누군가에게 꼭 필요한 도움을 주다.	99
165	**Donner un coup de poignard dans le dos** 배신하다.	100
166	**Donner un tuyau à quelqu'un** 누군가에게 조언하다.	100
167	**Dorer la pilule** 감언이설로 누군가에게 무언가를 하도록 속이다, 선탠하다.	101
168	**Dormir à la belle étoile** 밖에서 자다.	101
169	**Dormir sur ses deux oreilles** 평온하게 자다.	102
170	**Du balai!** 저리 가!	102
171	**Éclairer la lanterne (de quelqu'un)** 무언가에 대한 이해를 돕기 위해 필요한 것을 제공하다.	103
172	**Écouter aux portes** 사적인 대화를 엿듣다.	103
173	**Écrire comme un cochon** 글씨를 엉망진창으로 쓰다.	104
174	**Effet boule de neige** 어떠한 사건이 점점 커져 큰 결과로 이어지는 현상	104

#	표현	뜻	쪽
175	En avoir ras le bol	지긋지긋하다. 진저리가 나다.	105
176	En connaître un rayon	어떤 주제에 대해 잘 알다.	105
177	En faire (tout) un fromage	중요하지 않은 것을 너무 부풀리다. 호들갑 떨다.	106
178	En faire des tonnes	매우 과장하다.	106
179	En mettre sa main à couper	무언가에 대해 확언하다. 장담하다.	107
180	En mettre sa main au feu	자신의 손에 장을 지지다.	107
181	En perdre son latin	더는 아무것도 이해하지 못하다.	108
182	En prendre pour son grade	강하게 질책받다.	108
183	En venir à bout	문제 또는 어려움을 극복하다.	109
184	En voiture, Simone	시작이야.	109
185	Enfoncer le clou	끈질기게 하다. 반복해서 이야기하다.	110
186	Enlever à quelqu'un une épine du pied	누군가가 어려움에서 벗어날 수 있도록 도와주다.	110
187	Enlever un poids à quelqu'un	누군가의 근심을 덜어주다. 문제를 해결해 주다.	111
188	Entrer comme dans un moulin	제집처럼 드나들다.	111
189	Entrer dans le vif du sujet	단도직입적으로 말하다.	112
190	Envoyer au bain	돌려보내다. 매몰차게 내쫓다.	112
191	Envoyer quelqu'un sur les roses	성가신 사람을 내쫓다.	113
192	Épée de Damoclès	위험은 언제나 우리에게 닥칠 수 있다. 일촉즉발의 위기	113
193	Être à cheval sur quelque chose	무언가에 대해 엄격하다.	114
194	Être à côté de la plaque	벗어나다. 틀리다.	114
195	Être à côté de ses pompes	딴생각을 하다. 현실과 동떨어져 있다.	115
196	Être à croquer	귀엽다. 사랑스럽다.	115
197	Être à la bourre	늦다. 지각하다.	116
198	Être à la page	유행을 따르다. 잘 알고 있다.	116
199	Être à ramasser à la petite cuillière	녹초가 되다. 쓰러질 지경이다. 좌절해 있다.	117
200	Être à sec	돈이 없다. 빈털터리이다.	117
201	Être au bout du rouleau	기진맥진하다. 지치다.	118
202	Être au parfum	냄새를 맡다. 낌새를 알아채다.	118
203	Être au point mort	정체 상태에 있다.	119
204	Être au taquet	극복할 수 없는 한계에 도달하다.	119
205	Être aux anges	매우 행복하다.	120
206	Être beau comme un camion	예쁘다. 멋지다.	120
207	Être bête comme ses pieds	어리석다. 바보이다.	121
208	Être branché	유행을 알다. ~을 잘 알다.	121
209	Être comme chien et chat	사이가 좋지 않다.	122
210	Être comme les deux doigts de la main	뗄 수 없다. 서로 분리할 수 없다.	122

211	Être comme un poisson dans l'eau 매우 편하다.	123	229	Être le dindon de la farce 보기 좋게 속다, 남의 웃음거리가 되다.	132
212	Être copains comme cochons 절친이다.	123	230	Être lessivé 너무 피곤하다, 지치다, 기진맥진하다.	132
213	Être dans de beaux draps 안 좋은 상황에 있다.	124	231	Être majeur et vacciné 자기 일에 스스로 책임을 지다.	133
214	Être dans la lune 산만하다, 자기 생각 속에 빠지다.	124	232	Être mal barré 시작이 잘못되다.	133
215	Être dans la merde 문제가 생기다, 어려움에 처하다.	125	233	Être mal en point 상태가 좋지 않다.	134
216	Être dans le noir 아무것도 이해하지 못하다.	125	234	Être mauvaise langue 남을 비방하는 사람이다.	134
217	Être dans le pétrin 어려움이 있다, 극복하기 힘든 상황에 있다.	126	235	Être mis sur la touche 거리를 두다, 소외시키다.	135
218	Être dans le vent 현재의 추세를 따르다.	126	236	Être monnaie courante 규칙적으로/일상적으로 이루어지다.	135
219	Être dans les limbes 불안정한 상태에 있다, 혼란스럽다.	127	237	Être né avec une cuillère d'argent dans la bouche 부유한 가정에서 태어나다.	136
220	Être dans les vapes 정신이 몽롱하다, 멍한 상태에 있다.	127			
221	Être dans ses petits souliers 불편하다.	128	238	Être patraque 몸이 좋지 않다.	136
222	Être de glace 차갑다, 냉정하다.	128	239	Être pieds et poings liés 선택의 여지가 없다, 손발이 묶여 있다.	137
223	Être de mèche avec quelqu'un 누군가와 공범이다.	129	240	Être plein de thunes 돈이 매우 많다.	137
224	Être dos au mur 행동하도록 강요되다, 어쩔 수 없이 ~을 하다.	129	241	Être sage comme une image (아이가) 매우 얌전하다.	138
225	Être en froid avec quelqu'un 누군가와 사이가 좋지 않다.	130	242	Être soupe au lait 쉽게 화를 내다, 성질부리다.	138
226	Être fleur bleue 감상적이다.	130	243	Être sous la coupe de quelqu'un 누군가의 영향 아래 있다.	139
227	Être la bête noire de quelqu'un 누군가에게 미움을 받다.	131	244	Être tiré à quatre épingles 심혈을 기울여 매우 잘 차려입다.	139
228	Être la cinquième roue du carrosse 쓸모없는 사람	131	245	Être toujours sur la brèche 늘 방어적인 태도를 보이다.	140

#	Expression	Page
246	Être tout ouïe 들을 준비가 되어 있다, 귀를 기울이다.	140
247	Être une (bonne) poire 쉽게 배신당하는 사람, 쉽게 속는 사람	141
248	Être une bonne pâte 사랑스럽다, 성격이 좋다.	141
249	Être une courge 약간 멍청한 사람	142
250	Être une poule mouillée 모든 것을 두려워하다, 어떤 위험도 감수하지 않다.	142
251	Être une tête de cochon 고집이 세다, 성격이 나쁘다.	143
252	Être verni 운이 좋다.	143
253	Être vieux jeu 매우 구식이다.	144
254	Faire (toute) la lumière sur quelque chose 어떠한 상황에 대한 진상을 밝히다.	144
255	Faire chaud au coeur 격려하다, 위로하다.	145
256	Faire chou blanc 실패하다.	145
257	Faire d'une pierre deux coups 두 개의 목적을 동시에 달성하다, 일석이조.	146
258	Faire du foin 소란을 일으키다, 시끄럽게 하다.	146
259	Faire du pied 누군가에게 무언가를 말하기 위해 발을 살짝 밟다, 누군가에게 수작을 걸다.	147
260	Faire fausse route 길을 잘못 들다, 수단이나 방법을 잘못 선택하다.	147
261	Faire la cour 누군가를 유혹하려고 애쓰다.	148
262	Faire la fine bouche 까다롭게 굴다.	148
263	Faire la pluie et le beau temps 모든 것을 결정하다.	149
264	Faire le gros dos 자신을 보호하기 위해 상황을 무시하는 태도를 취하다.	149
265	Faire le guignol 바보짓을 하다.	150
266	Faire le mur 허락 없이 나가다.	150
267	Faire le pitre 바보짓을 하다, 익살을 부리다, 장난치다.	151
268	Faire le point 현재의 위치를 측정하다, 상황을 명확히 하다.	151
269	Faire marcher une personne 누군가를 감언이설로 속이다.	152
270	Faire mouche 목적을 정확하게 달성하다, 핵심을 찌르다.	152
271	Faire mousser quelqu'un 누군가를 과장되게 하다.	153
272	Faire partie des meubles 아주 오래전부터 한 장소에 있다, 고참이다.	153
273	Faire quelque chose à la va-vite 주의를 기울이지 않고 서둘러서 무언가를 하다, 대충하다.	154
274	Faire quelque chose au pied levé 즉흥적으로 무언가를 하다.	154
275	Faire quelque chose d'arrache-pied 무언가에 큰 노력을 기울이다.	155
276	Faire quelque chose sous le manteau 몰래 무언가를 하다.	155
277	Faire sa mauvaise tête 토라지다, 기분이 안 좋다.	156
278	Faire son beurre 돈을 벌다.	156
279	Faire son chemin 많이 발전하다, 성장하다, 목표에 가까이 다가가다.	157
280	Faire tilt 아이디어가 떠오르다, 갑자기 무언가를 이해하다.	157

#	표현	페이지
281	**Faire un dessin** 무언가를 명확하게 설명하다.	158
282	**Faire un malheur** 문제를 일으키다. 성공을 거두다.	158
283	**Faire un somme** 비교적 짧은 시간 동안 낮잠을 자다.	159
284	**Faire une fleur à quelqu'un** 누군가에게 호의를 베풀다.	159
285	**Faut pas pousser mémé dans les orties!** 도를 넘어서는 안 된다. 과해서는 안 된다.	160
286	**Fendre le coeur** 정신적으로 고통스럽게 하다.	160
287	**Fermer les yeux sur quelque chose** 무언가에 대해 엄격하지 않다. 눈감아주다.	161
288	**Filer à l'anglaise** 아무런 이야기 없이 슬그머니 사라지다.	161
289	**Filer un mauvais coton** 건강 또는 사업 등이 좋지 않다.	162
290	**Finir en queue de poisson** 어떤 일이 실망스럽게 끝나다.	162
291	**Foutre en l'air** 파괴시키다. 없애다.	163
292	**Friser le ridicule** 놀림감이 되는 사람 또는 상황	163
293	**Fumer comme un pompier** 담배를 많이 피우다.	164
294	**Gagner sa croûte** 생활비를 벌다.	164
295	**Garder son sang-froid** 침착하다. 냉정을 유지하다.	165
296	**Haut la main** 쉽게	165
297	**Il faut tourner sept fois sa langue dans sa bouche avant de parler.** 말하기 전에 신중해야 한다.	166
298	**Il n'y a pas de fumée sans feu.** 소문의 시초에는 항상 진실이 있다.	166
299	**Il n'y a pas le feu.** 급하지 않다. 서두를 필요가 없다.	167
300	**Il n'y a pas un chien.** 아무도 없다.	167
301	**Il ne faut jamais dire jamais.** 절대로 단언해서는 안 된다.	168
302	**Il pleut des cordes.** 비가 억수같이 쏟아진다.	168
303	**In extremis** 최후의 순간에	169
304	**J'en ai vu d'autres.** 그보다 더 안 좋은 것도 봤어. 최악은 아니야.	169
305	**Je m'en fous.** 난 신경 안 써.	170
306	**Je n'en reviens pas.** 믿을 수 없다.	170
307	**Jeter de l'huile sur le feu** 상황을 악화시키다. 불난 데 부채질하다.	171
308	**Jeter de la poudre aux yeux** 눈을 속이다.	171
309	**Jeter des fleurs à quelqu'un** 누군가를 칭찬하다. 찬사를 보내다.	172
310	**Jeter l'argent par les fenêtres** 돈을 펑펑 쓰다.	172
311	**Jeter l'ancre** 어떤 장소에 자리를 잡다.	173
312	**Jeter l'éponge** (실패할까 봐 두려워서) 포기하다.	173
313	**Jeter un froid** 분위기를 망치다. 불편하게 하다.	174
314	**Jeter un oeil** 흘끗 보다.	174
315	**Jouer avec le feu** 위험하거나 경솔한 행동 또는 말을 하다.	175

316	Jouer dans la cours des grands 바라는 곳에 있다. 성공한 사람들과 함께 있다.	175		333	Mener la/sa barque 자기 일을 스스로 해나가다.	184
317	Jouer des coudes 길을 헤치고 나아가다. 군중 속을 헤치고 나아가다.	176		334	Mettre à pied 해고하다.	184
318	Jouer le jeu 충실하게 행동하다. 신의 있게 행동하다.	176		335	Mettre à sac ~을 털다. 약탈하다. 도둑질하다.	185
319	Jouer sa dernière carte 최후의 수단을 쓰다.	177		336	Mettre de côté 따로 떼어 놓다. 저축하다.	185
320	L'argent n'a pas d'odeur. 부정직하게 번 돈. 돈에는 귀천이 없다.	177		337	Mettre de l'eau dans son vin 자신의 의견을 굽히다. 온건한 태도를 취하다.	186
321	Laisser le champs libre 원하는 대로 하도록 내버려 두다.	178		338	Mettre des bâtons dans les roues 일을 더 어렵게 만들다.	186
322	Le bouche-à-oreille 소문	178		339	Mettre l'eau à la bouche 군침이 돌다.	187
323	Le dessous des cartes 비밀	179		340	Mettre la clef sous la porte 조용히 떠나다. 파산하다.	187
324	Lécher les bottes à quelqu'un 누군가의 마음에 들기 위해 아첨하다.	179		341	Mettre la corde au cou 위험한 상황에 있다. 더는 원하는 대로 할 수 없다.	188
325	Les murs ont des oreilles. 말은 언제나 새어나갈 수 있기 때문에 조심해야 한다.	180		342	Mettre la gomme (자동차) 가속하다. (행동이나 일 따위) 박차를 가하다.	188
326	Lever le pied (안 좋은 행동을 한 후에) 달아나다, 떠나다. 긴장을 늦추다.	180		343	Mettre la puce à l'oreille 무언가를 알아채다. 누군가를 의심하다.	189
				344	Mettre le couteau sous la gorge 위협하다. 협박하다.	189
327	Lire entre les lignes 숨겨진 뜻을 이해하다.	181		345	Mettre le doigt dessus 무언가를 알아맞히다. 무언가를 찾아내다.	190
328	Mal tourner 안 좋게 돌아가다. 나빠지다.	181		346	Mettre le grappin dessus 무언가를 장악하다. 누군가를 독차지하다.	190
329	Manger sur le pouce 빨리 먹다.	182		347	Mettre le nez dehors 외출하다.	191
330	Marcher sur des oeufs 불안정하다. 조심스럽게 행동하다.	182		348	Mettre le paquet 전력을 다하다. 최선을 다하다.	191
331	Marquer le coup 기념하다. 중요성을 강조하다.	183		349	Mettre les bouchées doubles 더 빨리 진행하다. 행동을 가속하다.	192
332	Mener la danse 다른 사람들을 이끌다.	183		350	Mettre les pieds dans le plat 해서는 안 될 이야기를 하다. 생각없이 이야기하다.	192

Sommaire 305

351	Mettre les points sur les i 상황을 명확히 하다.	193		366	Motus et bouche cousue! 비밀을 지키세요!	200
352	Mettre les voiles 떠나다, 도망가다.	193		367	N'avoir ni queue ni tête 논리적이지 않다, 이치에 맞지 않다.	201
353	Mettre quelque chose dans la tête de quelqu'un 누군가에게 무언가를 설득하다.	194		368	Ne faire qu'une bouchée 무언가를 쉽게 차지하다.	201
				369	Ne pas arriver à la cheville de quelqu'un 누구보다 열등하다.	202
354	Mettre quelque chose sur le dos de quelqu'un 무언가를 누군가의 탓으로 돌리다. 누군가에게 책임을 지우다.	194		370	Ne pas avoir froid aux yeux 두려움이 없다, 대담하다.	202
				371	Ne pas avoir la langue dans sa poche 쉽게 말하다.	203
355	Mettre quelque chose sur le tapis 무언가를 화제에 올리다, 도마 위에 올리다.	195		372	Ne pas être chaud pour faire quelque chose 무언가를 하는데 열정이 없다, 하고 싶지 않다.	203
356	Mettre quelqu'un dans le bain 누군가를 어려운 상황에 처하게 하다. 누군가를 새로운 환경에 익숙하게 하다.	195				
				373	Ne pas être dans son assiette 몸이나 마음이 편하지 않다.	204
357	Mettre quelqu'un dans sa poche 누군가를 마음대로 다루다.	196		374	Ne pas faire long feu 오랫동안 지속하지 않다.	204
358	Mettre quelqu'un en boîte 누군가를 놀리다, 비웃다.	196		375	Ne pas fermer l'oeil 잠이 오지 않다.	205
359	Mettre son grain de sel 대화에 끼어들다, 방해하다, 참견하다.	197		376	Ne pas mâcher ses mots 솔직하게 말하다.	205
360	Mettre son nez (quelque part) 간섭하다, 참견하다.	197		377	Ne pas manquer d'air 무례하다, 대담하다.	206
361	Mettre sur les rails 올바른 방향에 두다, 실행하다.	198		378	Ne pas payer de mine 외모가 볼품없다.	206
362	Monter sur ses grands chevaux 쉽게 격분하다, 발끈하다.	198		379	Ne pas porter quelqu'un dans son coeur 누군가를 좋아하지 않다.	207
363	Montrer de quel bois on se chauffe 혼을 내다, 본때를 보여주다.	199		380	Ne pas pouvoir être au four et au moulin 동시에 여러 가지 일을 할 수 없다.	207
364	Montrer patte blanche 어떠한 장소에 들어갈 수 있는 표식을 보여주다.	199		381	Ne pas pouvoir voir quelqu'un (en peinture) 누군가를 견딜 수 없다.	208
365	Mordre à l'hameçon 함정에 빠지다, 속다.	200				

#	표현	뜻	p.
382	Ne pas valoir un clou	별로 가치가 없다.	208
383	Ne plus savoir sur quel pied danser	주저하다, 난처하다. 어느 장단에 맞춰 춤을 춰야 할지 모르다.	209
384	N'être jamais sorti de son trou	세상 물정을 알지 못하다. 우물 안 개구리.	209
385	Nez à nez	누군가를 우연히 만나다.	210
386	Noyer le poisson	감언이설로 누군가를 속이다. 누군가를 혼란스럽게 하다.	210
387	Noyer son chagrin dans l'alcool	(슬픔을) 잊기 위해 술을 마시다.	211
388	On n'est pas sorti de l'auberge.	어려운 상황에 직면해 있다.	211
389	On ne fait pas d'omelette sans casser des oeufs.	최소한의 희생 없이는 어떠한 것도 얻지 못한다.	212
390	On peut compter sur les doigts de la main.	조금 있다.	212
391	On se tire?	우리 갈까?	213
392	Ouvrir les yeux à quelqu'un sur quelque chose	누군가에게 무언가를 보여주다.	213
393	Ouvrir son coeur	자기 생각, 감정들을 누군가에게 이야기하다.	214
394	Parler comme un livre	유식하게 말하다, 학식 있게 말하다.	214
395	Parler dans le vide	헛되이 말하다, 혼자 떠들어대다.	215
396	Parler du nez	콧소리를 내다.	215
397	Passer l'arme à gauche	죽다.	216
398	Passer l'éponge	용서하다.	216
399	Passer la main	어떠한 활동을 위임하다, 포기하다.	217
400	Passer un sale/mauvais quart d'heure	일시적인 어려움에 처하다.	217
401	Passer un savon à quelqu'un	질책하다, 야단치다.	218
402	Pendre au nez de quelqu'un	어떠한 일이 일어날 위험이 있다.	218
403	Perdre la boule	이성을 잃다, 미칠 지경이다.	219
404	Perdre la face	체면을 잃다.	219
405	Perdre le nord	방향(길)을 잃다, 혼란스럽다.	220
406	Perdre des pédales	이성을 잃다, 미칠 지경이다.	220
407	Peser ses mots	신중하게 말을 하다.	221
408	Péter le feu	기운이 넘치다, 불을 내뿜다.	221
409	Péter un câble	화가 폭발하다, 통제력을 잃다.	222
410	Pipi de chat	하찮은 것, 맛없는 음료	222
411	Piquer du nez	참을 수 없을 만큼 졸리다, 꾸벅꾸벅 졸다.	223
412	Pistonner quelqu'un	자신의 영향력이나 지위를 이용하여 누군가 무언가를 얻도록 돕다.	223
413	Poireauter	누군가를 오래 기다리게 하다.	224

#	표현	페이지
414	Pomper l'air 성가시게 하다, 귀찮게 하다.	224
415	Porter la culotte 여자가 남편 또는 남자친구에 대해 강한 권위를 행사하다.	225
416	Poser un lapin à quelqu'un 약속 장소에 안 나오다, 바람맞히다.	225
417	Poser une colle 대답하기 어려운 질문을 하다.	226
418	Pousser comme un champignon 빠르게 발전하다, 성장하다.	226
419	Pousser le bouchon (un peu loin) 과장하다, 선을 넘다, 너무 멀리 가다.	227
420	Prendre à coeur 무언가에 전념하다, 열중하다.	227
421	Prendre au mot 누군가의 제안을 받아들이다.	228
422	Prendre en main quelque chose 자신이 직접 무언가를 하다.	228
423	Prendre la porte 자리를 떠나다.	229
424	Prendre la tangente 도망가다, 어려움에서 벗어나다.	229
425	Prendre le taureau par les cornes 어려움에 맞서다.	230
426	Prendre le train en marche 도중에 참여하다, 편승하다.	230
427	Prendre quelqu'un sous son aile 누군가를 보호하다, 지켜주다.	231
428	Prendre ses cliques et ses claques 자신의 짐을 싸서 떠나다.	231
429	Prendre son courage à deux mains 어떤 일을 시작하기 위해서 자신의 온 힘을 기울이다.	232
430	Prendre son pied 기쁨을 느끼다.	232
431	Prendre un coup de vieux 갑자기 많이 늙다, 구식이 되다.	233
432	Prendre un râteau 거절당하다, 차이다.	233
433	Presser quelqu'un comme un citron 누군가를 완전히 착취하다.	234
434	Qui aime bien châtie bien. 누군가에게 엄하게 대하거나 잘못을 지적하는 것은 애정의 증거이다.	234
435	Raconter des salades 거짓말하다, 허풍 치다.	235
436	Ramener sa fraise 불쑥 끼어들다, 참견하다.	235
437	Rapide comme l'éclair 매우 빠르다.	236
438	Recharger ses batteries 기력을 재충전하다.	236
439	Recoller les morceaux 화해하다.	237
440	Remettre les compteurs à zéro 처음부터 다시 시작하다.	237
441	Remonter la pente 나쁜 길(궁지)에서 점점 빠져나오다.	238
442	Rendre la pareille 누군가에게 동일한 방식(좋든 안 좋든)으로 행동하다.	238
443	Rendre son tablier 일을 그만두다, 무언가를 포기하다.	239
444	Rentrer dans sa coquille 자신을 돌아보다, 혼자만의 시간을 가지다.	239
445	Repartir comme en quarante 열심히 다시 시작하다.	240
446	Reprendre des couleurs 혈색을 되찾다, 햇빛에 그을리다.	240
447	Reprendre du poil de la bête 원기를 회복하다.	241

448	Rester de marbre 냉담하다.	241		*465*	S'endormir sur ses lauriers 첫 성공에 만족하고 더 이상 노력하지 않다.	250
449	Rester les bras croisés 방관하다.	242		*466*	S'ennuyer comme un rat mort 극도로 지루하다.	251
450	Rester scotché quelque part 무언가에 몰두하다, 꼼짝 못 하다.	242		*467*	Saigner à blanc 누군가의 고혈을 짜내다, 착취하다.	251
451	Rester sur sa faim 불만스럽다, 실망스럽다.	243		*468*	Sauter aux yeux 명백하다, 쉽게 이해가 되거나 알아채다.	252
452	Retomber en enfance 어린아이처럼 생각 없이 행동하다.	243		*469*	Sauter le pas 위험을 감수하고 결단을 내리다.	252
453	Retomber sur ses pieds 어려운 상황에서 원상으로 회복하다. 어려운 상황을 해결하다.	244		*470*	Sauter sur l'occasion 기회를 잡다.	253
				471	Sauver la face 체면을 살리다.	253
454	Retrousser ses manches 일을 시작하다.	244		*472*	Sauver les meubles 필수품을 보전하다.	254
455	Réveiller les vieux démons 과거의 안 좋은 일을 들추다.	245		*473*	Sauver sa peau 목숨을 구하다, 죽음을 면하다.	254
456	Revenir sur ses pas 되돌아오다/가다, 처음의 결정으로 되돌아 가다.	245		*474*	Savoir ce que quelqu'un a dans le ventre 누군가의 속내를 알다.	255
457	Revenons à nos moutons! 본론으로 돌아가자!	246		*475*	Se casser le nez 찾아갔다가 못 만나다, 실패하다.	255
458	Rire comme une baleine 매우 크게 웃다.	246		*476*	Se cogner la tête contre les murs 쓸데없이 노력하다, 헛수고하다.	256
459	Rouler quelqu'un dans la farine 누군가를 속이다.	247		*477*	Se coucher avec les poules 매우 일찍 자다.	256
460	Rouler sa bosse 여행을 많이 하다, 모험을 떠나다.	247		*478*	Se faire alpaguer 붙잡히다, 체포되다.	257
461	Rouler sur l'or 매우 부유하다.	248		*479*	Se faire avoir 속다, 함정에 빠지다.	257
462	S'arracher les cheveux 불안해하다, 괴로워하다.	248		*480*	Se faire de la bile 누군가 또는 무엇에 대해 많이 걱정하다.	258
463	S'en laver les mains 어떠한 것을 완전히 무시하다.	249		*481*	Se faire la belle 탈옥하다.	258
464	S'emmeler les pinceaux 착각하다, 혼동하다.	250		*482*	Se faire rouler dans la farine 속다.	259

Sommaire 309

#	표현	뜻	쪽
483	Se fendre la poire	크게 웃다. 폭소하다.	259
484	Se jeter à l'eau	결단을 내리다. 위험을 감수하다. ~을 시도하다.	260
485	Se jeter dans la gueule du loup	무모하게 모험을 하다.	260
486	Se la couler douce	별 노력 없이 조용한 삶을 살다.	261
487	Se lever du mauvais pied	기분이 안 좋다, 하루를 안 좋게 시작하다.	261
488	Se mettre au vert	휴식을 취하러 가다, 시골에서 휴식을 취하다.	262
489	Se mettre en boule	화내다.	262
490	Se mettre en quatre	할 수 있는 모든 것을 다하다, 최선을 다하다.	263
491	Se mettre en rogne	화를 내다.	263
492	Se mettre le doigt dans l'oeil	큰 실수를 하다, 완전히 바보 같은 짓을 하다.	264
493	Se mettre quelqu'un à dos	적이 되다.	264
494	Se mettre sur son 31	격식을 차려입다.	265
495	Se planter	착각하다.	265
496	Se regarder en chien de faïence	말없이 서로 노려보다.	266
497	Se serrer la ceinture	아껴 쓰다, 절약하다, 거의 먹지 않고 지내다.	266
498	Se tourner les pouces	무료하게 시간을 보내다, 아무것도 하지 않다.	267
499	Sécher les cours	수업을 땡땡이치다.	267
500	Sens dessus dessous	매우 혼란스러운, 뒤죽박죽인	268
501	Serrer la vis	더 엄격하게 하다.	268
502	Sonner les cloches à quelqu'un	누군가를 엄하게 질책하다.	269
503	Sortir de ses gonds	격분하다, 화를 내다.	269
504	Sortir des sentiers battus	새로운 시도를 하다, 모험하다.	270
505	Taper dans le mille	정확하게 알아맞히다, 성공하다.	270
506	Taper sur les nerfs	신경을 건드리다, 짜증 나게 하다.	271
507	Tâter le terrain	무슨 일이든 하기 전에 상황을 신중하게 검토하다.	271
508	Tenir la chandelle	커플 가운데 혼자 있다, 마음이 편하지 않다.	272
509	Tenir la route	신뢰할 만하다, 실현 가능하다, 자신의 지위를 명예롭게 유지하다.	272
510	Tenir le bon bout	성공하려는 찰나에 있다.	273
511	Tenir le coup	정신적 및 육체적 고통을 견뎌내다.	273
512	Tenir le crachoir	오랫동안 말하다.	274
513	Tenir le haut du pavé	높은 사회적 지위에 있다.	274
514	Tenir parole	약속을 지키다.	275
515	Tenir quelqu'un à l'oeil	누군가를 주시하다.	275
516	Tirer au clair	무언가를 밝히다.	276
517	Tirer des plans sur la comète	터무니없는 공상을 하다.	276

#	Expression	Page
518	Tirer le diable par la queue 생활에 어려움이 있다.	277
519	Tirer les marrons du feu 주어진 상황을 이용하다, 다른 사람을 위해서 수고하다.	277
520	Tirer les vers du nez 원하는 정보를 빼내다, 누군가의 입을 열게 하다.	278
521	Tirer par les cheveux 믿을 수 없다.	278
522	Tirer quelqu'un d'affaire 누군가를 문제나 어려움에서 벗어나게 하다.	279
523	Tirer son épingle du jeu 손해를 입지 않고 어떠한 일이나 어려움에서 빠져나오다.	279
524	Toi et moi, ça fait deux. 다르다.	280
525	Tomber à l'eau 버려지다, 수포로 되돌아가다, 물거품이 되다.	280
526	Tomber à pic 적시에 일어나다.	281
527	Tomber dans le panneau 함정에 빠지다, 속다.	281
528	Tomber dans les pommes 기절하다, 정신을 잃다.	282
529	Tomber de haut 현실로 되돌아오다, 환상을 버리다, 실패하다, 매우 놀라다.	282
530	Tomber sur quelqu'un 누군가를 우연히 만나다.	283
531	Tomber sur un os 예상치 못한 어려움에 직면하다.	283
532	Toucher du bois 불운을 막고 행운을 불러일으키기 위한 미신적인 제스처	284
533	Toucher en plein coeur 누군가에게 상처가 되는 말을 하다.	284
534	Tourner autour du pot 무언가를 말하는 것을 주저하다, 말을 빙빙 돌리다.	285
535	Tourner la page 과거를 잊다, 삶의 고통스러운 일을 뒤로 한 채 새로운 막을 열다.	285
536	Traîner quelqu'un dans la boue 누군가에 대해 심한 모욕, 명예 훼손을 하다.	286
537	Trier sur le volet 골라내다, 엄선하다.	286
538	Tronche de cake 어리석은 사람	287
539	Trouver son maître 강자(멘토)를 만나다. 이길 수 없는 적수를 만나다.	287
540	Tu m'enlèves le(s) mot(s) de la bouche. 그건 바로 내가 하려던 말이야.	288
541	Tuer le temps 무료함을 달래기 위해 무언가를 하다. 그냥저냥 시간을 보내다.	288
542	Un chouïa 약간, 아주 조금	289
543	Un coup d'épée dans l'eau 쓸데없는 행동	289
544	Un grand garçon/une grande fille 성숙한 소년 또는 소녀	290
545	Un temps de chien 매우 나쁜 날씨	290
546	Un(e) rabat-joie 분위기를 망치는 사람, 남의 기분을 망치는 사람	291
547	Une histoire à dormir debout 불가능한/믿기 어려운 이야기	291
548	Va te faire cuire un oeuf! 얼른 가서 네 일이나 해!	292

549	**Veiller au grain** 조심하다. 살피다.	292	
550	**Vendre la peau de l'ours avant de l'avoir tué** 아직 성취하지 않은 일을 성취한 것으로 여겨서는 안 된다. 김칫국을 마시다.	293	

551	**Vider son sac** 속내를 이야기하다.	293
552	**Voir midi à sa porte** 자신의 관심사에 따라 사물 또는 상황을 판단하다.	294
553	**Voler de ses propres ailes** 독립적이다. 자립하다.	294